İSLAM'DA BÜYÜK GÜNAHLAR

İSLAM'DA BÜYÜK GÜNAHLAR

Prof. Dr. Yaşar Nuri ÖZTÜRK
İstanbul Üniversitesi
İlahiyat Fakültesi
eski dekanı

DOKUZUNCU BASKI

Yeni Boyut

İstanbul - 2002

Yeni Boyut: 10

Birinci Basım: Nisan 1991

İsteme Adresi
PK. 35
81060 Erenköy-İstanbul

BASKI-CİLT: **SEÇİL OFSET** (0212) 629 06 15

İÇİNDEKİLER

İkinci Bölüm

ŞİRK BENZERİ GÜNAHLAR

Üçüncü Bölüm

ALLAH HAKLARINI ZEDELEYEN DİĞER GÜNAHLAR

ÜÇÜNCÜ KİTAP

KUL HAKLARINI ZEDELEYEN GÜNAHLAR

Birinci Bölüm

BİREYSEL HAKLARI ZEDELEYEN GÜNAHLAR

İkinci Bölüm

TOPLUM HAKLARINI ZEDELEYEN GÜNAHLAR

ÖNSÖZ

Elinizdeki eserin belli başlı bölümleri, bir yayın kuruluşu tarafından aynı adla, yıllar önce yayınlanmıştı. (Hürriyet Yayınları, İstanbul, Nisan 1991) Üçyüz bin adet basılıp dağıtılan o yayın çok büyük bir hizmet verdi ve ardından yüzlerce mektup ve telefonla eserin tamamının yayını istendi.

Ve yayın gerçekleştirildi.

Büyük günahlar veya **Kebâir** diye anılan kavramlarla ilgili bağımsız çalışmaların en ünlüleri, hicrî 974 (M. 1566)'te ölen **el-Heytemî**'nin **Zevâcir** adlı iki ciltlik hacimli eseriyle, hicrî 748 (M. 1347)'de ölen **ez-Zehebî**'nin **Kebâir** adlı bir ciltlik kitabıdır. Bunlar konunun ayet, hadis ve İslam büyüklerinin sözleri bazındaki dayanaklarını bir araya toplamakla birlikte, ne günah kavramıyla ilgili felsefî bir açıklama getirirler, ne de tertiplerinde akademik bir sisteme riayet ederler. Bunun zorunlu bir sonucu olarak bu eserlerde tek başlık altında toplanabilecek davranışlar 10'a, 20'ye varan başlıklara bölünmüş, âdeta günah üretilmiştir. Buna ilaveten bu eserlerde, başlıklar arasında bir irtibat görülmediği gibi günah kavramının her başlık altında işaret edilmesi gereken temel esprisine de dikkat çekilmemiştir. Yapılan, yığma bilgileri bir araya getirmekten ibarettir.

Tespit edebildiğimiz kadarıyla, andığımız konuda sistematik, akademik ilk etüd bizim çalışmamızdır.

Eser 4 kitaptan oluşmaktadır:

Birinci kitapta İslam ve Günah Kavramı üç bölüme ayrılarak incelenmektedir. **İkinci kitapta Allah Haklarını Zedeleyen Günahlar**'a yer verilmiştir. Bu kitap da üç bölümdür. **Üçüncü Kitap, Kul Haklarını Zedeleyen Günahlar**'ın tetkikine ayrılmış olup iki bölümdür. **Son kitap** da iki bölümden oluşmakta ve **Lanet Konusu Olan Günahlar** hakkında bilgi vermektedir.

Bu baskıda, **Kur'an'daki İslam** kitabımızın perspektifinden bakıldığında düzeltilmesi gereken bazı tespitler düzeltilmiş, atılması gereken bazı pasajlar atılmıştır. Okuyucularımızın bu noktayı göz önünde bulundurmalarını rica ediyorum.

Çalışmamızın, iyiyi ve güzeli arayanlara aydınlık getirmesi bizi mutlu edecektir.

Prof. Dr. Yaşar Nuri Öztürk

BİRİNCİ KİTAP

İSLAM VE GÜNAH KAVRAMI

Birinci Bölüm

İNSANIN TEKÂMÜLÜ VE GÜNAH

İNSANIN TEKÂMÜLÜ VE GÜNAH

İnsan tekâmül etmeye sadece mecbur değil, âdeta mahkûm bir varlıktır. Bir başka deyimle, insanın varoluşu zorunlu bir tekâmül sürecidir. İnsanın hürriyet ve iradesi ise bu sürecin uzayıp kısalmasında, kazanacağı şekil ve izleyceği seyirde etkili olur; sürecin ortadan kaldırılmasında veya ters çevrilmesinde değil...

O halde tekâmül etmek, insanın geri dönemeyeceği yoludur. Din dilinde **kader** denen ve kararı yalnız Yaratıcı Kudret'e özgü olan realite budur.

Varoluş, yahut daha kısa bir deyişle **oluş,** tekâmül eden varlığın izlediği bir **daire**dir. Bu dairede çemberin tamamlanması esastır ve **kader** bu mecburiyettir.

Oluş dairesinde, tekâmül etmek üzere bir noktadan yola çıkan varlık, tekâmülünü tamamlayarak başladığı noktaya gelir. Tasavvuf düşüncesinde buna **devir** denmektedir. Devirde, büyük sufi **Bağdatlı Cüneyd** (ölm. 297/909)'in ifadesini kullanırsak, başlangıç noktasıyla bitiş noktası birleşir.

Oluş çemberini tamamlamak birtakım aşamaları (makamlar, merhaleler) katetmekle mümkündür. Bu merhalelerin aşılmasında sendeleme, aksatma, savsaklama doğduğunda bu, ileriki bütün merhaleleri etkilemekte ve tekâmüle koyulan varlık, ihmal veya isyanının cezasını, sürekli bir geri kalışın acısını çekerek, ezikliğini duyarak ödemektedir. Din dilinde **cehennem** veya **azap** diye anılan keyfiyet geniş anlamıyla budur.

Ve bu da gösterir ki, cehennem ve azap da bir tekâmül aracıdır ve böyle olunca da, tekâmül gerçeği bakımından bunlar da Yaratıcı'nın rahmet ve bağışının uzantılarıdır.

Tekâmüldeki aksamaları ve ihmalleri, insan ve hayat realitesine yaklaşan her disiplin kendi terimleri ve standartlarıyla açıklar.

Bu münasebetle burada üç noktaya değinmek istiyoruz:

1) Bizim burada söz konusu ettiğimiz tekâmül İslam'ın anladığı mânada bir tekâmüldür. Bunu materyalist doktrinlerin anladıkları gayesiz evrimleşmeden ayırmak gerekir. Kur'an'ın anladığı ve anlattığı tekâmülde oluşun arkasında Allah adıyle anılan mutlak, tek ve yönlendirici kudret vardır. Başıboşluk, rastlantı yoktur. Son tahlilde çelişme ve didişme de yoktur. Bu anlamda bir tekâmülün hem başlangıç noktası, hem de gaye noktası materyalist anlayışların özellikle **Darwinizm**'in evrimleşme anlayışından tamamen farklıdır. Çünkü detayları bir yana bıraksak bile, Kur'an'ın tekâmül anlayışında şuursuz ve gayesiz bir seyir yoktur. Tekâmül, ayrıldığı bütün olan Allah'tan yola çıkan bir varlığın bir seri deneme geçirdikten sonra tekrar esası olan bütüne dönüşüdür. Bu, tamamen şuurlu, gayeli bir oluş ve yol alıştır. Bu yol alışın arkasındaki yaratıcı ve yönlendirici kudret yani Allah tekâmülün muhtelif aşamalarına ilişkin realiteleri insana lûtuf ve sevgisinin bir eseri olarak yukarı-ilahî planlardan, başta peygamberler olmak üzere, büyük ruhlar aracılığıyla duyurur.

Tekâmülün yönlendiricisi ve yöneticisi olan kudret insanı başıboş, sahipsiz, terk edilmiş halde asla bırakmaz.

2) **Tekâmülde tedric** (ağır ağır, basamak basamak yükselmek) esastır. Bu tedric sistemi, oluşun temel prensiplerinden biridir. Türk sufi düşünürü **İsmail Hakkı Bursevî** (ölm. 1724)'nin güzel ifadesiyle "Hikmet anın üzerinedir ki, insanın tekâmülü tedricîdir, melekler gibi def'î (birdenbire, bir anda) değildir. Bu tedrice, insana ilahî ruhun üfürülmesinde bile riayet olunmuştur." (Bursevî; Silsile, 109)

Tekâmülde tedric esas olduğuna göre, tekâmül yolu düşüp kalkmaların, deneme yanılmaların, olumluluk ve olumsuzlukların, iniş çıkışların birbirini izlediği esaslı bir serüvendir. Bu serüvende sadece pozitiviteyi ve ışığı alkışlayıp, negativite ve noksana ters bakmak tekâmül sırrını zedeler. Bu gerçeğe işaret içindir ki, en büyük peygamber, Kütübi Sitte'de yer alan bir hadisinde şöyle buyurmuştur: **"Eğer günah işlemeseydiniz, Allah sizi yok eder ve yerinize, günah işleyip Allah'tan af dileyen bir başka topluluk getirirdi."** (M. tevbe, 11; T. cennet, 2)

Bu hadis, din dilinde günah denen sürçme, yanılma ve sapmaların yani negativitenin tekâmüldeki yerini, daha doğrusu kaçınılmazlığını göstermektedir.

Olay şudur: Herşey zıddıyla vardır ve tekâmül, **zıdların birlikteliği** üzerine oturur. Eski Çinliler bunu ifade ederken oluşa **Yin** ve **Yang**'ın vücut verdiğini söylerlerdi. **Yin;** dişi, karanlık ve yumuşak kuvvet, **Yang** ise erkek, ışık kuvvetdir.

Adına ister Yin-Yang, ister tez-antitez, ister ışık-karanlık, ister pozitif-negatif deyin, zıdların varlığı esastır.

Din dilinde birlikteliğinden sözedilecek prensip **günah-sevap zıdlarının birlikteliğidir.**

Dinde bu birlikteliğin dışta, görünen makul varlığını ortadan kaldırmaya girişmek, zıdlığın iç dünyaya bir riyakarlık illeti halinde sokulup saklanmasına yolaçar ve bu da hem insanı, hem dini yıkar. Çünkü: **"Gizlenen gerçekler zehirli olur."** (Nietzsche, 133)

Zıdların birlikteliğine saygı göstermenin hayatî önem arzettiği bir numaralı alan dindir. Bunun içindir ki, İslam Peygamberi, din adına en korkulacak şeyin **riyakârlık** olduğunu bildirmiş ve riyayı, gizli putperestlik olarak göstermiştir.

Konuyu biraz daha pratik bir alana çekersek şunu görürüz: **"İtaat etmeme özgürlüğü olmadığı sürece iyi ve kötüden bahsetmek mümkün değildir."** (Fromm; Art of Loving, 14) **Dinin ana hedefi olan ahlaklılık, insanlara cehenneme gitme özgürlüğünün de verildiği bir atmosferde vücut bulur. Fârukî**'nin güzel ifadesiyle: **"Seçenek ve aksini yapma imkânı olmadıkça ahlak, ahlak olamaz. Bir takım davranışlar şuursuzca veya baskı altında icra ediliyorsa burada ahlaktan değil, menfaat ve çıkardan sözedilebilir."** (Fârukî; The Role of İslam, 29)

Bir başka önemli nokta da şudur: **İyiyi ve güzeli takdir, kötüyü ve çirkini tanımakla mümkün olur.** Takdirin, tanıma ve bilmeye bağlı bulunması hayatın temel realitelerinden biridir. Kirli suyu tanımayanın temiz suyun kıymetini bilmesi hayaldir. Her hal ve şartta temiz kalmak isteyen ruh ise, kirli suyu kullanmasını da öğrenmek zorundadır, yalnız bilmesi de yetmez. **Nietzsche,** bu fıtrat sırrını ölümsüz bir şekle sokarken şöyle diyor: **"Temiz kalmak isteyen, kirli su ile de yıkanmasını bilmelidir."** (Nietzsche, 161) Aynı **Nietzsche,** konumuzun evrensel esprilerinden birini de şu şekilde ifdeye koyuyor: **"Ne korkuyorsun?! İnsan bir ağaç gibidir. Yükseklere, aydınlıklara çıkmak istediği nisbette kökleri toprağa, aşağıya, karanlığa, derine, fenalığa dalar."** (Nietzsche, 54)

Büyük **Nietzsche**'nin bu erişini ondan 7 asra yakın bir zaman önce yakalayan **Mevlâna Celâleddin,** bir başka güzellikle sunuyor bize bu gerçeği. **Eflakî**'yi dinleyelim:

"Birgün Mevlâna'nın huzurunda Şeyh Evhadüddin Kirmânî'nin hikâyesini anlattılar ve: 'Güzelleri severdi fakat iffet ve utancından onlara birşey yapamazdı' dediler. Mevlâna: 'Keşke yapsaydı ve geçseydi.' buyurdu."

Bir derviş, mürit olmak için **Bayezid Bistamî**'nin huzuruna gelmişti. Bayezid sordu: "Sen, kadınların ve erkeklerin ağzına düşen o meşhur günahlardan hiçbirini işledin mi?" Derviş: "Hayır" dedi. Bunun üzerine şöyle konuştu Bayezid: "O halde git, hepsini görüp geçtikten sonra gelip mürit ol ki halvetlerde, içine hiç günah karışmayan zühdün senin ilerleme yolunu kesmesin ve kendini beğenme duygusuna uyarak şeytanın mahkumu olmayasın. Kendini görmek uğursuzluğu seni, Allah'ı görmekten mahrum eder. Halbuki günahları görmek insanda boyun bükmek hissini doğurur. Bu yolda birşeye ilgi duyup takılmak yok olmana sebep olur." (Eflâkî, 1/410)

3) Günahların tekâmülde vücut verdikleri aksaklık ve sıkıntılar aynı anda bireysel-toplumsal ve evrenseldir. Çünkü realite tektir, tevhid esastır. Böyle olunca, **bir şeyin her şeyle ve her şeyin bir şeyle ilgisi kaçınılmazdır.** Özellikle tekâmülün doruk noktasında yer alan bir varlık olarak insan, mikrodan makroya varlığın ve oluşun her şeyi ve her boyutuyla aynı anda bağlantı halindedir. Bunun içindir ki, ilerde de göreceğimiz gibi, Kur'an, günahın her türünde realitenin her boyutuyla ilgili aksamalara, mucize üslûbu içinde parmak basmıştır.

Aksama ve ihmallerin din dilindeki genel adı **günah** olmaktadır dedik. Doğaldır ki, her din de günah kavramını kendi tavrı, bakış açısı ve kabullerini esas alarak değerlendirecek ve konuyu, hitabettiği insanın durumunu dikkate alarak açıklayacaktır.

Kur'an-ı Kerim'in günah kavramını ifade etmek için kullandığı kelime ve deyimleri incelediğimizde bunların hemen hepsinde **bütünden ayrılış, bütüne ters düşme, bütünden kopma, kaos, karanlık, didişme, kötüye ve çirkine yenik düşme** gibi keyfiyetlerin esas oldğunu görmekteyiz. Bunları detaylı olarak ileride göreceğiz. Şimdilik şu noktaya dikkat çekmek istiyoruz:

Kur'an, **tevhidi** yani **Yaratıcı**'nın, **hayatın, varlığın, insanlığın, realitenin, ilimlerin birliğini** esas almakta ve insanı bu birlğin şuuruna eren-ermesi gereken bir varlık olarak **Yaratıcı'nın halifesi** sıfatıyla oluşa aktif bir benlik olarak katılmaya çağırmaktadır. Bu bakımdan Kur'an insanı, ya doruk noktada, yahut da en dipte bir varlık halinde görmektedir.

İnsan hiçbir zaman bitki veya hayvan olamaz. O, ya varlık yapısının gerektirdiği onur burcuna (ahsen-i takvîm) oturarak Yaratıcı Kudret'e en yakın noktada bulunur, yahut da taşıdığı kudret ve emanetlere hıyanet ederek en aşağılara (esfel-i sâfilîn) yuvarlanır. Bir başka deyimle insan onur burcuna oturduğunda bütün varlıkların üstünde, bunu başaramadığında bütün varlıkların altında yeralır. Kur'an, onur burcuna oturamayan insanı "hayvanlardan daha karanlık ve sapık" göstererek bu oluş realitesine dikkat çekmiştir. (bk. A'raf, 179. Ayrıca bk. Tîn suresi, 1-3)

Burada özellikle Kur'an'ın anlayış ve yaklaşımı açısından bir noktanın altını önemle çizmemiz gerekiyor:

Neden din bahsinde sürekli günah veya günahlardan bahsedildiği halde, sevap veya sevaplardan bu kadar ısrarlı ve detaylı bir biçimde söz edilmez. Kur'an'ı gereğince inceleyenler bu sorunun cevabını bulmakta güçlük çekmezler.

Kur'an; varlık, hayat ve oluşun tamamını güzel, iyi, aydınlık kısaca sevap **olarak görmekte ve sunmaktadır. Esas ve kural olan iyi ve güzel, aydınlık ve ahenk, dirlik ve birlik yani sevaptır. Genel kural olarak hayatın, bütünü sevaptır. Günah istisnadır. Ve bir yaradılış prensibi olarak genel ve kural olanlar değil istisnalar anlatılır ve insanın dikkati güzeli ve ahengi bozan istisnalara çekilir.**

Bu anlayışının bir uzantısı olarak Kur'an şu prensibi de hayata egemen kılmak istemiştir. Varlık ve oluşta esas olan serbestlik ve günahsızlıktır; yasak, haram, günah ve suç istisnadır. İslam bilginleri bu evrensel gerçeği ifadeye koyarken şu prensipleri sunarlar:

1) Genel prensip: Eşyada aslolan ibahadır: Varlık ve oluşta esas olan serbestliktir.

2) Prensibin hukuktaki görünümü: Berâet-i zimmet asıldır: İnsanın suçsuzluğu, borçsuzluğu, dürüstlüğü esastır; suçluluk, borçluluk, kötü niyetlilik istisnadır ve belgeye dayanmalıdır.

3) Prensibin genel ahlaktaki görünümü: Hüsnüniyet esastır; suiniyet delile vâbestedir: İnsanların temiz ve iyi ahlaklı olduklarını kabul etmek esastır; kötü niyetlilik ve kötü ahlaka hükmetmek için açık ve kesin belgeye dayanmak gerekir.

4) Prensibin tasavvuf ahlakındaki görünümü: Genel kural olarak, karşılaştığın bütün insanları Allah'ın veli kulları bil; onlar hakkında aksi bir kanaate varmak için kesin ve açık delillere sahip olmalısın.

Anlaşılan odur ki, din dilinde **günah** denen sürçme, sapma ve ihmaller insanın tekâmül yürüyüşünü aksatan ve böylece insan hayatını mutsuzluğa, didişmeye, kaosa götüren negativitelerin genel adıdır. İslam, düşüncesinin büyük temsilcilerinden biri olan **İbn Kayyım el-Cevziyye** (ölm. 751/1350) eseri ed-Dâu ved-Deva'da günah konusunu genişçe inceleyerek günahın insan hayatında sebep olduğu huzursuzluk ve rahatsızlıklara çok güzel dikkat çekmiştir.

Günahlar yeryüzünde bozgun, fesat ve huzursuzluk yaratır. Yazar burada isabetli bir tespitle Kur'an'ın şu ayetini dikkatlere sunuyor: "**İnsanların kendi ellerinin vücut verdiği kötülükler yüzünden karada ve denizde bozgun ve huzursuzluk meydana geldi. Allah böylece onlara yaptıklarından bir kısmının cezasını tattırmak istemiştir. Onların iyiye yönelmeleri umulmaktadır.**" (Rûm, 41)

Günahlar yerküre ve onu çevreleyen atmosferde de bozulmalar, aksamalar, hatta felaketler vücuda getirmektedir.

İbn Kayyım ve daha birçok İslam düşünürünün Kur'an ve hadislere dayanarak gündeme getirdikleri bu hususun gereğince anlaşılması için yaşadığımız günlerin ekoloji bilimi tarafından yükseltilen feryada kulak vermek gerekir.

Bugün her birimiz birer **dünya vatandaşı** olarak bilmekte ve görmekteyiz ki, insanın doymazlık, azgınlık, zulüm ve isyanlarının (bunların hepsi, din dilinde büyük günahlardır) vücut verdiği **çevre kirlenmesi, doğal dengenin bozulması; atmosferin tahribi** sadece insan hayatını değil bütün canlıların hayatını tehdit eden bir noktaya ulaşmıştır. (bk. Öztürk; Kur'an'ın Temel Kavramları, **Sınaat** md.)

Şu bir gerçek ki, biz insanlar bugün Allah karşısında sadece hemcinslerimiz tarafından değil, tüm canlılar tarafından açılan bir "hayata ihanet" davasının sanık sandalyesinde oturmaktayız. Ve biz insanlar Yara-

tıcı Kudret'e iyilik, güzellik ve mutluluk için yakarabilme şansını ancak hayatlarını tehlikeye soktuğumuz canlıların müsaade etmeleri halinde kullanabilecek bir duruma gelmiş bulunuyoruz.

İnsan, hayvanlar ve bitkiler karşısında bile utanmadan dimdik yürüyebilme onurunu yitirmiştir. Bunu fark etmek ve sanık sandalyesinden inebilmek için tabiata ve hayatın güzelliklerine sıçrattığı lekeleri temizleyerek kendisini aklamak borcundadır.

İbn Kayyım şunu da söylüyor:

Günahlar insanın, emeği karşılığı elde etmesi gereken mutlu sonuçları ve bereketi engeller, insanın insana saygısını, insanın iç dünyasındaki güzel duyguları köreltir; kalbi karartır. Allah'la insan arasındaki sıcak diyaloğu baltalar, insanın güzel ve iyiyle bağını zayıflatır.

Günahlar insanı korku, tereddüt, hayalcilik, melankoli, doymazlık, boşluk ve kaosa iter. İnsanın duyular üstü idrak kapasitesi günahlar yüzünden dumura uğrar, kalp gözü kararır.

İnsan, günahlar yüzünden en büyük nimet olan aklını gereğince kullanamaz, öz benliğini unutur, iğretinin mahkûmu olur.

Yazar, günahların insana musallat edeceği 2 türlü cezadan söz ediyor:

1) Dinsel-hukukî ceza

2) Evrensel-kaderî ceza.

Günahların (bu anlamda hukuka ve ahlaka aykırı tüm davranışlar günah kavramı içindedir) dinsel-hukukî cezaları, başka bir deyimle maddî cezaları onlara Yaratıcı Kudret tarafından takdir edilen **doğal cezalar** yanında çok hafif kalır. Doğal cezalar sadece suçu işleyeni değil, gelecek kuşakları da etkiler. Mesela zinanın dinsel-hukukî cezası olan **celde** (sopalama), bu suçun doğal-kaderî cezaları olan **frengi, AIDS,** neslin bozuluşu vs. yanında bir hiçtir.

Günahların zedelediği veya ihlal ettiği haklar konusu da önemlidir.

Yaradılış düzenine ve hayat prensiplerine ters düşmek, başka bir deyimle Allah'a isyan, hayat ve insan gerçeğinin her boyutta zedelenmesine yol açar. Bu bakımdan her günah bireysel, toplumsal, evrensel, psikolojik, sosyolojik vs. tüm boyutlarda aksaklıklar ve huzursuzluklar yaratır. Böyle bakıldığında herhangi bir günahı bir tek başlık altına koyup, diğer bütün alanlardan soyutlamak mümkün olmaz.

Ne var ki, bir sınıflandırma yapmak, pedagojik-akademik açıdan kaçınılmaz olduğu için biz günahları, baskın niteliklerini esas alarak muhtelif başlıklar altında toplamaktayız. Bu demek değildir ki, bir başlık altına konan günah başka hiçbir alanda herhangi bir hakkı zedelemez.

Realite tektir ve tevhid esastır. Ve günah, realiteye ve tevhide az veya çok ters düşmektir. O halde her günah hayatın bütün alanlarında rahatsızlıklara ve yozlaşmalara yol açacaktır. Fakat her günahın öncelikle zedelediği haklar ve öncelikle aksaklığa yol açtığı alanlar vardır. Biz günahları sınıflandırırken bu öncelikli durumu dikkate almaktayız.

Dikkat çekmemiz gereken önemli bir nokta da, **ihmal ve inkâr farkının** gözardı edilmemesidir. İleride ümit ve korku bahsinde de göreceğimiz gibi, **insanı batıran ihmaller değil, inkârdır.** İslam bilginleri bu nokta üzerinde haklı olarak ısrarlı bir biçimde durmuşlardır. Durumun ciddiyetini şu örnekle anlatabiliriz: Buyrukların amel olarak yüzde doksan dokuzuna uyup bir tanesini inkar eden kişi batar, fakat buyrukların amel olarak hiçbirine uyamadığı halde onların gerekliliğine içtenlikle inanan kişi kurtulur. "Ben yapamıyorum ama, Allah'ın emri böyledir ve güzel olan da budur" diyen insanla: "Ben bunların çoğunu yapıyorum, fakat şunun gereğine inanmıyorum, saçmadır" diyen kişinin Allah karşısında durumları çok farklı olacaktır.

Birinci kişi hiç ameli olmadığı halde kurtulabilir, ikinci kişi ise büyük ölçüde amel sahibi olmasına karşın, küçük bir inkâr yüzünden kurtuluş gemisini kaçırır.

Bu neden böyledir?

Şundan ki, iman bir bütün olduğu gibi, kudret ve o kudretin koyduğu din de bir bütündür. Bir kurtuluş yolu ve eriş metodu olarak iman, kudreti ve kurumu tümüyle ve tartışmasız kabulü gerektirir. Bir kudretin varlığını ve buyruğunu tamamen veya kısmen inkârla, o kudreti kabulün ardından onun karşısında hatalı ve eksik duruma düşmek ayrı şeylerdir.

İmanı tam, ameli noksan kişi Allah karşısında eksiğinin şuuru içinde boynunu büker ve Allah'ın rahmet ve affından yararlanır. İnkâra sapan kişiyse, Allah karşısına, âdeta ikinci bir buyruk makamı olarak nefsini diktiği ve Allah'ın tasarruflarından bir kısmını lüzumsuz ilan ettiği için Yaratıcı'nın merhamet ve bağışından bir şey bekleyemez.

Şunu da unutmamalıyız ki, inkâr her zaman **dinde eksiltme** şeklinde görülmez. İnkârın en yıkıcı ve zehirli belirişlerinden biri de **dine Allah adına ilave** yapmaktır. Hangi niyetle olursa olsun böyle bir ilave de Allah'ın kudret ve tasarrufuna kafa tutmak olduğundan inkârın bütün sonuçlarını doğurur. Örneğin, bir insanın öğle namazının kulluk borcu olan farzını 4 rekâttan 2 rekâta indirmesiyle, 5 rekâta çıkarması arasında, dini tahrip bakımından hiçbir fark yoktur. İslam, böyle bir insanın şu yolda bir savunma yapmasına asla müsaade etmez: "4 rekâtlık farzı 5'e çıkarmanın ne zararı olabilir? Eskiden hayat şartları zor olduğu için Allah öyle demiştir. Bugünkü modern imkânlar içinde bunu biraz artırmak neden güzel olmasın?"

İslam'ın burada esas aldığı espri şudur: Hüküm Allah'ındır ve dinin tek sahibi Allah'tır. Din konusunda Allah, insanoğluna hangi niyet ve gerekçeyle olursa olsun hüküm koyma yetkisi tanımamıştır. Kur'an'ın ifadesiyle: "Tertemiz ve apaydınlık din yalnız Allah'ın tekelindedir." (Zümer, 3) Ve: "Allah'ın vahyettiğiyle hükmetmeyenler, zalimlerin ta kendileridir." (Mâide, 45) Ve: "Allah'ın koyduğu sınırları aşanlar zalimlerin ta kendileridir." (Bakara, 229)

Dinin insan hayatından uzaklaşmasının sadece dinde eksiltmelerden kaynaklandığını sanmak insanoğluna çok pahalıya malolmuştur. Dini insan hayatından çıkaran ve Allah'ın rahmet elini insanın üzerinden uzaklaştıran en kahredici bela dine ilave yapmaktan kaynaklanmıştır. **Engizisyon** bu namert kahrın insanlığa musallat ettiği bir ıstıraptı. Bugünkü İslam dünyasının acılarının temelinde de büyük ölçüde bu illet yatar. Bu illet yüzünden ortaya öylesine korkunç bir manzara çıkmıştır ki, Allah'ın vahyine dayanan dinle, sonradan buna yapılan ilavelerin birbirinden ayrılması, zaman zaman mümkün olmamaktadır. Elbette ki, bu günahın sorumlusu insan, zararını çeken de yine insandır.

Biz bu konuyu detaylı bir biçimde incelemeyi **İslam'a Sokulan Bid'at ve Hürafeler ve Kur'an'daki İslam** adlı çalışmalarımızda yapacağımızdan burada bu kadarla yetiniyor, günah kavramıyla ilgili bazı temel prensiplerin açıklamasına geçiyoruz.

Günah bir anlamda dengenin yitirilmesi veya zedelenmesidir. Bu, bazen ileri gitme ifratı, bazen de geride kalma tefriti şeklinde belirir. İki halde de aşırılık vardır ve denge, şöyle veya böyle, bozulmuştur. Mese-

la israf günahı, ileri derecede (ifrat) harcamadan, cimrilik günahı ise gereğinden az harcama veya harcamada geri kalma (tefrit) dan doğar. Bu iki günahın biri ifrata, biri tefrite oturan bir aşırılıkla dengeyi bozar. Aynı kıstası kibir-tevazu-zillet, şehvetperestlik-iffet-ruhbaniyet vs. için de işletmek mümkündür.

Böyle bakılınca görülür ki, günahlar, Kur'an'ın ısrarla önerdiği **itidal** veya **orta yol**a sadakat prensibinin zedelenmesidir.

Günahta **zâhir** (görünen, fotoğrafı çekilebilen) ve **bâtın** (gözle görülmeyen, iç dünyada olup biten, fotoğrafı çekilemeyen) ayırımına dikkat etmek de altı çizilecek hususlardan biridir. Kur'an, açık bir ifadeyle şunu söylüyor: "**Allah, günahların, pisliklerin (el-fevâhiş) zâhirî olanını da, bâtınî olanını da haram kılmıştır.**" (A'raf, 33) İnsana verilen emir de şudur: "**Günah pisliklerinin zâhirî olanına da yaklaşmayın, bâtınî olanına da...**" (En'am, 151)

Din meselesinin insanı perişan eden aldanışlarından biri de fotoğrafı çekilebilen günahları esas alıp, fotoğrafı çekilemeyen günahları görmezlikten gelmek olmuştur. Aynı hata, iyilik ve sevap konusunda da işleniyor. İnsanı tahrip eden, dini etkili bir hayat yolu olmaktan çıkaran **esas günah,** fotoğrafı çekilen rezilliklerle, sevapları din olayının tamamı haline getirmektir. Oysaki dinin esası, fotoğrafı çekilemeyen alanlarda yatmaktadır. İlahî vahyin, fotoğrafı çekilemeyen cinsten günahlara kemiyet ve keyfiyet planında verdiği önem, diğerlerine oranla birkaç kattır. Mesela insanın iç dünyasında tahripler icra eden **gıybet,** fotoğrafı çekilebilen bir yanlış olan tesettüre riayetsizlikten otuz kat daha fazla dikkate sunulmuştur. Hz. Peygamber: "**Gıybet zinadan da kötüdür**" buyuruyor. Kur'an'da gıybeti yasaklayan doğrudan ve dolaylı bir çok ayet ve hatta Hümeze adıyla bağımsız bir sure vardır. Tesettüre ilişkin buyruk ise iki ayette yeralır ve onun da şekli, boyutu, emir-yasak derecesi alabildiğine tartışmalıdır. Şimdi insanlar, bu fotoğrafı çekilebilen tesettür olayına ayırdıkları zaman ve enerjinin yüzde birini gıybet illetinin bertaraf edilmesine ayırmıyorlar. Ve gıybet, her gün, herkesin ruhunu kemirmeye, toplumu tahribe devam ediyor.

Örnekleri onlara, yirmilere çıkarmak mümkündür. Burada akla bir İranlı Müslüman şairin şu beyti geliyor: **"Eğer her günah, şarap gibi sarhoş etseydi, dünyada kaç tane ayık kalacağını görürdük."** Ünlü bilgin **Heytemî,** eseri ez-Zevâcir'de bu noktayı gündeme getirerek **kalbî günah-bedenî günah** ayırımı yapar ve şu anlamlı tesbiti sunar: Bedenî günahlara bulaşanları (biz bunlara fotoğrafı çekilebilen günahlar dedik), kalbî günahlara bulaşanlardan az itham etmenin sonuçları çok kötü olmuştur. Çünkü bu yol, din hayatının odak noktası olan **kalbin fesadını** gizler. Heytemî burada, Hz. Peygamber'in şu ölümsüz sözüne dikkat çekiyor: **"Gözünüzü açın! Bedeninizde bir et parçası vardır ki, o sağlam ve temiz olunca tüm benlik sağlam ve temiz olur; o bozulunca tüm benlik fesada gider. O et parçası kalptir."** (Heytemî, 1/62-63)

Kısacası, birkaç dakika içinde değiştirilebilecek şeylere verilen değeri, birkaç yılda değiştirilmesi bile zor olan değerlerin üstüne çıkarmak insana çok pahalıya malolmuştur. Bu yanlış tutumdur ki, kitleleri ucuzculuğa, riyaya, istismara mahkum etmiş ve dinin dinamik bir aşk ve aksiyon kurumu halinde insanlığa etki etmesinin yolunu tıkayarak onu bir tür çıkarcılar tezgâhı haline getirmiştir. İnsanoğlu bu hatasını sürdürdüğü sürece, dinin toplumlara gözyaşı, didişme ve fesatçılıktan başka bir şey vermesi, bazı seçkin ruhlar dışında, asla mümkün olmaz.

Kaydedilmesi gereken noktalardan biri de şudur: Bozukluğun, rezilliğin vücut bulmasına veya artmasına yolaçacak günahlara sapmamak, insanın yücelmesine, daha ileri gitmesine yani bir hayrın elde edilmesine engel olacak günahlara sapmaktan daha önemlidir. Burada şu temel ilkeyi hatırlayalım: **Mefsedetin defedilmesi, menfaatin celbedilmesinden evladır.** Bu bir fıtrat kanunudur. Önce tahrip durdurulur, sonra imar ve süsleme işine gidilir. O halde tahribe yolaçan günahların durdurulması önceliklidir. Mesela, bir insanın haram yemek pahasına oruç tutması veya kul haklarını zedelemek pahasına namaz kılması sözkonusu olsa, o oruçtan da, o namazdan da vazgeçmek evladır, tercih edilir. Çünkü oruç ve namaz yarar getirir. Yararı elde etmek için, haram yeme ve kul hakkını çiğneme mefsedetine gidilemez. Aksi halde, elde edeceğimiz sonuç, bulaşacağımız bozukluğu telafi edemez.

Aynı şekilde: Hz. Peygamber'in cami dışında kılmayı emrettiği sünnet namazları camide kılmak, bazı insanların "namaz çok uzunmuş" diyerek farzı da terketmelerine yolaçacağından, ya cami dışında kılınır, ya da terkedilir. Çünkü birilerinin tatavvu' kılıp artı yarar sağlaması menfaate, bu yüzden birilerinin (veya bir kişinin) farzı terketmesi mefsedete yolaçar. Menfaat yüz kişinin, mefsedet bir kişinin olsa, yine de mefsedetin durdurulması esas alınmıştır. Bu yüzden biz, her zaman şunu söylüyoruz: Farz dışı ibadetleri, kitleyi bağlayıcı hale getirmeyin, bunları evlerinizde icra edin. Çünkü sizin yararınıza, başkasının zararına sebep olmanıza İslam müsade etmez.

İkinci Bölüm

KUR'AN VE HADİSTE GÜNAH KAVRAMI

KUR'AN VE HADİSTE GÜNAH KAVRAMI

Kur'an'ın, günah kavramını ifade etmek için kullandığı kelime ve deyimlerin ortak yanlarının bütünden ayrılış, kaos, karanlık, kötüye ve çirkine yenik düşmek olduğunu daha önce belirtmiştik.

Her türden günahın büyük olanlarına Kur'an ve hadis **kebîre** (çoğ. kebâir) demektedir.

Kur'an'da günah kavramını tanıtmak için kullanılan terimlere gelince bunlar bizim tespitimize göre, önem sırasıyla şöyledir: **Seyyie, münker, isyan, fahşa, zenb, fısk, vizr, şikak, habis, şekavet, cürüm, rics, fücûr...**

Biz burada, önce büyük günah (kebîre) kavramı üzerinde duracak, sonra da **günah** karşılığı kullanılan diğer terimleri inceleyeceğiz.

BÜYÜK GÜNAH
(Kebîre)

Büyük anlamındaki **kebîr** kelimesine bir **Ta** ilavesiyle elde edilen **kebîre,** hem dişi kelimelere büyük anlamında sıfat, hem de **azabı büyük olan günah** anlamında isim olarak kullanılır.

Büyüklük kuruntusu, kendini büyük görme gibi anlamlara gelen **kibr** kelimesi de aynı kökten gelir ve bu beraberliğe bakarak en büyük günah (kebîre) kibirdir demek mümkün olur.

Kebir kelimesi sıfat olarak Kur'an'da makbul ve çirkin anlamlarda 40 küsur yerde kullanılmaktadır. Bunların bazılarında kebîr negativitenin, günahın sıfatı olarak yeralmıştır. "**Büyük çirkinlik-pislik**" (Bakara, 219), "**büyük fesat**" (Enfal, 73), "**büyük dalâlet**" (Mülk, 9), "**büyük zulum ve günah**" (Nisa, 2), "**büyük hata**" (İsra, 31), "**büyük azgınlık**" (İsra, 60) vs. ifadelerinde kebîr hep bir yanlışlığın, sapmanın sıfatıdır.

Etimolojik gelişimi içinde **kebîre,** zamanla **büyük günah** anlamında bir **ilmi kelam** terimi olmuş ve mezhepler arası tartışmaların önemli kavramlarından biri haline gelmiştir. Bu tartışmalarda temel soru şuydu: "Büyük günah (kebîre) işleyen kişi cennete girebilir mi?" **Mutezile** mezhebine göre kebîre işleyen (mürtekibu kebîre) cennete giremez; ama imansız olmadığı için cehennemde de kalmaz. O, iki mertebe arası bir durumda **(menzile beynel menzileteyn)** dır. Ehlisünnet ve Şîa'nın hakim görüşüne göre, kebîre işleyenler, cennete gidebileceklerdir. Hz. Peygamber de, şefaatini, bu kebîre sahiplerini bağışlatmak için kullanacağını bildirmiştir.

Kebîrenin çoğulu **kebâir**'dir ki büyük günahlar anlamına gelir. Günahların büyük-küçük şeklinde ayrılması bizzat Kur'an tarafından yapılmıştır. Nisa, 31; Şûra, 37; Necm, 32. ayetlerde bu ayrım açıktır. Bu ayetler; "Yasaklandığınız şeylerin büyüklerine son verirseniz, kötü davranışlarınızı örteceğiz" Ve; "İç ve dış kötülüklerin büyüklerinden sakınanlar" şeklinde ifadeler taşımaktadır.

Bu ayetlerin biri (Necm, 32) **kebâir** karşıtı **lemem** deyimini kullanmıştır. **Lemem** bir şeye yaklaşmak, bir şeyi ısrarlı ve devamlı olmamak şartıyla yapmak anlamlarındaki **lemm** kökünden gelir. O halde, **lemem** ısrarlı ve sürekli tekrarlanmayan günahlarla-sürçmelerdir. Ve o halde, **kebîre bağımsız bir tür günah olmaktan çok, ısrarlı ve sürekli tekrarlanan günah olacaktır.** Nitekim, genel kanı şudur: Israrla tekrarlanan günah küçük olmaktan, tövbe ile silinen günah büyük olmaktan çıkar.

İslam literatüründe kebîrenin karşısında **sağîre** (çoğulu: sağâir) yani küçük günahlardan sözedilir ki, yukarıda andığımız **lemem** de bu sağîre ile tercüme edilegelmiştir. (Sağir ve sağîre kelimelerinin kullanıldığı ayetler için bk. Bakara, 282; Kamer, 53; Tevbe, 121; Kehf, 49)

Anlaşılan odur ki, **günahın büyüklüğü-küçüklüğü izafidir.** İnsan benliğinde tahrip vesilesi olan her günah büyüktür. Bunu da kişinin o günahla ilgisinin yoğunluğu başta olmak üzere, daha birçok şart belirler. Mutlak anlamda düşünüldüğünde, Allah'ın buyruğuna her muhalefet büyük sürçmedir.

Müfessir **Ateş,** kebîre kavramının bu izafiliğini anlatırken şöyle diyor: "Bir hadîsi şerifte; "Allah'a ortak koşmanın, ana babaya isyan etmenin", günahların en büyüğü olduğunu söyleyen Hz. Peygamber, ayakta iken oturmuş ve üç defa: "Yalan sözden sakınınız!" demiştir. Diğer bir hadis de şöyledir: "Şu yedi helak edici şeyden sakınınız. Nedir onlar ya Resulallah, sorusu üzerine Allah'ın Resulü şöyle buyurdu: **Allah'a ortak koşmak, büyü yapmak,** haksız yere Allah'ın yasakladığı **cana kıymak, faiz yemek, yetim malı yemek, savaş günü geri dönüp kaçmak,** bir şeyden habersiz masûm, inanmış kadınlara **zinâ suçu atmak."** (B. vasaya; M. iman, 38)

Büyük günahlar arasında başka fiillerin sayıldığı başka hadisler de vardır. Bu hadîslerin amacı, büyük günahların sayısını belirtmek değildir. Bu hadîslerde durumun gereğine göre, Allah'ın Resulü, toplumu etkileyen büyük günahları saymıştır. Büyük günahlar bunlardan ibarettir, bunlardan başka büyük günah yoktur, diye bir şey söylememiştir. Nitekim **Abdullah ibn Abbâs,** yetmişe yakın büyük günah olduğunu, ancak tevbe ile büyük kalmayacağını, ısrar edilince de küçük günahın büyük günah olacağını söylemiştir. (İbn Kesir, 1/486) Büyük günah hakkında birçok tanım varsa da: "İşleyen kimsenin, Kitâb ve sünnette, şiddetle tehdit edildiği her fiil, büyük günahtır" şeklindeki tanım, bu konuda en uygun tanım olarak kabul edilir. (İbn Kesir, 1/487)

İşte Allah'ın kesinlikle yasakladığı büyük günahlardan kaçınan kimselerin, yüce Allah küçük hatalarını, kusurlarını bağışlar ve onları dünyada ve âhirette güzel bir yaşam içine sokar." (Ateş; Tefsir, 2/268)

Kebâirin bazıları çok ağır oldukları için bunlara **şirk benzeri kebîreler** deniyor. Bir hadis, şirk benzeri üç günahı şöyle saymaktadır; "**Üfürükçülük, nazarlık-muska** taşımak ve **tılsım-büyüden** medet ummak şirktir." (İM. tıbb, 39)

İbn Mâce, bu hadisi verdikten sonra şunu da ekliyor: Hatta gözünü, okuyup üfleyerek iyileştirdiğini söyleyen birine sahabilerden biri şöyle demiştir: "O senin dediğin, şeytana aldanmaktan başka bir şey değildir."

Demek oluyor ki, Hz. Peygamber'in kebâir ile ilgili beyanları da büyük günah kavramının rölatifliğini ortaya koyuyor. 7 büyük günah sayılırken bunlardan **ekberul kebâir** (kebâirin en büyükleri) diye bahsediliyor ki bu, kebâirin sayısının dondurulmadığı anlamını taşır. Yani sayılan 7 günah, her insanın her devirde maruz kalacağı büyük tahriplere işaret eder. Ama bu, özel şartlarda başka kebâirden sözedilmeyeceğini göstermez.

7 büyük kebâir (ekberul kebâir) **mutlak anlamda** yıkıcıdır. Bunlara, bizzat Hz. Peygamber **mühlikât** veya **mûbikât** (öldürücü günahlar) demiştir. Bir de **izafi olarak** yani kişinin durumuna ve muhatap olunan şartlara göre **kebîre** olabilecek günahlar vardır ki bunların sayısı dondurulamaz. Bir devirde, filan insan için büyük tahrip ifade etmeyen bir günah, başka bir zamanda, falan insan için çok büyük bir tahrip sebebi olabilir. Bunun içindir ki, İslam bilginlerinin Kebâir'e ilişkin eserlerinde sayı bazen yüzleri bulmaktadır. Mesela, **İbn Hacer Ahmed b. Muhammed el-Heytemî** (ölm. 974/1566) nin **ez-Zevâcir an İktirafil-Kebâir** adlı ünlü eserinde kebâirin sayısı 460 kûsurdur. Buna karşılık, ünlü hadis bilgini **Zehebî** (ölm. 748/1347), eseri **Kitâbu'l-Kebâir**'de sadece 100 küsur günahtan sözeder.

Kebîre ile ilgili açıklamamızı burada noktalayarak, **Kur'an'da günah karşılığı kullanılan diğer terimlerin açıklamasını** vermek istiyoruz.

SEYYİE
(Çirkinlik, kötülük, yanlış, zararlı fiil, utanç, azap, mutsuzluk, gerilik)

Kur'an'ın **günah** esprisini ifade eden **en geniş çerçeveli** kavramıdır. **Seyyie** (çoğulu: seyyiât), **sû', sûâ, sev'e** (çoğulu: sev'ât), **müsî'** (seyyie işleyen) gibi isim şekillerinin hepsi aynı anlamdadır. Ayrıca **sâe-sâet, sîe-sîet, sâû, esâû, yesû'ü** vs. gibi fiil şekilleri de kullanılır.

Kısacası, seyyienin kökü olan **sev'** veya **sû'**, türevleriyle birlikte yaklaşık 160 yerde kullanılmaktadır.

O halde, bu kavramın Kur'an mesajını anlamak bakımından yeri ve değeri büyüktür.

Seyyienin karşıtı olan **hasene** (güzel, güzellik, güzel fiil ve söz)'nin Kur'an'da iki yüze yakın yerde kullanılmış olması da **seyyie-hasene** parite veya zıdlığının oluş bünyesindeki önemine dikkat çeker.

Sû', Kur'an dilinin ölümsüz ustası **Râgıb el-Isfahanî** (ölm. 502/1108) tarafından şöyle tanımlanmıştır: "Sû', insanı üzüp kederlendiren dünyevî ve uhrevhî her türlü durumdur. Bu, bedensel olabileceği gibi, psikolojik de olabilir. Serveti, ünü veya dostu kaybetmek vs. bu cümledendir. Zaman içinde sû', her türlü çirkinliğe ad olmuştur. Bu yüzden sû'nun karşıtı **hüsnâ** (güzellik, güzel)'dır.

Seyyie ise, güzel hareket anlamındaki **hasene**'nin karşıtı olup çirkin fiil demektir... Aynı kökten gelen **sev'e**, yine çirkinlik veya **utandırıcı şey** anlamında kullanılır. Mesela Kur'an, Hz. Âdem'le Havva'nın edep yerlerinden bahsederken bu **sev'e** kelimesinin çoğulu olan **sev'ât** deyimini kullanır. Kardeşini öldüren **Kaabil**'in ortadan kaldırmak için çırpındığı ceset de **sev'e** diye adlandırılıyor ki bir kötülüğün ürünü olarak ortaya çıkmış suç delili, suç belirtisi, günah ürünü demek olur. (bk. Mâide, 31; A'raf, 20-21, 27; Taha, 121)

Râgıb, **seyyie ve hasene** konusunda şu bilgiyi de veriyor: "Seyyie (çirkin fiil) veya hasene (güzel fiil) iki çeşittir: Din ve aklın çirkin veya güzel görüp algıladığı şeyler, insan tabiatının çirkin veya güzel görüp algıladığı şeyler."

O halde seyyie ve hasene dinin tespitleriyle sınırlı değildir. Ama onlar, insanın sübjektif tespitleriyle de sınırlandırılamaz. Kur'an bu iki kavramın **mutlak ve rölatif yanları** olduğunu bize gösteriyor. Vahyin ve aklın çirkin veya güzel gösterdikleri mutlak kutuptakiler, insanın tespitlerine bırakılanlar ise rölatif kutuptakilerdir.

Rölatif kutupta yer alan seyyie ve hasene sürekli değişir, zamana ve mekana göre yeni tanımlar ve boyutlar kazanır. Kur'an bu **rölatif** çirkini karşılamak için **münker,** rölatif güzel ve iyiyi karşılamak için de **mâruf** deyimini kullanır. (bk. KTK; Münker ve Mâruf mdl.)

Kur'an bu **rölatif seyyie**ye veya seyyienin rölatifliğine örnek olacak birçok beyan taşımaktadır. Mesela, Şuara 173. ve Neml 58. ayetler peygamberlerine isyan eden topluluklarının üzerine yağdırılan yağmuru (çirkin, perişan edici yağmur) diye adlandırırken **sû'** kökünden bir fiil olan **sâe** fiilini kullanır. Burada yağmur, helak edilecek topluluk açısından çirkindir, varlık yapısı bakımından değil. Aynı yağmur, mesela çömlekçi için çirkin, çiftçi için çok güzel olabilir. Nitekim, anılan ayetler, helake sebep olan yağmuru, "korkutulan bir topluluğun yağmuru" diye anmaktadır.

Seyyie, insanın kendi elinin ürünüdür. Mutlaktan seyyie çıkmaz, hep hasene çıkar. Ve mutlak, buna rağmen, insanın, seyyieleri yüzünden ümitsizliğe düşmesini istemiyor. Bu da O'nun rahmetinin bir gereğidir. (bk. Rum, 36)

İnsan, nefs ve şeytanın, yani karanlık kuvvetin dürtüleriyle zanlarını hep kötü görme yönünde kullanır ve hayatını kaosa çevirir. (Fetih, 6, 12) Bunun içindir ki Kur'an, mümini sürekli güzel görmeye, zandan uzak durmaya ve güzel hareketler sergileyip güzeli sevmeye davet eder.

Seyyieyi haseneye çevirmede tavsiye edilen yollar da vardır. **Takvaya sarılma** bunlardan biridir. (bk. Enfal, 29; Mâide 65; Talak, 5)

Salih amel, yani insanlığın hayrına çalışıp barışçıl hareketler sergilemek de seyyieyi haseneye çeviren emin yollardan biridir. (bk. Ankebût, 7; Teğâbun, 9)

Ne ilginçtir ki, Kur'an, seyyie sergileyen tip (el-müsi') ile hasene sergileyen tip arasındaki farkı körle gören kişi arasındaki farka benzetir ve seyyieci tipi **iman ve amel-i salihten uzak kalan kişi** olarak tanıtır. (bk. Mümin, 58) Buna dayanarak denilebilir ki, Kur'an, sonsuz kurtuluşu yitirmiş, kaosa yenik düşmüş insandan, Allah'a imanı olmayan ve barışçıl hizmetler sergilemeyen insanı anlamaktadır. (Seyyie konusunda geniş bilgi için bk. KTK. Seyyie md.)

MÜNKER
(Kötülük, çirkinlik, terslik)

Münkerin kökü olan **nekr** ve ondan türeyen **inkâr,** görmezlikten gelmek veya görememektir. İnkârın zıddı **irfan**dır ki onun esasını bilmek, **bilebilmek** oluşturur. Bu bakımdan, Râgıb'ın da işaret ettiği gibi, her inkârda biraz cehalet vardır. "Ve bunun için olacak ki, Kur'an, şirk de dahil, tüm sapıklıkların temelinde bilgisizliği görür ve kendisine karşı çıkanları **cehalet** (bilgisizlik)le suçlar.

Münker, güzeli ve iyiyi görmezlikten gelmeye oturan davranış, tutum ve sözdür. Râgıb onu: "Sağlıklı aklın çirkinliğine hükmettiği veya güzel olup olmadığında kuşku duyduğu fiil" diye tanıtmıştır."

Kur'an'ın verileriyle, dilin verilerini birleştirirsek **münkeri,** Elmalılı'nın şu cümlesiyle tanımlayabiliriz: "Dinin ve geleneğin tanımadığı şey."Kur'an, örfü de bir hukuk ve değer kaynağı saydığına göre, örf ve âdetin çirkin gördüğü şeyler de, elbetteki vahyin ve aklın tespitlerine zıt olmamaları şartıyla, münkerdir, çirkindir. Eğer örf ve âdet, akla ve dine ters olursa, o takdirde ona uymak münker, onu terk, **maruf** olur.

İSYAN

Hucurât suresi 7. ayette geçen isyan kökünden türeyen kelimeler Kur'an'da 30 küsur ayette yeralır. Bunların 20 küsuru fiil halinde kullanımdır. Bu demektir ki, **isyan, varlık ve oluşta bir aktivitedir...**

İsyan edene **âsî** denir.

Din literatüründe günah anlamında daha çok **ma'sıyet** kelimesi kullanılır ki isyan anlamında ve aynı kökten **mimli bir masdar**dır. Ma'sıyet kelimesi, Mücâdile suresi 8 ve 9. ayetlerde "Resul'e isyan etmek, karşı çıkmak" ifadesi içinde iki yerde geçiyor.

İsyan kelimesi, Râgıb'ın da beyan ettiği gibi, değnek-sopa anlamındaki **asa** kelimesiyle aynı köke sahiptir. Ve **isyan, bir şeyi asa ile engellemek anlamındadır.** Daha sonra bu, geçirdiği değişim ve gelişimle, her türlü karşı çıkma anlamında kullanılmıştır.

Kur'an, insanın insana isyanından söz etmez. Yani bu noktada nötr bir tavır takınmıştır. Ancak, Mümtehine 12. ayette geçen "**mâruf** konusunda isyan etmemek" ifadesine bakarak **münker** konusunda isyanın cevazına hükmedilebilir.

Allah'a ve resullere isyansa, tıpkı küfür ve **fısk** gibi, Allah'ın sevmediği bir bozukluktur. (Hucurât, 7)

İsyan konusunun ilginç noktalarından biri, belki de birincisi şudur: Kur'an hem insanın (Âdem'in), hem de Şeytanın Allah'a ilk ters düşmelerini isyan olarak nitelendiriyor: "Ve Âdem rabbine isyan etti." (Taha, 121) Ve; "Şu bir gerçek ki, Şeytan, Rahman olan Allah'a karşı âsi olmuştur." (Meryem, 44)

Demek olur ki, **oluşun sadece negatif kutbunda değil, pozitif kutbunda da, yaratıcı ve hür benliğin kıvılcımını, isyan tutuşturuyor.** Kur'an, bu isyanın ilk kez Allah'a karşı sergilendiğini ve bunun (yani Âdem'in isyanının) bağışlandığını söyleyerek (bk. Bakara, 37; Taha, 122) isyanı tanımaktan değil sürdürmekten ve ilahlaştırmaktan kaçmanın gereğine dikkat çekiyor.

Âdem'in zellesi ve sonra bağışlanması, yaratıcı-hür benliği elde etmede isyanın gerekliliğini; Şeytan'ın inadı ise, isyanı ilahlaştırmanın tahribini anlatmaktadır.

Demek oluyor ki, **isyanın mutlak negativite ölçüsü** Allah'a ve Resûller'e karşı çıkıştır. Ve bu karşı çıkış insanın sonsuzluk yolunu tıkayıp varoluşunu zehirler. (bk. Nisa, 14, 42; Hûd, 59; Haakka, 10; Cin, 23)

Negatif isyanın en tipik temsilcileri, nebileri katletmekle lanete uğrayan Yahudilerdir. (bk. Bakara, 61; Âli İmran, 112; Mâide, 78)

Yahudilerin isyanlarında Allah'ı öfkelendiren bir başka unsur daha vardır: Onlar, isyanı da namertçe sergilerler, isyanda da riyakârlık ederler. "Dinledik, isyan ettik" derler. Dinlememek şeklindeki isyanın mert tavrına mukabil bunlarınki tiksindirici bir namertliktir. Allah'ı öfkelendiren bir namertliktir bu... (bk. Bakara, 93; Nisa, 46)

FAHŞA
(Çok çirkin fiil ve söz)

Fahşa, fuhş ve fâhişe kelimeleri "aşırı derecede çirkin ve iğrenç fiil ve söz demektir." (Râgıb, fuhş md.) Elmalılı'nın "haddi aşmış, çok çirkin edepsizlik" diye tanımladığı (bk. Tefsir, 2/1314) fahşa ve fâhişe, Kur'an tarafından bazen zina anlamında da kullanılır. (bk. Nisa, 15, 25; İsra, 32)

Bazı ayetlerde fahişe sözü, eşcinsellik anlamındadır. (bk. A'raf, 80; Neml, 54; Ankebût, 28)

Fahşa, şeytanın insana sürekli empoze ettiği illetlerden biridir. Bu noktaya dikkat çeken ayetler, fahşa ile yoksulluk ve çirkinlik arasında ilişkiye işaret eder. (bk. Bakara, 169, 268; Nur, 21)

Fahşanın hem **zâhirîsi** (görüneni, dışta olanı) vardır, hem **bâtınîsi** (içte olanı, görülemeyeni)... Allah, bunların ikisinden de insanın uzak durmasını istemektedir. Allah bunların ikisini de haram kılmış ve ikisi için de "yaklaşmayın" (En'am, 151; A'raf, 33) emrini vermiştir. (Geniş bilgi için bk. KTK. Fahşa md.)

ZENB
(Günah)

Zeneb, canlıların kuyruğuna denir. Bundan fiilini türetmede **masdar** olarak kullanılan **zenb** ise, kuyruğundan yakalamak demektir. Kötülük ve utanç verici işler yapan kişiyi yakalamak anlamında da kullanılan **zenb** zamanla, yakalanmayı, ayıplanmayı, geri itilmeyi gerektirecek fiiller için kullanılmaya başlandı.

O halde **zenb,** insanın, kazandığı mertebe ve yürüdüğü tekâmül yolundan geriye çekilmesini veya bu yolda geri kalmasını icabettiren fiil ve davranıştır.

Kur'an zenb kelimesini tekil ve çoğul (zünûb) olarak 30 küsur yerde kullanır.

Her topluluk zenbleri yüzünden hesaba ve azaba maruz kalmıştır. Kimi bir fırtına ile, kimi yere batırılarak, kimi boğularak zenbinin cezasını çekmiştir. (Enfal, 54; Ankebût, 40)

Dünyada hesabı verilmeyen zenblerin son ve tam hesabı mahşer günü verilecektir. (Mülk, 11) Bununla beraber zenbler asla bağışlanmaz değildir. Allah, zenblerin tamamını affedebilir. Bu yüzden insan, zenbleri aşılmaz bir engel gibi görerek, sonsuzluk yolundaki yürüyüşünü durdurmamalıdır.

Böyle bir şey yaparsa, Allah'ın rahmetinden ümidini keserek kendi kendine zulmetmiş olur. Böyle bir zulüm, zenb işlemekten daha kötüdür. (Zümer, 53)

Zenb, psikolojik, sosyolojik, hukuksal vs. olabilir. **Züleyha**'nın Yusuf'a duyduğu doğal-cinsel iştah bir zenb olduğu gibi, Yusuf'un kardeşlerinin ona yaptıkları kıskançlığa oturan kötülük de zenb'dir. (Yusuf, 29, 97)

Nebilerin sürçmeleri de **zenb** olarak anılmaktadır. Mesela Hz. Musa'nın bir Mısırlıyı yanlışlıkla öldürmesi, zenb olarak geçiyor. (Şuara, 14) Hz. Peygamber'in sürçmelerine de zenb deniyor. (Gâfir, 55; Muhammed, 19; Feth, 2)

Zenbin en korkuncu, Arapların kız çocuklarını diri diri gömmeleridir. Bu zenb, son hesap gününde özel bir sorgulama konusu yapılacaktır. (Tekvîr, 8-9. Zenb konusunda geniş bilgi için bk. KTK. Zenb md.)

FISK
(Günah, iyilik ve güzellikten çıkış)

Fısk ve füsûk, bir yerden çıkmak, ayrılmak anlamındadır. Tomurcuğun açılıp içinden filizin çıkmasına, küçük farelerin deliklerden çıkmasına **fısk** denir. Araplar, deliklerden çıkıp çevreye yayılan küçük farelere **fevâsık** derler. Hatta bu zararlıların öldürülmesi istenen hadiste **fuveysik** kelimesi kullanılmıştır ki, **zararlı farecik** demektir.

Fısk, insanlar için ilk kez Kur'an tarafından kullanılmıştır. Önceki Arap metinlerinde fısk hep bitki ve hayvanlar için kullanılırdı. Bu tesbiti yapan **Râğıb,** fıskın Kur'an terminolojisindeki anlamını şöyle veriyor: "**Dinin koyduğu sınırlardan dışarı çıkmak.**" Bakara suresi 197. ayet fıskı pis söz ve çekişip didişme anlamındaki iki kelimenin ortasında, Hucurât suresi 7. ayet **küfür** ve **isyan** kelimelerinin ortasında, bazı ayetlerse fıskı pis ve iğrenç şeyleri yemek, başkalarına zarar vermek (bk. Enam 121, 145; Bakara, 282), **falcılık, kumar-şans oyunları,** (bk. Mâide, 3) anlamında kullanarak bu kavramın Kur'ansal yapısı hakkında bize ışık tutmaktadır.

Fısk ve türevlerinin Kur'an'daki 50 küsürlük kullanımını da dikkate alarak fıskı, vahy ve akıl tarafından temizliği ve iyiliği belirlenmiş şeylerden uzak kalmak veya akıl ve dince çizilen iyi ve güzel sınırlarından dışarı çıkmak şeklinde tanımlayabiliriz.

Fısk bir dejeneresans ve yaradılıştan sapmadır.

Fıska düşene fâsık denir.

Kur'an'ın beyanlarından anlaşılıyor ki fısk, küfürden daha geniş çerçeveli bir kavramdır. Buna göre her kâfir fâsıktır ama her fâsık kâfir değildir. İslam bilginlerinin büyük çoğunluğu fıskı kebâir (büyük günahlar) işleyerek Allah'a itaattan uzaklaşmak diye tanımlar ve fâsıkı, inkara sapmadığı sürece **mümin** sayarlar. Sadece **Haricîler,** fâsıkı kâfir ilan ederler. **Mutezile** mezhebi ise, kebîre işleyene ne mümin, ne de kâfir sıfatı vermediği için fâsık; onlara göre ne mümindir, ne de kâfir; bu ikisi ortasında bir yerde (menzile beynel menzileteyn) dir. Şunu da belirtmeliyiz ki, Kur'an bazı yerlerde fıskı iman, fâsıkı da **mümin karşıtı** bir anlamda kullanmaktadır (bk. Âli İmran, 110; Secde, 18) ve konunun tartışılması da bu beyanlar yüzünden olmaktadır. Fakat, bütün bunlara rağmen, genel kanı fâsıkın iman dairesi içinde olduğu merkezindedir.

Anlaşılan odur ki, fısk, imandan küfre geçişin bazen kuvvetli bir tehlike halini alabildiği hassas bir nokta oluşturabilmektedir.

Fısk, hidayete yani doğruya ve güzele giden yolda en büyük engellerden biridir. (bk. Mâide, 108; Tevbe, 24, 80; Saff, 5; Münafıkûn, 6)

Böyle olduğu içindir ki, insanlığın büyük çoğunluğu fıska bulaşacaktır. (bk. Mâide, 49) Çünkü insanlığın, her devirde, çoğunluğunun kaos ve karanlığa yenik düştüğü yolundaki anlayış Kur'an'ın temel kabulleri arasındadır.

VİZR

(Günah, vebal, ağırlık, suç, kayıp)

Kur'an'ın günah kavramını karşılamak için kullandığı kelimelerden biridir.

Vizr (çoğulu; evzâr), sığınılan dağ geçidi, oyuk, kovuk anlamındaki **vezr** ile aynı kökten olup günah, yük, borç anlamlarında kullanılır. Kur'an da bu kelimeyi aynı anlamlarda, bazen de sorumluluk anlamında kullanır.

Vizri yüklenene vezir, vizri işleyene **vâzir** ve **vâzire** denir. Kral veya sultanın yükünü yüklendiği, sorumluluğunu taşıdığı için padişah yardımcısına da **vezir** denmiştir. Bu işi yüklenen kuruma da, **vizâret** veya **vezâret** denir.

Kur'an, vezir kelimesini yardımcı anlamında kullanmıştır: "Musa dedi ki: Rabbim... bana, ailem içinden bir vezir (yardımcı) tayin et. Kardeşim Harun'u tayin et. Onunla sırtımı güçlendir ve onu işime ortak kıl. Böyle yap ki seni çok çok tesbih edelim, çok çok analım." (Taha, 29-32; ayrıca bk. Furkan, 35)

Vizr ve türevleri 20 küsur yerde geçer.

Kur'an, **günah ve sorumluluk** konusunun en önemli prensiplerinden bir kısmını vizr kavramını kullanarak sunmaktadır. Bu prensiplerin başında gelen ve Kur'an tarafından aynı ifadeyle birkaç yerde tekrarlanan evrensel ilke şudur:

"Hiçbir günahkâr veya sorumlu, bir başkasının günahını-yükünü yüklenmez." (En'am, 164; İsra, 15; Faatır, 18; Zümer, 7; Necm, 38)

Ancak, Kur'an, başkalarını günaha, kötülüğe itenlerin, günahın faillerinin suçlarına ortak olduklarını da bir yaradılış kanunu olarak tesbit eder; Hz. Peygamber bu ilkeyi açık,larken şöyle diyor: "Kötü bir yol açan kişi hem kendi kötülüğünü, hem de o yoldan gidenlerin vizrini üstlenecektir." (bk. Râgıb, vizr md.) Bu tür bir ortaklıktan doğan vizr ise, en kötü vizrdir. Ve bu türün en kötüsü de bilgisiz insanların saptırılması, **veya** insanların bilgisizlik yüzünden saptırılmasıdır. Bu ilkenin dayanağı olan Nahl suresi 25. ayetin cümle yapısı, işaret ettiğimiz iki anlamı da vermektedir. Ve anlaşılmaktadır ki, **bilgisizliği sömürmek kadar, bilgisizlerin, ehil olmadıkları işlere elkoymaları da felakettir.**

Değindiğimiz temel ilkenin fıkıh sistemi bünyesindeki ifadeye konuluşu şöyledir: **"Ukubâtta niyabet câiz olmaz."** Bunun açık anlamı şudur: Bir kimsenin hak ettiği cezayı, vekaleten bir başkası çekemez, veya bir kimsenin hakettiği ceza, bir başkasına çektirilemez.

Bunun bir sonucu da şudur: **Suç ve günahta veraset ve intikal söz konusu değildir.** Böyle olunca şunu söylemek borcundayız: Kur'an, **redemption** (birinin veya birilerinin suçunu bir başkasının çektiği ceza veya ıstırapla ödemesi) kabul etmez. Hıristiyanlıktaki, **Hz. İsa**'nın, insanlığın asırlık günahlarını bağışlatmak için çarmıha gerildiğini kabulün Kur'an'dan onay alması mümkün olmaz. Nebiler, çektikleri ıstıraplar karşılığında yücelir, ilahî huzurda derece ve mükafat alırlar. Onlar, hiç kimsenin günahını ortadan kaldırmak gibi bir görev üstlenmiş değillerdir.

Suçun cezasını, suçun bizzat failine çektirmek adaletin en hayatî boyutlarından biridir. Bu bakımdan, Kur'an, **Hz. Âdem'in zellesinin** kendisinden sonraki insanların sırtına bir kambur gibi sürekli intikal ettiği yolundaki Hıristiyanî **zelle-i asliye** (original sin) anlayışını reddeder. Âdem'in zellesi kendinedir; ne var ki Allah onu bağışlamış ve defter orada kapanmıştır. Kur'an, bütün insanlığı, sürekli bir kamburla dolaşan, yüzleri kara, kaderleri bir suçluluk psikozunun elinde sürüler olarak görmez. (Daha geniş bilgi için bk. KTK. Vizr md.)

ŞIKAK
(Ters düşmek, günah)

Şakk, bir şeyde vücuda gelen yarılma ve parçalanmadır. Bu kökten gelen **şıkak** ve **müşakka** da bütünden ayrılıp muhalefete geçme ve ayrıldığı bütüne ters düşmedir. Birliği, tevhidi parçalamaya da **şakk** veya **şıkak** denir.

Tevhid, iç içe daireler halinde Allah'ın birliğinden insanın kendi ferdiyeti içindeki birliğe doğru gider. Bu birliklerin her boyut ve dairede parçalanması **şıkak** olduğu gibi, boyut ve dairelerin birbirleriyle ahenginin bozulması da bir şıkaktır.

Şıkakın yarattığı huzursuzluğa, aynı kökten türeyen şıkk ve **meşakkat** kelimeleriyle tercüman olunmuştur ki, insana gelip çatan ruhsal veya bedensel perişanlık, bunalım ve düş kırıklığıdır. (Râgıb, şakk md.)

Şakk kökünden türeyen kelimeler, isim ve fiil halinde, Kur'an'da 20 küsur yerde kullanılır. 84. sure olan **İnşikak**'ın adı da şakk kökünden ve aynı anlamdadır.

Kur'an, tevhidi parçalamanın ana kurumu olan **şirkin** esasında bir **şakk** olayı görmektedir. (Nahl, 27)

Şakk, varlık ve oluşta da bir yere sahiptir. Yeryüzünün bir çok bitki ve meyveye vücut verişi bir **şakk** olayının ardından gerçekleştiği gibi, göklerin ve yerlerin oluşumu, kıyametin kopuşu da bir şakk (ayrılma ve parçalanma) olayıdır. (Furkan, 25; Kaf, 44; Kamer, 1; Haakka, 16; Rahman, 37; İnşıkak, 1; Abese, 26) Evrende yeni yeni oluşum ve gelişimler de **şakk** ile olacaktır. Şakkın bu evrensel-ontolojik yanı onun pozitif yanıdır. İnsanoğlu şakkı, bu pozitif yanından çekip Yaratıcı-yaratılan arası ahenkle birliği zedelemek için kullanarak negatif bir seyir içine sokmaktadır.

Şıkakın negatif seyrinin başını şirk yani Allah'ın birliğini parçalama oluşturuyor. Bu bakımdan şirk anlamındaki şıkak insanın giriştiği zulümlerin en büyüğüdür. Kur'an, Allah'a karşı şıkakı **en uzak düşürücü** illet olarak gösterip bu illeti benimseyenleri **en zalim kişiler** diye tanıtır. (bk. Fussılet, 52)

Allah'a karşı şıkak insanı boş bir gurura ve erişilmezlik, aşılmazlık, yenilmezlik kuruntusuna götürür. (Sad, 2) Bu kuruntu ile insana zulüm arasında bir ilişki gören Kur'an, **zalimleri de şıkakın en beterine yuvarlanmış kişiler halinde gösterir.** (bk. Hac, 53)

Ne ilginçtir ki, Kur'an, evli eşlerin bozuşup **aile birliğini parçalamalarını** da şıkak diye anmıştır. Hz. Peygamber'in **"Allah'ın öfke ve nefretle baktığı helal"** diye andığı **boşanma**, böylece **evrensel birliğe ihanet** gibi gösterilmiştir. Çünkü şıkak evrensel-kozmik birliğe bir ihanettir ve **boşanma** da bir şıkaktır. (bk. Nisa, 35) Boşanmanın şıkak olmaktan çıkabilmesi için, tarafların çok haklı ve yerinde sebepleri olması gerekir.

HABÎS
(Pislik, pis, iğrençlik)

Hubs (çoğulu: habâis) ve **habise** (çoğulu: habîsûn ve habîsât) Kur'an'ın **günah** kavramını ifade için kullandığı deyimlerden biridir.

Habîsin karşıtı **tayyib** (temiz, arı, makbul, hoş)'dir.

Varoluş bir anlamda habisle pisin birbirinden ayıklanması olayıdır. İlâhî düzen sürekli bir biçimde pisle temizi ayıran bir görünüm arzeder. (bk. Âli İmran, 179) Nihayet, **cehennem** de pisle temizi ayıran bir ilahî sistemin adıdır. (bk. Enfal, 37)

Pis-temiz manzarasında, çoğunluk daima birinci lehinedir. Ancak bu, kemiyet (kantite) planında böyledir. Keyfiyet (kalite) planında egemenlik temizindir. Kur'an, insandan, pisin kemiyetçe çoğunluğu temsil etmesine bakarak ümitsizliğe ve karanlığın egemen olacağı yolunda bir yanlış kanıya kapılmamasını istemektedir. "Habisle tayyib eşit değildir. Habisin çokluğu seni şaşırtıp ürkütse de habisle tayyib eşit değildir." (Mâide, 100)

İbrahim suresi 24-26 pisle temizi birer **kelime** (söz ve bilgi) olarak almakta ve şu karşılaştırmayı yapmaktadır:

"Güzel kelime, kökü sabit, dalları gökte olan güzel bir ağaç gibidir. Öyle bir ağaç ki rabbinin izniyle her zaman yemişini verir. Allah, öğüt almaları için insanlara böyle benzetmeler sunar. Kötü-pis kelimesinin durumu da gövdesi yerin üstünden sökülmüş, sabit olmayan kötü bir ağaca benzer."

A'raf suresi 58. ayetse habis ve tayyibi **bir ülkenin sıfatı olarak** kullanmak suretiyle şu karşılaştırmayı yapıyor: "Güzel olan ülkenin bitkisi, rabbinin izniyle çıkar. Kötü-pis ülkedense yararsız-pis bitkilerden başkası çıkmaz."

Peygamberler, varoluş gayelerinin bir gereği olarak insanlara, tayyibe sarılmayı öğütleyen ve pisliklere-pislere (habâis) uzak durmayı öneren mesajlar getirmişlerdir. (A'raf, 157)

İnsanlık tarihi, belirgin özelliği pislik ve karanlık üretmek olan medeniyetlere de tanık olmuştur. Ancak Yaratıcı ve yönlendirici şuur, insanlığı bu pisliklerden sürekli sıyırıp çıkarmıştır. (bk. Enbiya, 74)

Kur'an, haram mala, özellikle **yetim** malının haksızca ele geçirilen kısmına da **habis** demektedir. (bk. Nisa, 2; Geniş bilgi için bk. KTK. Habîs md.)

ŞAKAVET
(Günah, kötülük)

Şakavet ve şıkve, yorgunluk, mutsuzluk ve perişanlık anlamındadır. Arap dilinde karşıtı, **saadet**'tir ki, mutluluk ve huzur demektir.

Kur'an da şekavet ve saadeti karşıt kavramlar olarak kullanır. (bk. Hûd, 105-106)

Şakavet, **Âdem ile Havva**'nın, yasak meyvayı yemek suretiyle sergiledikleri isyan üzerine düştükleri perişanlığın da adıdır ve şakavet oradan başlamaktadır. Taha suresi 117. ayete göre, Allah, Âdem ve eşini, yasağı çiğneyerek şakavete düşmemeleri hususunda uyarmıştı. Bu demektir ki, Kur'an, yasakları çiğnemenin insanı şekavete düşüreceğini, zor durumların içine iteceğini beyan ediyor.

Şakavetin **temelinde yasakları çiğnemek,** özellikle ilahî prensiplere ters düşmek vardır. Bu ters düşmeyi ortadan kaldırmak bir zorluğu gerektirir ama, şakavetin getireceği büyük zorluktan kurtulmak için bu küçük zorluğu göğüslemek akıllılık olur. Din hayatında da durum budur. Dinin emirlerine uymak, insan nefsine zor gelir; ancak **uymamanın getireceği zorluklar** yani şakavetin sonucu, bu zorluklar yanında bir azap ve işkencedir, insanı ateşe yuvarlar. (bk. Hûd, 106) Oysaki nefsi susturup bastırmaya yönelik eğitici zorlukların arkasından mutluluk ve ferahlık gelir. (Hûd, 106-107)

Bu inceliğe işaret için olacak ki, Kur'an kendisinin zorluk ve eziyet sunmak için gelmediğini söylerken (bk. Taha, 2) bu şakavet kökünden bir fiil kullanır. Bunun esprisi şudur: Benim buyruklarımı dinlemek nefsiniz tarafından bir şakavet gibi gösterilebilirse de esasında ben şakaveti ortadan kaldıran yolu gösteriyorum. Fakat, benim yolumun, şakavete âlet edilmesini önlemek de size düşer.

Kur'an yolunu şakavete bulaştıran zihniyet, **dinli ve dinsiz yobazlıktır** ki, biri, dinin eğitici **emir-yasaklarını şakavete âlet etmek,** öteki de dini hepten reddederek insanı genel şakavete yuvarlamakla ünlüdür.

Kur'an bize, Allah'a çağrı veya Allah'a dua adı altında şakavetler sergileneceğini de göstermektedir. (bk. Meryem, 4, 32) Bunun içindir ki, nebiler, dualarında ve Allah yoluna çağrılarında şakavet temsilcisi (şaki) olmamak için yalvarmaktadırlar. (bk. Meryem, 4, 32, 48)

Şakavetin bir belirtisi, veya belası da insanı, öğüt dinlemekten, uyarıcı, erdirici söze kulak vermekten bucak bucak kaçar hale getirmesidir. Bunu, insanın böyle olması onu şakavete iter şeklinde de değerlendirebiliriz. Ayetler bu iki sonucu çıkarmaya aynı anda imkân vermektedir. (bk. A'la, 10-12)

Şems suresi 11-12. ayetler, **tuğyan** (azgınlık) ile şekavet arasında bir ilişki bulunduğunu göstermektedir.

CÜRÜM

(Günah, haksızlık, çirkinlik)

Türkçe'de **cürüm** diye yerleşen ve genelde suç, günah anlamlarında kullanılan bu kelimenin **aslı cerm ve cürm**dür.

Cerm ve cürmün esas anlamı henüz olgunlaşmamış meyvayı ağaçtan kopararak veya keserek almaktır. Zaman içinde **cerm** her türlü haksız ve çirkin iktisap için kullanılır olmuştur.

O halde cürmün özünde haksızlık, iyiye ve güzele ters davranış yatar.

Cürme bulaşana **mücrim** denir. Cürm kökünden türeyen kelimeler içinde en çok kullanılanı bu **mücrim** (çoğulu: mücrimûn) kelimesidir. Başka bir ifadeyle, cerm ve cürm kelimeleri ve türevleri 60 küsur yerde kullanılır; bunların 50 küsuru, tekil ve çoğul halde, mücrim kelimesidir.

Fıskın zaman zaman imana mukabil kullanılması yanında cürm bir yerde İslam'a mukabil kullanılmıştır. (bk. Kalem, 35)

Cürme reva görülen cezalar son derece ağırdır. Bunlar içinde şiddetli azap, hor ve hakir olma (En'am, 124), sonsuz ve kesiksiz azap (Taha, 74; Zuhruf, 74; Kamer, 47; Rahman, 41, 43; Secde, 12) ve nihayet Allah'ın intikamına maruz kalmak vardır. (bk. Rum, 47; Secde, 22)

Ve toplu felaketler de mücrimlere gelen azaplar cümlesindendir. (bk. A'raf, 84; Yusuf, 110; Neml, 69; Duhan, 37; Ahkaf, 25)

Mücrimlerin böylesine korkunç azap ve tehditlere maruz kalmaları şaşırtıcı değildir. Kur'an, en nefret ettiği kötülüklerin büyük bir kısmını mücrimlere izafe etmektedir. Bunlar içinde **Allah'a iftira** (Hûd, 35; Yunus, 17), haktan nefret, **haksızlığa destek** (Enfal, 8; Yunus, 82), **kibirlenmek suretiyle azmak** (A'raf, 133; Yunus, 75; Câsiye, 31), servet ve refahla şımarmak yani **teref** (Hûd, 116) vardır.

Batacak memleketlerde, çökecek medeniyetlerde mücrimler, özellikle en büyük mücrimler köşe başlarına gelir. Bu, Allah'ın bir oyunudur ve mücrimlerin batış belirtisidir. (bk. En'am, 123) Aynı ayete göre, köşeleri tutmuş mücrimlerin en belirgin bozuklukları düzenbazlık, hile, sahtekarlık ve ikiyüzlülüktür.

Kur'an, en büyük mücrimler meselesinde bu sürekli belirişi, **tüm medeniyetler ve yönetimler için bir çöküş ve aldanış süreci** olarak tanıtmaktadır. (bk. En'am, 123)

RİCS
(Pislik)

Kur'an'da 10 yerde geçen bu kelime, **pis şey,** (pis koku) anlamındadır. **Rics adam, rics kişiler** şeklinde sıfat olarak da kullanılır.

Râğıb el-Isfahanî, ricsin 4 türlü olabileceğini söylüyor:

1. Yaradılıştan,
2. Aklî yönden.
3. Din yönünden.
4. Bunların hepsi yönünden. Mesela, ölü hayvanın eti bu son cümledendir.

Râğıb'a göre, **din yönünden rics** şarap ve kumardır. Bazılarına göre bunlar akıl yönünden de ricsdir. İnkarcılar da rics olarak anılmışlardır. Çünkü şirk, pisliklerin en çirkini, en berbadıdır.

Rics, bir pisliktir ki, bulaşanı da rics haline getirir. İnkarın her türü, inkara vasıta ve âlet olan her şey rics haline gelir. Mesela, putlar birer ricstir. (Hac, 30)

Putlara ve putçuluğa bulaşan müşrikler de ricstir. (Tevbe, 95)

Rics, şeytanın ürettiği bir pisliktir. Mâide 90. ayet uyuşturucuyu, putları, kumarı, fal oklarını şeytanın ürettiklerinden birer rics olarak gösteriyor.

İmansızlık ve akılsızlık, yani akla ters düşmek, Allah tarafından ricse batırılmaktır. (En'am, 125; A'raf, 71; Yunus, 100)

Rics, madde dünyasında tiksinti ve rahatsızlık sebebi olan şeylerdir. Ölü eti, kan, domuz eti birer ricstir.

Rics, insanın bedenini sardığı gibi gönül dünyasına da musallat olur. Bu demektir ki, **ricsin maddî olanı** yanında **manevî olanı** da vardır. Bunların biri ötekini, sürekli azdırır, büyütür.

Manevî ricsin en berbadı, kalbe musallat olandır ki, kalp marazının ardından gelir. Tevbe 125. ayet, kalplerinde maraz olanların rics üstüne ricse maruz kalacaklarını söylüyor. Ricse bulaşmak kâfir olarak ölmekle sonuçlanır.

Allah'ın ricsten özellikle uzak tuttuğu topluluk, Hz. Peygamber'in **Ehlibeyt**'idir. (Ahzab, 33)

FÜCÛR
(Günah, yalan, bütünü parçalamak)

Fücûr ve fecr, bir şeyi genişliğine yarıp parçalamaktır. Kur'an bu yarıp parçalamanın pozitif kısmını **fecr** ve **tefcîr** kelimeleriyle ifadeye koyar ki Türkçe'deki **fecir** ile yeri-taşı yararak kaynak sular çıkarmak anlamındaki kullanımlar bu cümledendir. (bk. İsra, 90-91; Yasin, 34; İnfitar, 3; Bakara, 187; Fecr, 1) Kelimenin negatif kullanımına gelince, burada fücûr şeklini görüyoruz. Kur'an bunu, birliği-bütünlüğü parçalamak ve bu parçalama uğruna yalan, kötülük vs. gibi negativiteler sergilemek anlamında kullanır. **Elmalılı,** fücûrun bu Kur'ansal anlamını ifadeye koyarken şöyle diyor: **"Fücûr, haktan sapıp hak yolunu yarmak ve hak nizamından çıkıp fısk ve isyana düşmektir. Bilhassa zina, yalan vs. gibi edepsizlikler yoluyla şer ve isyana düşmeye fücûr denir."** (Elmalılı, 8/5857)

Kur'an, fücûru takvanın karşıtı olarak da kullanır.

Nuh suresi 27. ayet **fâcir** kelimesini **keffâr** (şiddetli kâfir) kelimesiyle nitelemekte ve bu tipin insanları dalâlete yani karanlığa ittiğini söylemektedir. Abese 42. ayet de fecere yani fâcirlerle **kefere** yani kâfirler arasında irtibat kurar.

Üçüncü Bölüm

GÜNAHLAR VE TEVBE

TEVBENİN YERİ VE ANLAMI

Kur'an ve hadisin tetkiki bize gösteriyor ki, ulûhiyetin (tanrılık) temel niteliklerinden biri bağışlamak-affetmek; ubûdiyetin (kulluk) temel niteliği ise boyun bükmek, bağışlanmayı beklemektir. Bunun içindir ki, İslam düşüncesi temel kabullerinden birini şu şekilde formüle eder: **Tamlık ve mükemmellik duygusu veren ibadetten, noksanlık ve boyun büküklük getiren günah yeğdir.**

Bu prensibin esası şudur: Allah'ın yarattıklarıyla (âlemlerle) ilişkisi kahır ve celal ilişkisi değil, lütuf, rahmet ve cemal ilişkisidir. Böyle olunca Allah'ın bu faal yanı rahmet, merhamet, bağış ve affı işletme biçiminde ortaya çıkar.

Bu haliyle ilahî rahmet ve bağış kendiliğinden işler. Kulun niyaz ve yalvarışıyla yani Allah'ın lütuf kapısı önünde çökerek boyun bükmesiyle ortaya çıkacak af ve merhamet tablosu ise bu söylediğimizin binlerce kat fazlasıdır. Bu konuyu biz **Din ve Fıtrat** kitabımızın Fıtrat Dininin Karakteristikleri bölümünde genişçe incelediğimizden burada detaya girmeyeceğiz.

Kur'an-ı Kerim ve hadis-i şerif adına şunu rahatlıkla söyleyebiliriz: **İnsan kaynaklı davranışların Allah'ı en çok sevindireni, kulun Allah'tan af ve rahmet dilemesidir.**

En büyük ibadet budur. Bunu ortadan kaldıran tutum ve davranış, dış patenti ne olursa olsun, esasta bir kayıp ve talihsizliktir.

Bilmekteyiz ki, varlık, hayat ve oluş Zat-ı Mutlak'ın isim ve sıfatlarının bir zuhuru, açılıp saçılmasıdır. Hayat bir anlamda ilahî isimlerin (Esmâül Hüsna) bir tecellisi, bir resmigeçididir.

Ve biliyoruz ki, 99 isimden oluşan Esmâûl Hüsna'nın 15 tanesi doğrudan, buna yakın bir kısmı da dolaylı olarak Allah'ın af, merhamet, bağış ve rahmetini ifade etmektedir. İşte ulûhiyetin esas vasfının bağış ve rahmet oluşunun Kur'ansal delillerinden biri de budur.

Tevbe, bu sınırsız ve sonsuz rahmet okyanusundan yararlanmanın insan tarafından kullanılacak en kestirme, en rahat ve en güvenli yoludur. Tevbe, günah diye andığımız sürçme, sapma ve düşüşlerin de en erdirici telafi yolu ve Allah'ın garantisini taşıyan bir kurtuluş kapısıdır. Bu yolu, **Kur'an ve Sünnete Göre Tasavvuf** adlı kitabımızın **Tevbe** bölümüne bazı ilaveler yaparak buraya aktarmakla tanıtacağız.

Beden su ile temizlenir, gönül gözyaşıyla. Ruhumuzu yıkamak için de bir "su" lâzım bize. O su, tevbedir işte...

Bütün ruhsal makamların, manevî yükselişlerin temeli olan bir kavram üzerindeyiz: Tevbe. Bina için toprak, yaşamak için gıda neyse, melekût âlemine yükselmek için tevbe odur.

Kâinat her an ölüp yeniden doğuyor. Ben şu satırları yazmaya başlayalı, bilmem kaç defa yok olup tekrar var edildim. Şu andaki ben az önceki ben değilim, şu andaki evren de biraz önceki evren değil.

"O her an yeni bir iş ve oluştadır." (Rahman, 29) Bu

oluş, çok süratli cereyan ettiğinden biz varlığı sürekli görüyor, hep var sanıyoruz. Yani Cenâb-ı Hakk'ın **Mümît** (öldüren) sıfatından çok **Muhyî** (dirilten) sıfatının belirtilerini seyrediyoruz.

Ölüm, daha yüce bir doğum için atılmış adımdır. Her doğum, daha öncesine göre bir yükseliştir. Tevbe, kâinattaki bu yükselme ve gelişmenin şuuruna varmak, ona iştirak etmektir. Evet, tevbe bir iştiraktir; ilahî oluşa bir katılmadır. Bu yüzden herkesin tevbe etmesi istenmiştir. **Hiç günahı olmayanların da günahsızlıktan tevbe etmeleri istenmiştir.** Kur'an: **"İstisnasız hepiniz Allah'a tevbe edin, ey mü'minler"** diyor. (Nur, 31)

Her an bir öncekine nispetle ileri bir aşama olduğuna göre, her önceki an için tevbe etmek lazımdır. **Şems-i Tebrizî** (645/1247) bu inceliği şöyle ifade etmiştir. "İşe her an baştan başlamak lâzımdır." Hz. Peygamber bunu şöyle dile getiriyor:

"Ben her gün yetmiş defadan çok istiğfar ederim."

Ebu Ali Dekkak (412/1021) bu hadisi izah ederken diyor ki: "Allah'ın Elçisi her an yükseliyordu. Bir önceki anı, bir sonrakine göre noksan gördüğünden devamlı istiğfar halindeydi" "Bir günü ötekine eş geçen mümin değildir" hadisini bu nüktenin aydınlığında değerlendirmeliyiz.

Anlaşılan odur ki, sonsuzluk yolunda sürekli yürüyüş, bir anlamda sürekli tevbe halinde oluştur. Çağımızın büyük ilahiyatçılarından biri olan **Paul Tillich,** bu oluş ve eriş sırrını ifade ederken şöyle diyor: "Tevbe bir uyanış ve kendine geliştir. Bu uyanış, imanın yöneldiği son realiteye ilişkin şuurda kayıp veya örtülmenin söz konusu olduğu halden açık ve aydınlık bir şuur haline geçiştir. Böyle olunca da, tüm ruhsal uyanış ve yükselişlere ilişkin tecrübeler birer tevbe hali olarak görülmelidir." (Tillich, Dynamics of Faith, 124)

Kısacası, **her boyut değiştirme bir uyanış ve doğuştur ve her uyanış ve doğuş bir tevbedir.**

Hiçbir insan tevbe ihtiyacı dışında kalamaz, dedik. Bunun anlamı nedir? Bize, istisnasız hepiniz tevbe edin, deniyor. Yani herkes tevbeden faydalanacaktır. Günahlı günahından kurtularak, günahsız, bir derece daha ileri giderek. Çünkü tevbe, kâinatın ruhuna yaklaşmaktır. Böyle bir gayret bizi, bulunduğumuz makam ne olursa olsun, yüceltir. Tevbeyi sadece günahkârların yapacağını sanmak büyük hatadır. Günahkârlar daha önce ve daha çok tevbe etmeli, ama sadece onlar değildir tevbe etmesi gerekenler. Herkes her zaman tevbe etmek zorundadır. Bu, kulluğun bir gereğidir. **Mücâhid b. Cebr** (101/719) şöyle der: "Sabah, akşam tevbe etmeyen zalimlerdendir."

Kimi günahına tevbe eder (Sehl, Cüneyd), kimi gafletine tevbe eder (Zünnûn el-Mısrî), kimi bütün mâsivaya (Allah'tan gayrı her şeye) tevbe eder (Nûrî), kimi ibadetlerine güvenmiş olduğunun farkına varıp buna tevbe eder (Kuşeyrî), kimi de bizzat tevbesine tevbe eder (Ruvaym).

Değişmeyen gerçek şudur: Cennete giden en emin yol, kurtuluşa açık en güvenilir kapı tevbe olmaktadır. Bu nükte bir hadiste şöyle verilmiştir: **"Cennetin sekiz kapısı vardır. Bunların yedisi kapalıdır. Yalnız bir kapı açıktır ki, o da, kıyamet kopuncaya kadar tevbe etme kapısıdır."** (İbn Mübarek, Kitâb ez-Zühd, 368)

Bu demektir ki, cennete açılan kapıların hepsi kapanabilir ama, tevbe kapısı asla kapanmaz.

Tevbe zamana, özellikle geçmişe mahkûm olmadığımızı gösterir. **Mevlâna:** "Geçmiş ve gelecek perdelerdir" diyor. Bu perdelerin arkasını görebilmek için tevbeye sarılmalı. Tevbe, noksanları, yanılmaları basamak yaparak ileri atılmamızı sağlar. Noksanların tekrar edilmeyeceğine karar vermek tevbedendir; fakat geçmişimizin pençesinde mahpus kalmak tevbe değildir. Geçmişimizin muhasebesini yapmak hünerdir; fakat bununla oyalanarak bulunduğumuz anı değerlendirmemek tevbe sırrına aykırıdır. Bu noktaya ışık tutarken **Cüneyd el-Bağdadî,** "Tevbe günahı unutmaktır" diyor. Hadiste: "Tevbe eden hiç günah işlememiş gibidir" buyurulması da bunu gösterir.

Nasıl oluyor da tevbe geçmişin bütün günah ve eksiklerini siliyor?

Bu sorunun cevabı, evrende ve ferdin dünyasında **adaletin** hüküm sürmediği gerçeğine oturur. Ne demektir bu? Gerek makrodan mikroya gelişte (kâinat, toplum, fert), gerekse mikrodan makroya gidişte (fert, toplum, kâinat) adalet yalnız toplum dünyasında vardır. Ne evrende, ne de bireysel âlemde adalet gerçekleştirilemez, gerçekleştirmeye yönelik bir düzen de kurmamıştır Yaratıcı. Adaletin hem istendiği, hem de gerçekleştirilebileceği tek âlem toplum âlemidir. Öteki iki dünyada adaletin yerini bazen lütuf ve merhamet, bazen de kahır ve gazap almaktadır.

Tevbe bu âlemlerin hangisinde veya hangilerinde yer alır? Tevbenin iki kutbu vardır: **Makro uç, mikro uç.** Yani bir kutupta Allah, öteki kutupta insan. O halde tevbe, adaletin işlemediği iki dünya arasında oluşan bir keyfiyettir ve bunun için de günahın büyüklüğü tevbeyi iş göremez hale getiremez. Bu gerçekten çıkan bir başka netice de şudur: **Orta âlem** olan toplumda tevbe, af ve lütuf değil, adalet ve kısas hâkim olmalıdır, kısmen de hâkimdir. O halde, orta âleme ilişkin hakları yerine getirip, onun aleyhine işlenen suçların takibinden kurtulmak afla değil **ödeme**yle mümkün olacaktır.

Bu inceliğin dayandığı evrensel ilke ne olabilir? Bu esas bizce şudur: **Affetmek yetkisi, hak sahibinindir.** Tevbenin affettireceği günah da bir hakkı zedelemiştir. Bu hak Allah'ın hakkıdır. Tevbe, Allah haklarından doğan günahların affına yarar. İnsan hayatında bu af yoluna, sadece bireysel hakların ihlâli durumunda başvurulabilir. Fakat unutulmamalı ki bu halde dahi affetme yetkisi hakkın sahibine aittir. Nasıl ki toplumun hakkını ferde affettiremeyiz, aynen öyle de ferdin hakkını topluma affettiremeyiz. Bu iki benlik sadece kendi haklarını af yetkisine sahiptirler.

Tevbe düşüp kalktığımızı, bu da gelişmekte olduğumuzu gösterir. Günah ve tevbe tekâmülün en esaslı belirtileridir. Günahsız ve tevbesiz insan kemâle eremez. Bunun içindir ki **Muhyiddin İbn Arabî** (638/1240) şöyle diyor: "Günah ile irtibatını kesen iman kemâle eremez". Bir hadîs-i şerif ise aynen şöyledir: "Eğer günah işlemeseydiniz, Allah sizi yok eder ve yerinize günah işleyip O'ndan af dileyen bir kavim getirirdi." Bir şey ki seni, Rabbinin önünde gözyaşı dökmeye, niyaz ile ağlamaya sevk eder, o şeye en üstün ibadet gözüyle bakmamayı nasıl düşünürsün? Allah dostlarının, günahlar yüzünden boyun büküp ağlamayı, ibadet çokluğuna güvenmeye tercih edişleri bundandır. **Avn. b. Abdullah** şöyle diyor: "Tevbe edenlerle oturup kalkın. Çünkü Allah'ın rahmeti yalnız onlara yakındır. **Öyle zamanlar olur ki kul, işlediği bir günah yüzünden kaygılanır da o günah onun için birçok iyilikten daha kıymetli hale gelir.**"

Tevbe başlıbaşına bir ibadettir, demiştik. Bu noktaya İslam bilginlerinin çoğu tarafından değinilmiştir. **Râgıb el-Isfahânî** (502/1108) bunlardan biridir. Müfredât adındaki şaheserinde şöyle der: "Tevbe, günahı terk etmenin en güzel yoludur. Çünkü tevbe, özür beyan etmenin en etkili şeklidir. Özür dilemek üç şekilde olur: 1. Özür dileyen suçu işlemediğini söyler, 2. Suçu filân sebep yüzünden işlediğini beyan eder, 3. "Suçluyum, kötülük yaptım, fakat vazgeçiyorum" der. İşte bu son şekil, tevbedir." "Her insan hata sahibidir. Hata sahiplerinin en hayırlıları ise çok çok tevbe edenlerdir."

Tevbe edenin Allah'ın sevgisine layık olacağı, Kur'an ve hadiste ısrarla belirtilmiştir ki bu bile tevbenin büyük bir nimet olduğunu göstermeye yeter. Örnek verelim: "Allah hem çok tevbe edenleri sever, hem de çok temizlenenleri sever." (Bakara, 222; Sad, 30, 44)

Tevbe, öncelikle, psikolojik bir olay, bir iç tecrübedir. Kelimelerin tevbede fazla önemi yoktur; o, bir şuur hali, bir iç değişme, bir iç oluştur.

Tevbe, hazırlayıcı aşamalardan geçerek esas noktasına ulaşır ve ondan sonra kendisinden bekleneni vermeye başlar. Bu neticelerin en ileri meyvesi, Allah'ın, kulun gönlünde **ilham ve keşif** olarak tecelli etmesidir. En günahkâr kul bile tevbe yolunu izleyerek Allah'ın ilhamını alacak hale gelebilir. Hatta günahın büyük oluşu ondan dönenin tevbesindeki büyüklüğe esas teşkil ettiğinden, böyleleri, tevbelerinden sonra çok ileri makamlara yükselirler. Nitekim büyük İslam velilerinin bazıları hayatlarının başında büyük günahkârlardı. Bütün **mesele bataklıkta kalmakta ısrar etmemektir.** Böyle olursa, bataklığı denemiş olmak ileriki mücadelemizde, orayı denemeyenlere göre çok daha başarılı kılacaktır bizi...

Tevbenin Zamanı:

Tevbenin zamanı derken şunları kastederiz: İnsan, hayatının hangi devresine kadar tevbe edebilir? Tevbenin yaşla, günahın çeşidiyle ilgisi var mı? Günahların çokluğu tevbe kapısını kapayacak bir yoğunluğa ulaşabilir mi?

Hiçbir günah tevbe kapısını kapatacak yoğunluğa ulaşamaz. Tevbe kapısının kapanabileceğini kabul etmek, Allah'ın gazap ve azabının rahmet ve merhametinden fazla olduğunu kabule zorlar ki bunu söylemek kimsenin haddîne değildir. Nitekim bir hadis-i kudsîde: "Rahmetim gazabımı geride bırakmıştır" buyuruluyor. Ayeti kerime ise aynen şöyledir: "Azabımı dilediğime isabet ettiririm. Rahmetime gelince o, her şeyi çepeçevre kuşatmıştır." (A'raf, 156)

Kul, günahı ne kadar çok, yaşı ne ölçüde ilerlemiş olursa olsun tevbe edebilir, kurtulabilir. Elverir ki âhiret âlemiyle yüz yüze gelmeden toparlanabilsin. Öteki âlemle yüz yüze gelip dünyadan alâkanın kesildiğini kesinlikle anladıktan sonra tevbenin anlamı kalmadığından, ölüm döşeğindeki tevbenin kabul edilmeyeceğini Kur'an-ı Kerim açıkça beyan etmiştir. Buna İslam geleneğinde Firavun tevbesi denmiştir ki, kabul edilmesi tevbenin hikmetine aykırıdır. Bilindiği gibi **Firavun** nehir suları üstüne çullanınca yani ölümle yüz yüze geldiği anda "Musa'nın Rabbine inandım" demişti. (bk. Kur'an, Yunus 90-91)

Firavun uğrunda geçirilmiş bir ömür, son nefeslerde, Musa'yı memnun edecek bir ömür haline getirilebilseydi, iman ve hak mücadelesinin hiçbir anlamı kalmazdı. Bununla birlikte, bazı İslam büyükleri, özellikle **İbn Arabî** ve izleyicileri, Firavun'un tevbesinin de kabul edildiğini savunurlar. Çünkü Firavun: "İnandım" demiştir ve Allah'ın ululuğu buna ret cevabı verdirmez. Bu olaya değinen ayette Allah Firavun'a: "Şimdi mi? Bundan önce isyan etmiştin" diye cevap veriyor. Bu, onun tevbesini kabul etmemek anlamına değil, onu azarlamak anlamınadır. İbn Arabî ve bağlılarının bu anlayışı gerçekten tartışmaya değer...

Buradan iki sonuç elde ediyoruz:

1. Ölüm anına kadar tevbe etmek mümkündür.

2. Ölüm döşeğinde, yani son nefesleri vermek üzereyken yapılan tevbe, rezilliklerle geçmiş bir ömrü temizlemez. Ölüm zamanı, yani ecel ile mücadele safhası bu noktada esastır. O halde ölümden bir süre önce yapılan tevbeler mak-

buldür. Fakat ölümün bizi nerede, hangi gün yakalayacağı asla bilinemeyeceğinden, bize düşen bir an önce tevbeye sarılmaktır.

Günahların türü açısından baktığımızda durum şudur: Kur'an'ın açık beyanlarına göre, **tevbenin silmeyeceği hiçbir günah yoktur; şirk de buna dahildir.** Nitekim, İslam'ın çekirdek ve örnek nesli sahabilerin tamamına yakını şirkten tevbe etmiş iman erleridir.

Tam bu noktada, Kur'an'a fatura edilen, esasında ise Kur'an'ın mesajını yozlaştıran bir hurafeyi düzeltmek gerekir. Bazılarına göre, tevbe şirk dışındaki günahları siler. Şirkin tevbesi yoktur. Bunlar, bu yanlış anlayışı desteklemek için Nisa suresinin iki yerde geçen şu ayetini öne sürerler: **"Allah kendisine şirk koşulmasını affetmez. Bunun dışındakileri ise dilediği kişiden affeder"** (Nisa, 48, 116)

Bu ayeti, kendi çarpıtma ve zorlamalarımızı katmayarak değerlendirdiğimizde, anlam açıktır: Allah, şirki affetmez. Şirk dışında kalan günahları ise dilediği kulundan affeder.

Bu affın tevbe ile ilgisi yoktur. Ayet tevbeden bahsetmiyor, tevbe söz konusu olmadan durum değerlendirmesi yapıyor. Aksini düşünür, tevbenin şirki affettirmeyeceğini söylersek, putperest bir insanın İslam'a girmesini -ki bu da bir tevbedir- kabul etmememiz gerekir. böyle bir şeyse İslam'ın ve aklın kabul edeceği cinsten değildir.

Kısacası, bu ayetin tevbe ile hiçbir ilgisi yoktur. Allah, tevbe etmeden bu âlemi terk edenlerin müşrik olmayanlarını, dilerse bağışlar. Şirk içinde ölenlerse, ilahî aftan yararlanamaz, doğrudan cehenneme giderler.

Kul Hakkı Denen Zehir:

Tevbe hakkında buraya kadar söylediklerimiz, kul hakkı dışındaki günahlar için geçerlidir. Yani Allah'a karşı olan borçlarımız için mâna ifade eder. Kulların, üzerimize geçmiş hakları **(hukuk-i ibad)** varsa onların tevbelerinin tek şartı, o hakları sahiplerine ödemek ve onlardan helâllık almaktır. Hak, sahibine ödenip helâllık alınınca, borçtan kurtulmuş oluruz. Bu gibi hakların vücut verdiği günahlara, deyim yerindeyse, Allah karışmıyor. Manevî rütbemiz ne ölçüde yüksek olursa olsun, kulların bizdeki haklarını Allah bize bağışlamayacaktır. O hesabı, hak sahibiyle aramızda halledeceğiz. Dolayısıyla, ömür boyu tevbe-istiğfar etsek dahi, hiç kimsenin bir kuruş hakkını bağışlatamayız. Onu, sahibine ödemekten gayrı çıkar yol yoktur. Kul hakları içinde en korkunç olanları **kamu haklarıdır**. Çünkü bunların sahiplerini fert olarak tayin mümkün değildir ki ödeyip kurtulalım. Kamu hakkı **(hukuk-i âmme)** bizi bütün bir millete, milyonlara birden borçlu hale getirir. Bu yüzden İslam bilginleri kamu hakkı yiyenlerin felâh bulmayacağı kanaatini taşımaktadırlar.

Kul haklarının bir özelliği de cezalarının dünyada başlaması ve yalnız işleyeni değil bütün kitleyi etkisi altına almasıdır. Prensip şöyle konmuştur: "**Kul hakkı** evlâda, gelecek nesillere sirayet eder." Âmme hakları bakımından bu netice çok daha yıkıcıdır. Bir velinin şöyle dediğini defalarca dinlemişimdir: "Vakfın çivisini söken mahvolur." **Kamu hakkı** altına girmenin en çok başvurulan yolu **vergi** kaçakçılığıdır. **Zekât** vermemek de bu cümledendir. Bunlar kamu hakkı yemenin pasif yollarıdır. Aktif yollara gelince, bunlar da birinin elindekini, yahut devlet mallarını çeşitli yollarla mülkiyet veya tasarrufuna geçirmektir.

Kul hakkı bazen mala, eşyaya ilişkin olmayabilir. Sövme, kötü söz, alay, **kalp kırma** birer kul hakkı konusudur. Bunlardan kurtulmak için de tevbe etmek yetmez. Bunlar evvelâ kul hakkı, ikinci olarak ve aynı zamanda Allah hakkıdır. O halde böyle haklar altında olanlar önce ilgiliden helâllık alacak, sonra da Allah'a tevbe edeceklerdir. Bu iki şarttan birinin eksikliği, kurtuluşu engeller.

Tevbenin Şartları:

Eğer tevbe, bir günah için yapılacaksa, şartları şöyledir:

1. Kötü davranışlar için şiddetli bir pişmanlık duymak.

2. Esas günaha götüren küçük sürçmeleri terk etmek.

3. Eski günahlara kesinlikle avdet etmemek. Bu şartların ilki tevbenin pasif yönünü, ikincisi ve üçüncüsü de aktif yönünü ifade eder. **Zünnûn el-Mısrî** (245/859) şöyle diyor: "Gerçek tevbe öyledir ki, yeryüzü sana dar gelir ve sende sükûn ve karar kalmaz. Daha sonra bizzat kendi benliğin seni sıkıştırır, bunaltır. Ve nihayet Allah'a yönelirsin." Bu gerçek Kur'an-ı Kerim'in şu ayetinde özetlenmiştir: "Geri bırakılan üç kişinin tevbelerini de kabul etti. Yeryüzü, bunca genişliğine rağmen, onlara dar gelmiş, vicdanları kendilerini sıktıkça sıkmıştır. Nihayet Allah'tan yalnız Allah'a sığınılabileceğini anladılar. Sonra Allah onları, eski saflıklarına dönsünler diye tevbeye muvaffak etti. Şüphesiz ki, tevbeyi, en çok kabul eden, O, hakkıyla esirgeyen, yine O'dur." (Tevbe, 118)

Yukarıda zikrettiğimiz Firavun tevbesi gibi olmamak şartıyla bütün tevbeler kabul edilir. Bu keyfiyet, Allah'ın yüceliğinin bir icabı gibidir. **Ulûhiyyet** (Allah'lık) bir mânada, kulu bağışlayıcı güç demektir. Çünkü tevbe, en yüce olanın kapısına dayanmaktır. Onun reddetmesi mahvolmamız demektir. Ve O bizim mahvımızı istemez, çünkü bize bizden çok acır. Kur'an ve hadis bu nokta üzerinde ısrarla duruyor. (Nisa, 110; Şuara, 81-82)

Cenâb-ı Hakk tevbeleri kabul edeceğini belirtirken kendisini **"Tevvâb"** olarak nitelendiriyor. **Tevvâb,** tevbeyi çok

çok kabul eden mânasına gelir. Türk müfessiri **Muhammed Hamdi Yazır** bu noktada şöyle diyor:

Tevbe ile affolulanamayacak bir günah düşünülemez. En büyük günah şirktir, Allah onu da tevbe ile affediyor. Kur'an-ı Kerim'deki: "Şüphesiz ki Allah, kendisine eş tanınmasının günahını bağışlamaz. Ondan başkasını, dileyeceği kimse için yarlığar" âyeti tevbe etmeyenler hakkındadır. (Yazır; Tefsir, 6/4477)

Hadislere bakacak olursak ilâhî rahmetin akıl almaz biçimde ve Hz. Peygamber'in diliyle sergilendiğini görürüz. Bunların hepsini burada vermek mümkün değildir. Birkaç örnekle yetineceğiz: "Allah buyurmuştur: "Ey Âdemoğlu, sen bana dua edip benden ricada bulununca, içinde bulunduğun günahını bağışlarım ve bu benim için hiçbir şey değildir. Ey Âdemoğlu, günahın gök dolusu olsa da sen benden affını dilesen, yine seni bağışlarım ve bu bence hiç de mesele değildir. Ey Âdemoğlu, dünya dolusu hatan olsa da, bana şirk koşmamış olarak benim huzuruma gelsen, şüphen olmasın ki, seni dünya dolusu mağfiretle karşılarım."

"Allah yüz rahmet yaratmış, bunun bir tanesini mahlûklarının içine atmıştır. İşte mahlûklar bu bir tek rahmetle birbirlerine merhamet ediyorlar. Öteki doksan dokuz rahmet ise Allah'ın katındadır."

"Günaha batmış olanlar, Allah'ın nezdindeki merhametin büyüklüğünü bilselerdi hiçbiri cennetten ümidini kesmezdi."

"Allah, mahlûkları yarattığı anda bizzat kendi kendisi için şöyle yazmıştır: "Rahmetim, gazabımı örtecektir."

İKİNCİ KİTAP

ALLAH HAKLARINI ZEDELEYEN GÜNAHLAR

Birinci Bölüm

ŞİRK

ŞİRK DENİNCE

Şirk, Kur'an'da, türevleriyle birlikte 150 küsur yerde geçer. Bunların çoğu fiil halinde (geçmiş ve şimdiki zaman kipleri) yeralır. Bu demektir ki şirk insanlık bünyesinde bir pasif kavram değil, **bir sürekli aktivitedir.**

Şirke bulaşmış olana **müşrik** denir.

Şirk, şirket ve müşâreket Arap dilinde mülk ve saltanatta ortaklık anlamındadır. Bir şeyin, birden fazla kişiye âidiyetine de şirk veya müşâreket denmektedir. (Râgıb, şirk md.)

Din dilinde şirk, Allah'a, yani tek olan Yaratıcı Kudret'e zatında (sayı olarak) veya tasarrufunda (yapıp-etmelerinde) ortak tanımaktır. Bu, açık ve şuurlu olursa **açık şirk** (eş-şirk el-celî), örtülü ve şuursuzca olursa **gizli şirk** (eş-şirk el-hafî) adını almaktadır. **Râgıb el-Isfahânî** (ölm. 502/1108) bu noktada **büyük şirk-küçük şirk** ayrımı yapar. Râgıb'a göre: "Büyük şirk Allah'ın ortağı olduğunu iddia etmektir ki, bu, inkârın ve küfrün en büyüğüdür... Küçük şirk ise bazı iş ve fiilleri icra ederken Allah dışında kişilerin rızasını da hesaba katmaktır. **Riyakârlık** ve **münafıklık** bu cümledendir.

Her şeyden önce, "**şirk çok büyük bir zulümdür.**" (Lukman, 13) Zulüm, karanlık mânasında olduğuna göre şirk tam bir karanlık, tam bir kaostur. Şirkin bu kaos yapısını daha iyi anlamak için Kur'an'ın şu ayetini hatırlamak yerinde olur. "Kim Allah'a şirk koşarsa sanki o gökten yere düşmektedir de kuşlar onu didik didik etmektedir veya rüzgâr onu uzak ve ücra bir yere sürüklemektedir." (Hac, 31)

Şirkin insanı sürüklediği kaosu, boşluğu, huzursuzluğu bundan daha güzel anlatmak mümkün olmaz.

Şirk, varlık ve oluşun yaratıcı prensibine ters düşmek olduğundan prensibin bir uzantısı olan insanı, desteksiz, yolsuz ve yönsüz bırakmaktadır. Yaratıcı şuurla bağı kopan insanın varlıkla kaynaşması tarumar olur ve oluşun ahengiyle perdeleri uyuşmadığı için sürekli didiklenir, bunalır. Bu dejenerasyon öylesine ileri bir noktaya varır ki, şirk insana öz evladını öldürmeyi bir meziyet olarak gösterebilir. (bk. En'am, 137) Böyle birisi, hep özleyen, fakat özlemini gidermek için başvurduğu çareler tarafından daha derin ayrılıklara itilen bir talihsizdir. Kur'an bu noktaya parmak basarken şöyle diyor: "Gerçek ve erdirici çağrı yalnız Allah'a yöneltilendir. Allah dışında çağırıp yakardıklarına gelince, onlar, yakaranlara hiçbir şekilde karşılık veremezler. Böylesi yakaranların hali, ağzına değsin diye iki elini suya uzatan ve fakat ona asla ulaşamayan birinin haline benzer..." (Ra'd, 14) Bu ümitsiz çabalamanın temelinde, Yaratıcı Şuur'la çelişme vardır. Kur'an, kendine özgü üslubu içinde bu noktaya da parmak basıyor: "Hiçbir şey yaratamayacak olan, tam aksine, kendileri yaratılmış olan şeyleri mi Allah'a ortak koşuyorlar?" (A'raf, 191)

Demek oluyor ki, şirk, Yaratıcı Kudret'in niteliklerini yaratılmışa vererek, oluşun yolunu tıkıyor. Yahut da, oluşun sunduğu armoniyi bozup varoluş zevkini lekeliyor. Bu yüzdendir ki, "Allah'a şirk koşan, çok büyük bir sapıklık ve karmaşa içine düşmüş olur." (Nisa, 48) Ve böyle birisi "önü alınmaz bir karanlığa da mahkûm olmuştur." (Nisa, 116)

Şirkin yuvarladığı kaos ve karanlık insanda sonsuzun yerini alacak yapay istekler ve saplantılar oluşturur. Bu bir **tipik ödünleme mekanizmasıdır.** Kur'an: "Şirke düşenlerden öyleleri vardır ki, kişinin bin yıl yaşamasını arzu eder." (Bakara, 96) diyor. Ne var ki bu ödünleme faaliyeti, insanın varlık yapısındaki birliğe, Yaratıcı Şuurla kaynaşmaya (yani tevhide) duyulan susayışa cevap veremez. Böyle olduğu içindir ki; "şirke saplananların kalplerine sürekli ve dinmez bir korku salınmıştır." (Âli İmran, 151)

Şirk, bütün bunlara rağmen, Allah'ın iradesi dışında vücut bulmaz. Çünkü **tevhid iki irade ve iki kudrete müsaade etmez. İrade ve kudret tektir. Şirk, oluş diyalektiğinin karanlık ve dikenli yönüdür ama tek kudret ve tasarruf sahibinin iradesine rağmen varolmamıştır.** Başka bir ifadeyle, Allah dileseydi, şirke yer bırakmayan bir oluş sergilerdi. (En'am, 108, 148)

Kur'an'ı Kerim, şirkin, Allah'ın sınırsız merhametine bağlı affın dışında kaldığını ifade eder. (Nisa, 48, 116) Bunun daha açık anlamı şudur: Şirk içinde bu âlemden ayrılanlar, Allah'ın affını bekleyemezler. Çünkü ilahî af, varlık ve oluştaki yaratıcı prensibin bir aktivitesidir. O prensibe inanmayanın o aktiviteden bir şey beklememesi gerekir. Nitekim şirk içinde öbür âleme geçenlere orada, rahmet ve bağış dilediklerinde şöyle denecektir. "Allah'a ortak koşmada dayandıklarınız, ortaklarınız nerede?" (En'am, 23; ayrıca bk. Nahl, 27; Kehf, 52; Kasas, 62, 74; Kalem, 41)

Şirk dışında kalan tüm günahların, Allah istediği takdirde, affedileceğini de Kur'an açıkça bildiriyor. (Nisa, 41, 116) O halde şirkten ve onun sonuçlarından kurtulmak sadece tevhidi kabul ve ikrar ile mümkün olmaktadır. Bundan doğal ve âdil bir sistem düşünülemez. Varlığını kabul etmediği bir kudretten bir şey beklemek kimsenin hakkı değildir. Şirk, kudretin varlığını inkârdır. Ve kudret bunu bağışlamıyor. Kudreti kabul edip yanlışlar, isyanlar sergileyenler ise, varlığını kabul ettikleri rahmet kaynağına sığınabilirler. O, dilerse onları bağışlar, dilerse hak ettikleri cezayı çektirir. (bk. Nisa, 41, 116)

Kur'an'ın Allah hakkından sonra birinci sıraya koyduğu **ana-baba** haklarının düzenlenmesinde de şirkin tipik durumu farklı sonuçlara sebep oluyor. Kur'an'a göre, ebeveyne itaatsizlik, yalnız şirk hali söz konusu olduğunda makbüldür. (Ankebût, 8; Lukman, 13)

Şirkin bütün tahribi, **açık şirkte** olmamaktadır. Tam aksine, en dehşetli tahrip, Hz. Peygamber'in beyanlarına göre, **gizli şirkten** gelmektedir. İnsanoğlu açık şirki bir süre sonra yenebilmiştir ama, gizli şirk hep yaşamaktadır ve yaşayacaktır. O halde **esas tevhid ve esas tevhid mücadelesi gizli şirki yenmektir.**

Açık şirk Allah'a zatında, sayı bakımından ortak tanımak olduğundan hem tesbiti kolaydır, hem de alt edilmesi. **Ama gizli şirk, Allah'ın tasarruflarına kafa tutmak ve Allah'tan beklenmesi gerekeni başkasından beklemek olduğundan insanın iç dünyasında rahatlıkla saklanabilir, hatta insanın kendisi bile bunun farkında olmayabilir.** Mesela bir insanın "Allah birdir, ortağı yoktur" demesini sağlamak, aynı insanın Allah'ın isim-sıfatlarından birinin tecellisine ters düşmesini önlemekten daha kolaydır. "Allah birdir" diyen nice insan, rızkını elde etmek için şunun bunun hakkına tecavüzde bir beis görmez ve böylece, Allah'ın **Rezzak** (rızık veren) sıfatının sergilediği tasarrufa kafa tutarak, farkında olmadan şirke düşer. Bu ikincinin hem tesbiti, hem de tedavisi çok zordur. Burada, **Sultan Veled**'in deyimini kullanırsak şirki **sözlü şirk** ve **hal ile şirk** diye ayırabiliriz. (bk. Maarif, 53) Ve ekleyelim ki en yıkıcı şirk, hal ile ortaya konan şirktir. Bu yüzdendir ki, Hz. Peygamber, ümmeti adına açık şirkten değil, gizli şirkten endişe duymuş ve bunu çok ilginç ifadelerle ortaya koymuştur. Bir yerde şöyle diyor: "**Ümmetim adına en çok korktuğum şey Allah'a şirk koşmaktır. Ancak benim söylediğim, onların güneşe, aya, puta tapmaları değildir. Benim korktuğum bu şirk Allah dışındaki şeylerin hoşnutluğunu gözeterek ameller yapmak ve bir de gizli şehvettir.**" (İM. zühd, 21)

Gizli şirke değinen hadislerde dikkatler **riyakârlık** üzerine çekiliyor ve **riya**, gizli şirkin en yıkıcı görünümü olarak veriliyor. Bir yerde de şu hadisi görüyoruz: "**Gözünüzü açın! Size, benim katımda sizin için Deccal'den daha korkutucu olan şeyi haber veriyorum: Gizli şirktir bu... Kişinin, görenleri beğendirmek için kılmakta olduğu namazı süsleyip püslemesi bu cümledendir.**" (İM. zühd, 21)

Kur'an ve hadisin verileri dikkate alınarak, şirkin muhtelif türlerinden bahsedilmiş, şirk sınıflandırılmıştır. Bu konuda en değerli etüdlerden biri de **İbn Kayyım el-Cevziye**'nin **ed-Dâu ve'd-Devâ** adlı eseridir. (Özellikle bk. sayfa: 229-250)

AÇIK ŞİRK VEYA ALLAH'A ORTAK KOŞMAK

Kur'an'ın ve Hz. Peygamber'in, insan hayatından söküp atmaya çalıştıkları en büyük bela şirktir. Bütün nebilerin esas işleri de şirkin insan hayatından kovulmasıdır.

Şirk, Allah'a sadece zatında ve sayı yönünden ortak koşmak değildir. Allah'ın kudret ve tasarruflarında ona ortak veya ortaklar tanımak da şirktir. Bir insan, "Allah birdir" diyerek Yaratıcı'yı sayı yönünden teklemekle şirkten kurtulamaz. Allah'ın hayata ve insana yön veren bir kudret olarak da biricikliğinin benimsenmesi gerekir.

Bir başka nokta da şudur: Yalnız Allah'tan beklenmesi gereken sonuçları, Allah dışında bir kudret veya kişiden beklemek de şirk olmaktadır. Bu tür şirke **gizli-örtülü şirk** (eş-şirk el-hafî) denir. İleride, genişçe ele alacağımız **riya** veya **riyakârlık** bu türden bir şirktir. Hal böyle olunca, demeliyiz ki, bir insan, dış görünüşte Allah'ı birlediği halde, içten ve niyetleri bakımından tam bir müşrik olabilir. Nitekim Kur'an-ı Kerim, **Maûn suresinde** riya ve benzeri yıkıcı huylara bulaşmış insanları, ibadet edecek kadar din içi görünmelerine rağmen, **dini yalan sayanlar** diye tanıtmaktadır.

Demek oluyor ki **şirk ve iman**, dış patentten çok bir iç dünya ve samimiyet (ihlas) olayıdır. Dış patent, insanların verecekleri hükme esas olursa da, Allah, içimizdeki niyete ve gönül dünyamıza göre değerlendirme yapmaktadır.

Allah'a kudret ve tasarruflarında ortak koşmamak, ona **Esmaül Hüsna**'da ifadeye konan tasarruf ve tecellilerinde ortak koşmamak diye de ifade edilebilir.

Şirkin karşıtı tevhiddir.

Şirk, Allah'a zatında ve tasarruflarında ortak koşmak olunca, **tevhid** de Allah'ı zatı ve tasarruflarıyla tek kudret sahibi bilmek, Allah'ı hüküm ve iradesinde de birlemektir.

Şirk konusunda en değerli etütlerden birini de ünlü bilgin **İbnül Kayyım el-Cevziyye** (ölm. 751/1350) yapmıştır. **ed-Dâu ve'd-Deva** adlı eserinin bu konuya ilişkin bölümünü birkaç cümle ile özetlemek yararlı olacaktır. Diyor ki:

Şirk Allah'ın zatıyla ve kudretiyle çelişmek olduğundan Allah müşrik bir benliğin hiçbir amelini kabul etmez, ona acımaz, ona cennet yüzü göstermez. Müşrik, bir yandan en büyük zulme, bir yandan da en büyük cehalete batmıştır. Hem kendine, hem de başkalarına zulmetmiştir müşrik...

Şirkin esasını Allah'ın fiil ve tasarruflarında bazı şeyleri vasıta ve ortak saymak oluşturur. Müşrik bunu, ya Allah'a yardımcı isnat etmek veya Allah katında kendisi için birileri ni şefaatçi saymak veya Allah'tan beklenmesi gereken şeylerin bir kısmını da birilerinden beklemek suretiyle yapar.

Şirki, daha açık bir ayırımla ikiye ayırabiliriz:

1- Allah'a zatında, sıfatında ve fiillerinde şirk,

2- Allah'a ibadet ve Allah ile muamelelerde şirk (Bu ikinciye düşen, görünüşte Allah'a kulluk ettiğini sanır, dindar geçinir.)

Birinci tür şirk de ikiye ayrılır:

a) Allah'ı bir bilip onun tasarrufunu işlemez saymak. Firavun'un şirki bu cümledendir. (**İbn Kayyım**'ın bu beyanına göre, **Deizm**'yani Allah'ı varlığa ilk hareketi veren biricik kudret kabul edip bu kudreti hayata müdahale ettirmemek, bir şirktir.) Allah'ı kabul edip de, onun hayata ve insana yön verdiğini kabul etmemek (ta'til), Allah'ı muattal kılmak şirkin en beteridir. Varlığın **kıdemine** yani ezelî olduğuna inananların durumu da budur.

b) Allah'ın birden fazla olduğunu kabul etmek, yaratan kudreti birden fazla görmek. Mesela hayır için bir ilah, şer için ayrı bir ilah görmek... Yıldızları, gök planlarını vs. hayata ve insana hükmeden kudretler olarak görmek de bu cümleden bir şirktir.

Allah'a ibadetlerde şirke gelince, bu şirk birinciden hafiftir. Çünkü bu şirke bulaşan, Allah'ı ve kudretini bir bilmektedir, ancak ona ibadetinde araya nefsini veya başka birilerini sokmaktadır. Menfaat, şöhret, mevki vs. elde etmek için ibadet bu cümledendir. Böyle bir ibadette şeytanın payı Allah'ın payından çoktur. Böyle bir ibadet, esasında insanlarla şeytan arasında paylaşılmış olur. Hz. Peygamber bu konuya değinirken şöyle buyurmuştur: **"Benim ümmetim içinde şirk, karıncanın yürüyüşünden daha sessiz ve gizlidir."** (bk. Ahmed b. Hanbel; Müsned, 40/403)

Riyakârlığın küçük-büyük her türü, bu şirke dahildir. Kehf suresi 110. ayetteki "Rabbine ulaşmak isteyen salih amel işlesin ve rabbine ibadete hiç kimseyi ortak koşmasın" şeklindeki beyan, şurada anlattığımız şirke dikkat çekiyor.

O halde **salih amel,** karşılığında Allah'tan başka kimseden birşey beklenmeyen ameldir. Beyyine suresi 5. ayet bu salih amelin yalnız ve yalnız Allah için ve içten bir istekle yapılması gerektiğini söylüyor.

Fiil, söz, irade ve niyette de şirk olabilir. Mesela, Allah dışındakilere secde, taşı-toprağı kutsayarak öpmek, **me-**

zarları, türbeleri tavaf edip öpmek, onlara yüz-göz sürmek...

Hz. Peygamber, nebilerin, seçkin kulların mezarlarını bir tür mabed-mescid haline getirenlere lanet etmiştir. Bu konuda onun şu sözlerine tanık oluyoruz:

"Allah Yahudi ve Hıristiyanlara, nebilerinin mezarlarını mabed haline getirdikleri için, lanet etmiştir." (B. cenâiz; M. mesâcid; ED. cenâiz; Dârimî, salât)

"İnsanların en kötüsü, kıyamet başlarına kopanlarla, kabirleri mabed edinenlerdir." (İbn Hanbel; Müsned, 1/195)

"Allah, kabirleri ziyaret edip de, onlar üzerinde kandil-mum yakanlara, onları mescid edinenlere lanet etsin." (T. cenâiz; İM. cenâiz; İbn Hanbel, 2/337)

"Peygamberlerinin mezarlarını mabed haline getirenlere Allah'ın gazabı çok şiddetli olacaktır." (İbn Hanbel, 2/246; 6/146)

Bu hadisler, kabirler üzerine yapılan mescidlerde ibadet edenlerin akıbetini anlatıyor. Doğrudan doğruya kabre secde edenlerin halini varın düşünün...

Hz. Peygamber diyor ki: **"Allahım, benim kabrimi kendisine tapılan bir put haline getirme."** (İbn Hanbel, 2/246)

Niyet ve irade ile şirke düşmek meselesi, kelimelere sığmayacak kadar renk ve nüans taşır. Kısacası, Allah'ın rızası dışında bir gaye gözeten, ibadetiyle Allah dışında bir şeye yaklaşmak geyesi güden her insan şirke bulaşır.

GİZLİ ŞİRK: RİYA

Riya, görmek anlamındaki **ru'yet** kökünden türeyen bir kelime olup, insanın **görsünler** diye bir davranış içine girmesidir. **İbn Manzûr**'un da işaret ettiği gibi, riyada fiil niyetle uygunluk arz etmez. Bu uygunsuzluk ya tamamen, yahut da kısmen olur. Mesela birine para yardımında bulunan kişi bunun ister tamamını, ister bir kısmını görsünler diye vermiş olsun, iki halde de riya içindedir. Hatta bu tür riyakârlık en tehlikelisidir. Çünkü tespiti zordur. Ve bu tespit zorluğu riyanın kötülüğünün temelidir. Bu yüzdendir ki, Kur'an, riyayı, ikiyüzlülükten ibaret olan münafıklıkla sıkı sıkıya irtibatlandırır. Münafıkların belirgin alâmetlerinden biri de riyakârlıktır. (Nisa, 142)

O halde, icra edilen fiil ve davranışın insanın öz niyetine kısmen veya tamamen ters olması, bir başka deyimle, insanın kısmen veya tamamen niyetinin aksine iş yapması ve **bundan bir sonuç beklemesi** riyadır.

İnsan, **ikrah** (zorlama, baskı) altında da niyetinin aksine iş yapar. Riya ile ikrah sonucu icra edilen fiili birbirinden ayıran, birincide, failin, niyeti olmadığı halde sergilediği fiilden bir şeyler beklemesidir.

Riyada, Allah'ın görmesi için sergilenen fiil, kul görsün

diye sergilenir ve Allah'tan beklendiği söylenen sonuç kuldan beklenir. Bu demektir ki, **riyada iki başlı bir yalan saklıdır.** Riyakâr, Allah için sergilediğini söylediği fiili kullar için sergileyerek bir yalan, Allah'tan beklediğini iddia ettiği karşılığı kullardan bekleyerek bir başka yalan içine girmiş durumdadır. Bu, tam bir kişilik çöküntüsü ve ruhsal iflastır.

Riya, Kur'an'da isim ve fiil halinde 5 yerde geçer. Sayı fazla değildir. Kur'an riyaya öylesine ağır ve şiddetli bir negatif mâna yüklemiştir ki, **riyakâr otomatik olarak din dışı ilan edilebilmektedir.** Bu mâna şiddeti, tekrara lüzum bırakmaz.

Riya, Maûn suresinin açık beyanına göre, örtülü bir din inkârı, yani dinsizliktir. Ve en kötü dinsizliktir. Çünkü sinsi ve kahpe bir tahripçidir. İnkârın en kuduz şubesi münafıklık, münafıklığın en zehirli yanı riyadır. Bu yüzden riya, Son Peygamber tarafından **gizli şirk** olarak adlandırılmıştır.

Allah'a giden yola en amansız pusuyu kuran ve dini içinden yıkarak insanlığı kaosa ve onursuzluğa mahkûm eden **bir numaralı illet,** riyakârlıktır. Bütün erdirici ve yaratıcı atılımların belini kıran ve insanoğlunu hiçliğe esir ederek ömür sermayesini boşa harcatan kahredici bir beladır riyakârlık... Bu belaya çarpılmış birey ve toplum kalıcı, huzur ve mutluluk getirici hiçbir değer üretemiyor. Çünkü **riya,** güzeli ve iyiyi öldürmekle kalmaz, güzele ve iyiye yönelik ümitleri de mahveder.

İnsanı kendisi olmaktan çıkaran ve Allah karşısında bir nefret unsuru haline getiren zifiri bir karanlıktır riya. Bu karanlığın katranlı galerisine adım atanlar yokluğa ve tükenişe teslim olmuşlardır.

Kur'an'ın ve hadislerin tetkiki bizi şu sonuca götürüyor: Riyakârlıkla icra edilen en ideal ibadetlerden,

samimiyet içinde işlenen en büyük günahlar bile yeğdir. Çünkü birinci halde ibadetin karşılığı olmadığı gi,bi, ümit ve bekleyiş de silinir. İkinci halde ise, ümit ve bekleyiş vardır. Çünkü, eksiğini, günahını bilen kul, Allah önünde boyun büker ki, en emin kurtuluş yolu budur.

Rahatlıkla diyebiliriz ki, **Allah'a kulluk ve sonsuz kurtuluş konusunda "her şeyi yaptım" iddiasından, "hiçbir şey yapamadım" itirafı üstündür.** Çünkü ikincide riya söz konusu değildir. Bu yüzdendir ki, büyük gönül sultanları, Allah karşısında ibadetleri değil, boyun büktüren, kulluğun şuuruna erdiren eksikliği tercih etmişlerdir. Tasavvuftaki **melamet sırrı** budur.

Tamlık kapısından Allah'a gitmek, hemen hemen hayal ve muhaldir; insana yakışan, eksik ve eziklik kapısından Hakk'a sığınmaktır. Çünkü bu ikinci kapı, gizli şirk olan riyaya asla geçit vermez. Ve gizli şirkin giremediği bir gönül, sonsuz kurtuluşa namzeddir.

Hz. Peygamber, riya konusunu örneklendirmede **namaz**'ı seçmektedir. Neden?

Bilindiği gibi **namaz,** Müslüman'ın hayatında en sık ve yoğun biçimde yer alan bir ibadettir. Böyle olunca **vitrinlenme ihtiyacı duyan riyakâr ruhun en verimli istismar metaı namazdır. Ve riyaya yakasını kaptırmış kitlelerin din adına durmadan mabed duvarı dikmelerinin sırrı da budur. Bu insanlar hep cami yaparlar ama o camilerin insan yaptığını göremezsiniz.** Ne ilginçtir ki, Allah Elçisi, mabed süslemeyi ümmetler için çöküş alâmeti gösteriyor. Bunun esprisi, işte şurada izaha çalıştığımız keyfiyette yatıyor.

Hz. Peygamber'in, namazı, riyaya âlet edilmeye en müsait ibadet olarak gösteren yaklaşımları epeycedir. (İki örnek için bk. İM. zühd, 26, 29)

Kur'an da **riya** konusunu örneklendirirken namazı kullanıyor. Hem de bir sure ile: **Mâun suresi...** Bu sure, "Dini yalan sayanı gördün mü?" sorusuyla başlıyor ki, riyakârların, dışta davranışları ne olursa olsun, özde inkârcı olduklarına Kur'an üslûbu ile bir delil sunmaktır. Sure şu ayetlerden oluşur:

"Dini yalan sayanı gördün mü? Yetimi itip kakan odur. Yoksula yedirmeyi teşvik etmez o... Cehennem, kayıp ve hüsran o namaz kılanlara olsun ki, namazlarından habersizdirler. Riyakârlık ederler onlar. Ve onlar, zayıf ve güçsüzlere sunulacak nimetlere, zekâta engel olurlar."

Kur'an, kıyamet günü, yardım ve af dileyecek olan müşriklere, "Allah'a ortak tanıdıklarınızı çağırın" diye cevap verileceğini söylüyor. Bu, gizli şirk riyaya bulaşanlar için de aynıdır. **İbn Mâce**'nin zühd bahsinde, 26 numarada kaydettiği bir hadis şöyledir:

"O, kendisinde kuşku bulunmayan mahşer gününde Allah ilkleri ve sonları bir araya topladığında bir duyurucu şöyle haykıracaktır: 'İcra ettiği herhangi bir amelde Allah dışında bir varlığın rızasını gözetmiş bulunanlar, ücretlerini o gösteriş yaptıklarından istesinler, Allah'tan değil."

Riyanın en çok işlediği alanlardan birincisi namazdır. Namazın bütün sırrı reklam aracı yapılmamasında yatıyor. Farzlar dışındaki tüm namazların cami dışında kılınmasının sünnet oluşu ve gece namazının üstünlüğü bunu gösterir. Hz. Peygamber diyor ki: "Kulu Allah'a yaklaştırmada, **gizli yapılan secdeden** daha üstün hiçbir şey yoktur." (İbn

Mübarek, 50) Sahabîlerden **Ebû Umâme** mescidde secde edip ağlayan birini gördüğünde ona şu dersi vermiştir: "Eğer bunu halkın içinde değil de evinde yapmış olsaydın seni takdir ederdim." (İbn Mübarek, 50) Diğer belirgin riya alanları, **infak ve sadaka** (mal ve para dağıtmak, yardım etmek), mücahitlik, kahramanlık, savaşçılık olarak gösteriliyor. (bk. Bakara, 264; Nisa, 38; Enfal, 47)

Riyanın gizli oluşu, insanın ruhunu tahrip açısından bakıldığında, onun açık şirkten daha tehlikeli oluşunu gerektirir. Çünkü, düşman ve zehirin saklı olanının tehlikesi, açık olanından daima büyüktür. Bu bir yaradılış kanunudur...

Esasen gizlenen her şey insanı çelmeler ve hayatı karartır. **Nietzsche** bu gerçeği, çok yalın bir biçimde ifadeye koymuştur. Diyor ki: **"Gizlenen hakikatler zehirli olur."** (Nietzsche, 133) aynı Nietzsche bir yerde de şöyle diyor: "Evlilikte yalan ve düzenbazlıktansa zina daha iyidir." (bk. s. 233)

Anlaşılan odur ki, insanın yıkılışı açık ve samimi günahlardan çok, riyakâr, art niyetli, ikiyüzlü fazilet ve dindarlık hokkabazlığından kaynaklanır. İslam literatürü, özellikle tasavvuf edebiyatı içinde buna örnek olacak binlerce söz, anekdot ve şiir vardır. Şiirin sultan temsilcilerinden biri olan **İranlı Hafız** bu noktaya en güzel parmak basanlardan biridir. Diyor ki: "Tortulu şarap içen ve içi-dışı bir olan erlerin hizmetinin kuluyum; yeşil giyen, fakat içleri kararmış zümrenin değil." (Hafız; Divan, 128)

Türk edebiyatında, riyanın saltanatına darbe indirenlerden biri de şair **Neyzen Tevfik**'tir. Bir yerde şöyle diyor:

"Bir çürük kürsü ile etmiştir,
Dincilik sanatı ibraz-ı deha
Kisve-i zühd ü fesad altında
Gözlerinden işer erbab-ı riya"

Aynı Neyzen, riyakârca ibadettense samimi günaha yakın olmanın değerine işaret ederken de şöyle yazıyor:

"Bende varsa eğer o kalb-i selim
Arş-ı âlana kör-kütük gelirim."

Riya konusunda gerek Kur'an-ı Kerim, gerek Hz. Peygamber, gerekse İslam tasavvuf büyükleri, tahribin en fazla **dindarlık adı altındaki riya**dan geleceğine dikkat çekmişlerdir.

Burada bir-iki noktaya daha değinelim:

Allah rızası dışında gayelere, çıkarlara, hesaplara yönelmiş bir dinin ve dindarlığın insan hayatını mahveden en zehirli bela olduğu, bütün İslam büyüklerinin ısrarla dikkat çektikleri bir gerçektir. Çünkü onlar, bu konuda Hz. Peygamber'in nasıl titiz davrandığını çok iyi biliyorlardı. Diyor ki Hz. Peygamber: **"Sizin adınıza en çok korktuğum şey, küçük şirktir ki o riyakârlıktır."** Bir yerde de şöyle diyor: **"Allah her kula, sakladığı gerçek tıynetinin açık elbisesini bir gün mutlaka giydirecektir: Hayır saklamışsa onun, şer saklamışsa onun."** (bk. İbn Abdrabbih; el-Ikd el-Ferîd, 4/215) Şu söz de onundur: "Riyanın en basiti, en küçüğü bile şirktir." (Münzirî, Terğîb ve Terhîb, 4/154) Aynı Hz. Peygamber: "Bütün Ramazanı oruç tuttum, tüm geceyi, namazla geçirdim, şu kadar mal sadaka verdim" demeyi yasaklar, namazına, orucuna yemin edenlere engel olurdu.

İslam bilginlerinin en büyüklerinden biri olan **İbnul Kayyım el-Cevziyye** ölümsüz eseri **Zâdul Mead**'da bu ve benzeri hadisleri sıraladıktan sonra **şirk** olarak değerlendirdiği riyayı genişçe tahlil ederek onun toplumlar için ne büyük bir bela olduğunu gösteriyor.

Kur'an-ı Kerim, Allah huzurundaki büyük hesap gününün gözlerle gönüllerin yer değiştireceği ve bütün sırların ortaya döküleceği bir gün olacağını söyler. (bk. Nur, 37; Tarık, 9) O halde, Allah huzurunda durumu en kötü olacak kişiler, iç dünyalarında riya perdesiyle sakladıkları pislikler ortaya çıkacak kişiler olacaktır. Allah dostu veliler, işte böyle bir sonuçtan ürpermiş ve insanı bu konuda çok dikkatli olmaya çağırmışlardır. **Hz. Mevlâna** diyor ki: "**Deri ile onun sakladığı gönül yer değiştirdiğinde şu dindar diye alkışlananların çıkaracakları feryadın korkunçluğunu görürsün.**" (Mesnevi; beyt, 3287) Aynı Mevlâna, gözü aldatan dışla, fark edemediğimiz **öz** ilişkisine dikkat çekerken de şöyle diyor: "**Bir gün cevizler kırılır ve kabuğun içinde bir öz taşıyanlardan başkası helak olur.**"

İnsanoğlu, diliyle kötülediği, bedeniyle kaçtığı şirkin kucağına riya yüzünden düşmektedir. Kur'an: "**Onların çoğunluğu, Allah'a ortak koşmuş olma halinin dışında iman sahibi olamazlar.**" (Yusuf, 106) şeklinde ilginç bir ifade kullanıyor. Bir insan iman ederken şirke nasıl düşer?

Bu, imanı dil ile ilan ederken gönlü, riya ile şirke bulaştırmaktan başkası değildir.

Dini iyice tetkik edenler şu gerçeği yakalamakta gecikmezler: **İnsanoğlunun çektiği acılar, açığa vurulan, açıkça yapılan, fotoğrafı çekilen günahlardan değil, gizlenen, iyilik ve fazilet perdesiyle kamufle edilen, fotoğrafı çekilemeyen günahlardan kaynaklanır.** İnsanı bu namert felaketin kucağına itense, riyadır. Bu yüzden insanoğlu, sığındığı riyadan kendisini koparacak Allah erlerine nefes aldırmaz. Çünkü riyanın saltanatı çok tatlı bir kahpedir; insan bu kahpenin koynundan çok zor ayrılır. Büyük **Nietzsche** bu gerçeği ölümsüz bir ifadeye büründürürken şöyle diyor: "**Olduğu gibi görünebilen çıldırtır. Çıplaklıktan ürkmeye gerçekten mecbursunuz.**" (bk. s. 70)

İnsanoğlu, olduğu gibi görünenlerin eksikliklerini alkışlama yerine, olduğu gibi görünmeyenlerin sahte

faziletlerini övmenin cezasını çok ağır ödemiştir ama ne yazık ki bu yanlışı tekrara devam etmektedir.

Riya konusuna bütün İslamî eserlerde, özellikle hadis kitaplarında özel başlıklar altında açıklık getirilir. **Kebâir** (büyük günahları) konusunda **Zevâcir** adıyla çok geniş bir eser yazan **İbn Hacer el-Heytemî** (ölm. 974/1566) eserinin şirk bölümünde yer verdiği riyayı anlatırken birçok hadis kaydetmektedir. Bunlardan bazılarını verelim:

"Kıyamet günü azabı en şiddetli olacak kişiler, insanların hayırlı gördüğü, fakat özünde hayır bulunmayan kişilerdir."

"Nice oruç tutan vardır ki, orucu ona açlık ve susuzluktan, nice namaz kılan vardır ki, namazı ona yorgunluk ve uykusuzluktan öte hiçbir şey bırakmayacaktır."

"Her kim halk görsün diye sözünü ve giysisini takvaya uydurur da amelleriyle buna ters düşerse Allah'ın, meleklerin ve insanların laneti onun üstüne olsun."

"Gösteriş için namaz kılan şirke düşmüştür; gösteriş için oruç tutan şirke düşmüştür, gösteriş için sadaka veren de şirke düşmüştür."

"Ey insanlar, iç dünyanızı kuşatacak gizli şirkten sakının. Bu şirk, kişinin başkaları görsün diye namazını allayıp pullamasıdır." (bk. Heytemî, Zevâcir, 1/31-33)

İbn Hacer, andığımız eserinde sahabi ve sonraki İslam büyüklerinin riya ile ilgili söz ve anekdotlarına da yer vermiştir. İşte bazıları:

Hz. Ömer, takva gösterisi yapmak için başını eğip sallayan birine şöyle diyor: "Ey sen! Kafanı yukarı kaldırıp dik tut! Şunu bil ki, huşu kalptedir, kelle ve ensede değil."

Hz. Ali şöyle buyuruyor: "**Kul, niyetiyle elde ettiği karşılığı ameliyle elde edemez. Çünkü niyete asla riya karışmaz.**"

Tasavvuf büyüklerinden **Fudayl b. Iyaz** (ölm. 187/802) şöyle diyor: "**İnsanlar görsün diye ameli terk riyadır; insanlar görsün diye ibadet etmekse şirktir.**"

İbn Hacer, riya ile ibadet edip kendini riyazata, zikre vs. veren insandan riyaya gitmeden yol kesen, kumar oynayan, içki içen insanın Allah katında daha iyi bir durumda olduğunu söyler. "Çünkü bunlar," diyor, "günahlarıyla bilinir ve hiçbir gurura, kurtulmuşluk iddiasına sapmazlar, Allah karşısında boyun bükerler."

İbn Hacer, riyanın en kötüsünün **imanda riya** olduğunu ve bunun **münafıklık** diye anıldığını; ikinci tehlikeli riyanın da **ibadette riyakârlık** olduğunu söylüyor.

Riyanın zıddı **ihlas** yani samimiyet ve içtenliktir ki dinin ruhu odur.

İkinci Bölüm

ŞİRK BENZERİ GÜNAHLAR

DİNDE ZORLAŞTIRMA

Bu günah; hem bireysel ve toplumsal hakları, hem de Allah haklarını zedeleyen zulümlerden biridir. Çünkü Allah'ın dinini çekilmez hale sokarak, din koyucu kudretin tasarrufuna kafa tutulmasına yol açmaktadır. Ayrıca bu günah, Allah'ın tekelindeki dine ilaveler yapmak veya hükümler eklemek anlamına da geleceğinden Allah'ın hak ve yetkilerini kullanmak görünümü de arzeder.

Bu son görünümüyle bu günah **şirk benzeri,** hatta doğrudan şirk olur.

Bu günah ayrıca, Hz. Peygamber'in "kolaylaştırın, zorlaştırmayın" direktifine bir karşı çıkış olduğu için Resul'e eziyet kategorisine de girer ve **insanı lanetli hale getirir.**

Zorlaştırmak, İslam'daki **güçlüğü kaldırma prensibini** kısmen veya tamamen işlemez hale getirmektedir.

Kur'an'ın dininde hem Allah hem de Peygamber rahmet, kolaylık ve muştuyu esas almakla belirginleşirler.

Her şeyden önce **"Allah sizin için kolaylık ister, sizin için güçlük ve zorluk istemez."** (Bakara, 185) Ve: **"Allah sizin için hafifletmeyi irade eder."** (Nisa, 28) Ve: **"Allah**

size zorluk çıkarmayı istemez, O ister ki sizi arıtıp temizlesin ve üzerinizdeki nimetleri tamamlasın." (Mâide, 6) Ve nihayet O: **"Dinde sizin için zorluğa, çıkmaza vücut vermemiştir."** (Hac, 78) Çünkü O, ilkeyi şöyle koymuştur: **"Allah hiç bir benliğe yaratılış kapasitesinin üstünde bir teklif yöneltmez."** (Bakara, 286)

Demek oluyorki, Kur'an'ın Allah'ı, yükümlü kılarken, emir-yasak gönderirken daima **kolaylık, hafiflik, rahatlık** isteyen bir iradeyle iş görmektedir.

Kur'an'ın tebliğcisi olan Son Peygamber de aynen böyledir. Allah nasıl, **Rahîm** ve **Rahman** ise Resul de "âlemlere rahmettir." (Enbiya, 107) O da, bizzat eşinin güzel ifadesiyle, "iki seçenek yan yana geldiğinde daima kolay olanı tercih etmiştir." Ve o, şöyle buyurmuştur: "Müjdeleyin, nefret ettirmeyin; kolaylaştırın, zorlaştırmayın." Ve: "Allah, dini, hoşgörü ve kolaylık olarak indirmiştir." (Kolaylık konusunda bk. KTK. Yüsr ve Teklif mdl.)

Buraya kadar anlattığımız kolaylık ve hafiflik Allah'ın genel rahmetinin bir uzantısı ve insanın genel tabiatının bir gereğidir. Kur'an bununla da yetinmemiş, **azîmet** ve **ruhsat** diye iki kutup belirleyerek genel prensipler içinde, zayıf ve sıkıntılı olanlar için daha özel bir rahatlık alanı oluşturmuştur. Teklifin şartsız ve ilk andaki şekli **azîmet** kutbudur. Bu kutuptan, insanın özel şartları nispetinde yararlanacağı kolaylıkların derece derece yeraldığı bir seyirle **ruhsat** kutbuna gidilir. Ruhsat kutbu, kolaylığın son noktasına köşetaşı koyar. Bu taşın ötesine geçmek isteyenler, kolaylık değil, başıboşluk, dejenerasyon ve inkâr peşindedirler.

Bizim üzerinde olduğumuz dinde zorlaştırma günahı burada ortaya çıkar. Dinin buyruklarını, **azîmet** kutbunda dondurulmuş gösteren ve din adına yalnız azîmet noktasının altını çizenler yalan söylerler. Onlar, dinin kendi içinde vücut verdiği bir **esneklikler alanını** yok sayarak, Allah'ın tavrını kendi hesaplarına uydururlar.

Din adına konuşup yazanların bu iki uç nokta arasındaki imkânların tümünü ortaya koymaları gerekir. Mesela **abdestin azîmet kutbu** ellerin-kolların, yüzün ve ayakların yıkanmasını, ruhsat kutbu ise sadece el-kol ve yüzün yıkanmasını, ayakların meshini gerektirir. Kur'an'ın abdestle ilgili ayeti, abdeste ilişkin beyanını bu iki kutbu aynı anda gösterecek şekilde vermiştir.

Daha birçok konuda aynı tavır ve tarz esas alınmıştır.

Şimdi birisi çıkar, abdestle ilgili düzenlemenin azîmet kutbunu din adına tanıtıp ilmihale yazar da ruhsat kutbunu göstermezse, dinde tahrif yaparak zorlaştırmaya gitmiş olur. Aynı şeyi sadece ruhsat alanını gösterip azîmet yönünü geçiştiren biri de yapmış olur. İki halde de Allah'a iftira ve vahyin beyanlarını saklamak vardır.

Kolaylık ilkesinin ruhsat sağlayıcı düzenlemelerinden biri de Kur'an'daki **ıztırar** (zorunlu haller) prensibiyle getirilmiştir. Bu konuda geniş bilgi için bizim **Kur'an'ın Temel Kavramları** adlı eserimizin **ıztırar** maddesine atıf yapmakla yetiniyoruz. Ancak, zorunlu hallerle, azîmet ve ruhsat konusunda güzel bir değerlendirmeyi, fıkıh profesörü **Hayreddin Karaman**'ın eserinden buraya almak istiyoruz. Karaman, **Güçlüğü Kaldırma Prensibine Riayet** başlığı altında şunları yazıyor:

"İslam bu prensibe (güçlüğü kaldırma ve kolaylaştırma prensibine) bütün hüküm ve tekliflerinde riâyet etmiştir. Bazı örnekler:

a) Dinin, Müslümanlardan istedikleri hem miktar bakımından çok değildir, hem de tabiatı bakımından insan gücünü aşmaz; insanın iyiliği ve ruhunun temizlenmesi için yetecek kadar ve gücünü aşmayacak ölçüde teklifler gelmiştir. Dinin istediklerinin şöylece iki kısma ayrılmış olması da bunu açıkça göstermektedir:

Birinci nevi hükümlerde kesinlik vardır; bu hem bir şeyin yapımasını kesin olarak isteyen "**farz**", hem de bir hususun kesin olarak terkini, yapılmamasını isteyen "haram"a şâmildir.

İkinci nevi hükümler kesinlik ve cebrîlik vasfı taşımaz; burada tercih bahis mevzûudur; eğer yapılması tercihe şâyan ise fiil "mendûb", terki tercih edilmiş ise "mekrûh"tur.

İslâm birinci nevi isteklerini, insanların iyilik ve ruh temizliğini temin için asgarî had kabul etmiştir; bunları her insan normal hallerinde bir güçlüğe maruz kalmadan yerine getirebilir; çünkü bu teklifler yapılırken, insan güç ve kabiliyetinin asgarisî nazar-ı itibâre alınmıştır. Bundan dolayıdır ki hiçbir kimse anormal halleri içinde bu asgarî haddi terkedemez.

İkinci nevi hükümlerden kesinlik ve cebrîliği kaldıran İslam, sadece fiil veya terkinin tercihini talep etmekle iktifâ etmiştir. Dileseydi bunları da mecburî hale getirir, insanlardan kesin olarak ister, birinci nevî hükümler arasına sokardı; insanlar güçlükle karşılaşmasın diye bunu istememiştir; çünkü insanlar itâat kabiliyeti, güç ve iman bakımından birbirine eşit değildir. İşte bu sebepledir ki din, bu nevî hükümlerde teşvik, dâvet ve heveslendirme ile yetinmiş, yapanlara büyük sevaplar vaadetmiştir. Dinin bu yolu tutmuş olması insanlar için kolaylık istendiğini ve onları güçlüğe maruz bırakmanın arzu edilmediğini açık olarak göstermektedir.

b) İslam'ın bu prensibe riâyet ettiğini gösteren delillerden birisi de insanların mazeretleri gözönüne alınarak ve onlardan güçlüğü kaldırmak için konmuş olan olan ruhsatlardır. Bu sebeple dinde iki nevî hüküm yer almıştır: Azîmet hükümleri ve ruhsat hükümleri.

Azîmet: Normal hallerinde insanlar için umumî ve devamlı kanun ve kaide olmak üzere konmuş olan hükümlerdir.

Ruhsat: İnsanların mazeretleri ve sonradan başlarına gelen anormal durumlar sebebiyle konmuş olan hükümlerdir. Yahut da, Şâtıbî'nin dediği gibi "Asıl kaide menedilmesini gerektirdiği halde, güçlük veren bir mazeretten dolayı ve yalnız bu mazerete bağlı olarak konmuş olan hükümler, müsâadelerdir." Şu halde ruhsatların konmuş olması, İslam'ın güçlüğü ortadan kaldırma ve kolaylaştırma prensibine riâyet ettiğine şüphesiz olarak delâlet etmektedir; çünkü -yine **Şâtıbî**'nin dediği gibi- din teklif ve isteklerinde güçlük bulunmasını isteseydi ruhsat ve hafifletmeye yer vermezdi.

c) Güçlüğü kaldırma prensibine riâyetin bir başka tezâhürü de amel (ibâdet v.b.) bunu gerektirmediği halde mükellefin kendisine zahmet vermesini dinin menetmiş olmasıdır. Nitekim şu hadis bunu açıkça ifade etmektedir: Rasûlullâh halka hitap ederken güneş altında duran birisini fark etti ve ne yaptığını sordu; yanındakiler şu cevabı verdiler: "Yâ Rasûlullâh bu, Ebû İsrâil'dir; konuşmadan ve gölgelenmeden güneş altında durmayı ve oruç tutmayı adadı." Rasûlullâh şöyle buyurdu: "Ona söyleyin gölgelensin, konuşsun ve orucunu tamamlasın!" Bir başka hadis de şöyledir: Birkaç sahâbî bir araya gelerek iyilik ve ibâdetlerini konuştular. Birisi: "Ben bütün gece namaz kılacak ve hiç uyumayacağım." dedi. Diğeri: "Ben her gün oruç tutacak ve hiç oruçsuz olmayacağım." dedi. Üçüncüsü: "Ben de kadınlarla evlenmeyeceğim." dedi. Sözleri Rasûlullâh'a ulaşınca şöyle buyurdu: "Unutmayın ki ben -vallahi- Allah'tan en çok korkanınız ve sakınanızım; bununla beraber bazen oruç tutarım bazen tutmam, namaz kılarım uyurum ve kadınlarla da âile hayatı yaşarım; imdi benim yolumu terk eden benden değildir!"

Meselenin sırrı şudur: Allah Teâlâ rûhun acze düşürülmesini ve bedene işkence edilmesini kendisine yaklaşma ve sevabına nâil olmanın yolu kılmamıştır; O, orta yolu, itidâli ve bedene de hakkını vermeyi, gereken itinayı göstermeyi emretmiştir. Hadîs'te "...şüphesiz bedeninin de senin üzerinde hakkı vardır..." buyurulmuştur; çünkü beden (ceset) rûhun bineğidir; binek ölürse insan, Allah'ın kendisine farz kıldığı vazifeleri yerine getiremez.

Bütün bunlardan şu neticeye varıyoruz: Güçlük, Şârî'in (din koyucunun) istediği, kastettiği birşey değildir. Aksine onu ortadan kaldırmak için -normal olmayan hallerde- ruhsat getirilmiştir. Hattâ normal hallerde, normal ölçüdeki güçlük de Şârî'in maksudu değildir; istenen ibâdet ve ameldir, bunun normal olan güçlüğü yanında mükellef için temin ettiği iyi neticeler gözönüne alınmıştır.

Güçlüğü Kaldırma Prensibi ve Zarûret Hali:

Zarûret halinde büyük güçlük ve şiddetli bir sıkıntı mevcuttur. Bu sebeple İslam zarûret halini de "güçlüğü kaldırma prensibi"nin ışığı altında ele almış ve çözümleri muhtevî hükümler getirmiştir." (Karaman, 1/218-220)

HÎLE-İ ŞER'İYECİLİK

Kelime anlamıyla **şeriata uygun hile** demektir. Yalnız bu anlam bile bu günahın ürperticiliğini göstermeye yeter.

Bu günah Allah'ın dinini, esas hedefinden saptırmak ve insan nefsinin çıkarlarını dine fatura ederek meşrulaştırmak için girişilen fillerden biridir.

İslam düşünürleri içinde bu konu üzerinde en fazla duran, **İbn Kayyım el-Cevziyye** olmuştur. Ünlü eseri **İ'lâmu'l-Muvakkıîn**'de 400 sayfaya yakın bir kısmı bu konuya ayırmıştır. (bk. cilt: 3/176-415 ve 4/1-117)

İbn Kayyım, büyük günahlardan biri gördüğü ve pek çok örneğini kaydettiği hile-i şer'iyeciliğin iki temel yıkımına özellikle dikkat çekmektedir:

1- Dinde esas olan "ameller niyetlere göredir" ilkesinin tersine çevrilmesi,

2- Din hükümlerinin esas maksatları (makâsıd eş-şerîa) nın, birtakım şekil ve kural oyunlarıyla unutturulması.

Hîle-i Şer'iye, emir ve yasakların ruhunu yakalamamızı sağlayan hikmet-i teşriiye (emir ve yasağın hikmeti, gerekçesi) esprisini öldürmekte ve dini anlamsız birtakım kuralların kurumu haline getirmektedir.

Bu günah dinde özün yerine şekli, insan hayatında ise niyet ve hür irade yerine kuralcılık ve tabuculuğu koyan karanlık zihniyetin bir faaliyeti olarak karşımıza çıkmaktadır. Bu günahı savunanlara göre, davranışın belirlenen kalıba ve şekle uygun olması yeterlidir. Esas hedef, niyet, temel amaç gibi sözler anlamsızdır. Mesela Kur'an **riba**yı yasaklamaktadır. Bir banka, mevduat sahiplerine tasarrufları karşılığında verdiği ve kredi kullananlardan aldığı yüzdelere faiz yerine **işlem ücreti** veya **kârdan pay** derse Kur'an'daki **riba** yasağından kurtulmuş olur. Günümüzde **faizsiz bankacılık** adı altında faaliyet gösteren kuruluşların yaptıkları, genel çerçevesiyle budur.

Bir başka örnek, Ramazan orucunu yemek için yolculuğa çıkma hilesidir. Özellikle zenginlerin sık sık başvurdukları bu hile-i şer'iye uzun günlerde oruç tutmamak için Ramazanda seyahate çıkarak oruca ilişkin sefer hükümlerinden yararlanmak şeklinde yürütülmektedir.

KURTULMUŞLUK İDDİASI

Ebedî hayatı veya sonsuz kurtuluşu garantilemiş olmak iddiasına Kur'an'da ve İslam literatüründe **Allah'ın tuzağından emin olmak** (el-emn min mekrillah) denir. Kendisi için hiçbir korku ve endişenin kalmadığı, her şeyi kesinlikle sağlama aldığı yolunda bir kuruntu ve sanı içinde olan, bir tür mutlak kudret edasına bürünmüştür. Böyle olunca da bu, gizli bir Allah'lık iddiasıdır ve bunun içindir ki, bu kuruntunun ortaya çıkardığı günah **şirk benzeri** bir illettir.

Hiç kimse, Allah'ın lütuf ve merhametine güvenme dışında bir **emin olma** çemberine sahip değildir.

İlginçtir ki, **emn** ile imanın aynı kökten gelmesine rağmen, **iman** Allah'a teslimiyet, emn ise Allah'ı devre dışı tutmaktır.

Kurtuluşu engelleyecek hiçbir şeyin kalmadığını iddia etmek veya Allah'ın tuzağından emin olmak, Cenabı Hakk'ın kuluna kötülüğü veya oyun oynadığı anlamında yorumlanamaz. Buradaki **tuzak** veya **aldatma** (mekr) kulun kendi oyununa getirilmesidir. Prensip şudur: "**Çirkin tuzak ve hile, sadece onu sergileyene musallat olur.**" (Fâtır, 43) Bu ilkeyi koyan ayet, anılan sonucu, insanın yeryüzünde kibir ve Firavunlukla kendisini tek kuvvet sanmasının zorunlu bir uzantısı olarak veriyor. Bu ise, bir **fıtrat kanunudur** ki, Kur'an bunu Fâtır (yaradılış kanunlarını koyan kudret) suresinde vermekle bu gerçeğe ayrıca dikkat çekmiştir. Ve unutmamak gerekir ki Allah'ın isim-sıfatlarından biri de Fâtır'dır.

Allah'ın mekrine uğramanın belirtilerinden biri de, Allah'a ters bir yol tutulmuş olmasına rağmen dünya nimet ve refahında iyi ve seçkin bir durumda olmaktır.

Ve insanı aldatan da budur.

Bu duruma, bir ayet ve hadisten alınan bir deyimle **istidrac** (cezayı büyütmek için âsiye mühlet ve imkân vermek) denmektedir.

İstidraca yer veren hadis şöyledir: "**Allah'ın bir kula, o kulun isyan ve kötülüğüne rağmen istediği her şeyi verdiğini görürseniz, bunun Allah'ın istidracından başka birşey olmadığını bilin.**" (bk. Heytemî; Zevâcir, 1/69)

Kur'an istidracı "insanın bilmediği bir yönden, beklemediği bir zamanda yakalanması" anlamında kullandığı ayetlerinde şöyle diyor: "**Biz ayetlerimizi yalanlayanları bilemeyecekleri bir yönden ve beklemedikleri bir zamanda yakalayıp helak ederiz.**" (A'raf, 182) Bu ayetin devamındaki beyansa, istidrac ile **Allah'ın mekri** arasındaki ilişkiye de dikkat çekerek şöyle diyor "**Ben o azmışlara mühlet veriyorum; ama benim tuzağım çok zorlu, çok yıkıcıdır.**"

İstidracın geçtiği hadisi ifadeye koyan Hz. Peygamber'in bunun ardından, bir ilahî vesika olarak şu ayeti okuduğunu da görüyoruz:

"**Kalbi kararıp şeytana uyanlar, yapılan ihtarları**

unutunca, üzerlerine her şeyin kapısını açtık. Nihayet, kendilerine verilenlerle tam ferahlık ve şımarma noktasına geldiklerinde onları ansızın yakalayıverdik de, bütün beklentilerinden mahrum kaldılar." (En'am, 43-44)

Demek oluyor ki, ne dünya nimet ve refahına aldanmak, ne de ibadetlere güvenerek "ben kurtuldum, ben cennetliğim" diye böbürlenmek yönüne gitmemeliyiz. Tanrı Elçisi bu noktada insanlığa şu ihtarda bulunuyor:

"Sizden herhangi biriniz cennetteki davranışlarını sergiler sergiler de, cennetle arasında bir kol boyu mesafe kaldığı bir sırada ilahî karar devreye girer ve cehennemlik hareketlere koyulur ve ateşe giriverir." Aynı konuda insanın kulağını iyice büken bir hadisi şerif de şöyledir: **"Kul bazen, cennetlik olduğu halde, dış görünüşte cehennemlikler gibi davranıyor olabilir. Ve kul bazen cehennemlik olduğu halde dış görünüşte cennetliklerin amellerini sergileyebilir."** (Heytemî, 2/76) **İşin esası şudur ki, davranışların neye yaradığı son nefeste belli olur. Ve dış görünüşe asla güvenilmez.** (bk. Heytemî, 1/69)

Sonsuz kurtuluş meselesinde **ilim** de ölçü değildir. Allah, ilimde en ileri noktalara varmış kişileri (er-râsihûn fil ilm) şu şekilde duaya çağırırken, en yüce mertebelerden biri, belki de birincisi olarak tanıttığı ilme bile güvenmemeyi önermiştir. Âli İmran suresi 7 ve 8. ayetlerde şöyle deniyor: "İlminde derinleşmiş olanlar şöyle yakarırlar... Ey rabbimiz! Bize hidayet verdikten sonra gönüllerimizi yanıltıp saptırma. Ve bize senin katından bir rahmet bağışla. Sen gerçekten bağışı çok olansın." **Hz. Mevlâna,** bir yerde bu ölümsüz gerçeğe dikkat çekerken şöyle yakarıyor:

"Ey darda kalanların imdadına yetişen Allahım! Bi-

ze doğruyu ve güzeli gösterir. İlim ve servetle şımarmak bir aldanıştan başka şey değildir."

Allah'a yönelmiş gönül, ebedî kurtuluşu kendi elinin ürünü değil, Allah'ın lütfu bilir. Ve o, Hz. Peygamber'in şu niyazındaki espriyi kavramaya çalışır: **"Ey kalpleri halden hale çeviren Allahım! Bizim kalplerimizi senin dinin üzre sabit kıl."** (Heytemî, 1/69)

Allah Elçisi'nin bu duayı sık sık tekrarladığını duyan Hz. Âişe şu soruyu sormaktan, kendini alamamıştır. "Ey Allah'ın Resulü! Bu duayı çok tekrarlıyorsun. Sen de mi kalbinin bulunduğu halden başka bir hale geçmesinden endişelisin?" Peygamberler Sultanı bu soruya şu ürpertici cevabı vermiştir:

"Ben bile emin olma hakkına sahip değilim, ey Âişe. Kulların kalpleri, rahman olan Allah'ın iki parmağı arasındadır. Allah istediği anda kulunun kalbini başka bir hale sokuverir." (Heytemî, aynı yer)

Şunu bir kez daha altını çizerek belirtmeliyiz ki:

Kur'an Allah'ı devre dışı tutup kurtuluşun artık zedelenmeyeceğini, hiçbir tehlikenin kalmadığını söyleyenleri korkunç bir akıbetle tehdit etmektedir. (bk. A'raf, 97-98, 99; Nahl, 45; İsra, 68-69; Mülk, 16-17)

Emn illetinin tehlikesine dikkat çeken yaradılış prensibi, A'raf suresinin 99. ayetinde şöyle verilmiştir: **"Allah'ın tuzağından kendilerini emin mi sanıyorlar? İşin esası şu ki, Allah'ın tuzağından, sadece hüsrana uğramış bir topluluk emin olabilir."**

Emin olmanın en zehirli türü, **ibadetlere** güvenerek kurtuluşu garanti ettiğini söylemektir. Böyle bir yola sapmanın ne büyük bir aldanış olduğunu anlamak için Hz. Peygamber'in "İbadetlerinize güvenerek ebediyyen kurtulduğunuzu söylemeyin; ben bile ibadetlerime güvenerek böyle bir şey söyleyemem." şeklindeki uyarısını, hatırlamak gerekir.

Ebedî kurtuluş, davranışlar üstü bir keyfiyyettir ve yalnız Allah'ın lütfuyla elde edilir, amel ve ibadet kıstasıyla ölçülemez. Ameller bu işte sadece karine yani belirtidir, garanti belgesi değil. Davranışlarını garanti belgesi sananlar aldanırlar. Hz. Peygamber böylelerine en ağır dersi vermiştir. Diyor ki: "**Ben cennetteyim diyen, cehennemliktir.**" (Heytemî, 1/20)

O halde sürekli **tedirginlik ve korku** içinde mi olacağız? Hayır. Prensip şöyle konmuştur: Ne korkuya yenik düşmek, ne de emin olma veya ümide yenik düşmek... İş, bu ikisi arasındaki **denge noktasını yakalamaktır ki, sıratı müstakim** (dosdoğru yol) de budur.

KURTULUŞ MESELESİNDE ÜMİT VE KORKU DENGESİ

Hemen bütün Hıristiyan yazarlar, kasıtlı veya anlamayarak İslam'ı bir korku dini, Kur'an'ın tanıttığı Allah'ı da bir korku ilahı olarak gösterirler. **Nicholson**'ın şu sözü oryantalistlerin ortak görüşlerinden birini çerçeveler gibidir: "Kur'an'ın Allahı bir sevgi Allahı olmaktan çok bir korku Allahı (God of fear) dır." **Zaehner** gibi bazı oryantalist yazarlarda bu iddia, hastalık çapta bir tutku (obsesyon) sergilemektedir.

Bu, doğru değildir. Detaylara girmeden şu kadarını söyleyelim: İslam, Allah'ı, "rahmeti öfkesini geçen" ve "merhameti her şeyi çepeçevre kuşatan" bir kudret olarak göstermekte ve Kur'an'ın ilk cümlesi olan **Besmele,** Allah'ın zât ismiyle rahmet ve merhamet ifade eden iki sıfatından (Rahman ve Rahim) oluşmakta ve Kur'an'da tam 114 yerde tekrar edilmektedir. Bütün bunlar Kur'an'ın Allah, hayat ve insan anlayışında sevginin nasıl bir yer tuttuğunu bize gösterir. Ümitsizliği, insanın kendine zulmetmesi sayan Kur'an, Allah'ın bütün tecellilerinin rahmet üzere olduğunu bildirmektedir. Ancak Kur'an, hayatı ifrat ve tefritten uzak bir görüşle değerlendirdiği için, insanı Allah'ın çocuğu olarak ilan eden kilise saplantısının aksine, denge prensibine önem verir ve böylece insan hayatında korkunun rolünü de görmezlik etmez. Batılıların göremedikleri veya görmek istemedikleri, bu inceliktir.

Kur'an-ı Kerim, insanın kurtuluşundan, ölümsüz mutluluğundan söz etmektedir. Gerçek zafer, ölümsüz mutluluğu yakalamak, gerçek insan da ölümsüzleşebilen insandır. Sonsuz mutluluğu, diğer bir deyimle, "Allah'ın rızasını" kazanmış olduğumuzu belgeleyebilir miyiz? Hangi davranışların sahibi sonsuzlaşır, bilebilir miyiz? Dinin emirlerini yerine getirip yasaklarından kaçan kişi sonsuz hayatı garantilemiş midir? İslam düşüncesi bu sorulara: "Hayır!" demektedir.

Aynı sorular, ebediyyen kaybetmek, sonsuz ümitsizlik esas alınarak da sorulabilir ve cevap yine: "Hayır!" olur. Hiç kimse için ebediyyen kurtulmuş veya tamamen kaybetmiş demek mümkün değildir. Kur'an-ı Kerim ruh ve madde planında tekâmülü, bu espride gizlemiştir. Ve bu öylesine önemli ve kesin bir gerçektir ki, Son Peygamber'e: "Ben bile iyi davranışlarıma güvenerek emin olamam." dedirtebilmiştir.

O halde, **gönül büyüklerinin sözünü ettikleri korku, tipik bir korkudur; onu, eşkıyadan korkmakla bir tutmamak gerekir.** O bir iç **ürperiş** ve sonsuz önünde bir irkiliş ve silkiniştir. Bu korku, kaybetmiş olduğumuz anlamına da gelmez. **Avn b. Abdullah** şöyle diyor: "Bütün günahlardan beri olan bile korkar. Ama onun korkusu ilahî hakikatlere nüfuzdan kaynaklanır. Burada anlatılan korku kötülük yapmış olmaktan çok, daha iyi olamamaktan gelir. Sonsuzluk yolunda hiç durmadan mesafe alanların ürperişleridir bu. Bu ürperişi en iyi duyanlardan biri olan Son Peygamber şöyle diyor: "Korkan yola erken çıkar. Ve yola erken çıkan varacağı yere erken varır."

Bu ürpertiyi duyanlardan biri, **Ebû Kerime el-Abdî**

şöyle diyor: "Ey insanoğlu, ömrünün geri kalan kısmından artık bir şey beklenmeyeceğini bil." Ancak böyle bir duygu ve düşünceyle yürüyen ulaşabilir hedefe. **Süleyman b. Hayyân el-Ahmer**'i dinleyelim: **"Şunu unutma ki sıddîklar (gerçek kullar) bu günün dünle aynı tekâmül seviyesinde olmasından utanç duymuşlardır."**

Tekâmül esrarlı, hummalı ve kuşatıcı bir olaydır. Fakat bunun, Yaratıcı Kudret'e katılma halinde yaşanması pek az insana nasip olur. Böyle bir mutluluğa erenler ise cezbeye tutulmuş âşıklar gibi hep yürür, durmadan yürürler. Bu yürüyüşün, denebilir ki, en kıymetli azığı yarından emin olmamak, elde edilenle doymamaktır. Bu doymazlık, ölümlü şeylere bağlandığında çirkinse de sonsuzluk yolunda erdirici bir rahmet olmaktadır. Peygamberlerin öğrettikleri iman bu aşkı taşır. Dinin reddettiği hırs bu kutsal doymazlığın zehri olan iğreti, ölüme mahkûm tutkudur.

Emin olan, doyan ruh mevcutla yetinir, yetinen ise daha ileri gidemez. Bu yüzdendir ki İslam büyükleri, emin olmamayı en geçerli ölçülerden biri halinde korumuşlardır. **Şakîk el-Belhî** (194/809) şöyle diyor: "Mümin, hurma fidanı diktiği halde bunun dikene dönüşeceğinden korkan bir insana benzer. Münafık ise tam tersine, diken ekip hurma devşirmek ümidinde olan bir insana benzemektedir." Bu espriyi ibadetler alanına şöyle uyguluyor **Abdullah b. Mübârek** (181/797): "İyileri severim. Ve ben onlardan biri değilim. Kötülere kızarım. Ve ben onların en kötüsüyüm."

Peki, bütün bu emirler, bu yasaklar, bu ibadet ve hayırlar nedir? Neden şöyle olmamız istenirken, şu şekilde davranmaktan men ediliyoruz? Mademki iyi olan davranışlar belirlenmiştir, onları yerine getiren, ebedî zaferi kazanmış olmaz mı? Cevap şudur: Emirlere, yasaklara saygı hiçbir zaman karşılıksız bırakılmaz. Şu var ki sonsuz hayatı garantilemek, bunlarla mümkün değil. Emir ve yasaklar esas anlamıyla dünya hayatını güzelleştirmek için öngörülmüş düzenlemelerdir. İbadetler, öncelikle sonsuz mutluluğa hak kazandıran yatırımlar değildir. **Kurtuluş, davranışlarüstü bir özelliktir. Bu yüzden amel ölçüsüyle tespit edilemez.** Amel olsa olsa, her şeyi kaybetmemiş olduğumuzu belgeler; fakat bu, her şeyi kazandığımız anlamını taşımaz.

Dosdoğru, ipince bir yol üzerindeyiz. Bir yol ki, evrenin en kritik dengesini sonuna dek sürdürmeyeni boşluğa bırakır. Kur'an bu yola **sırât-ı müstakîm** veya **sebîlürreşad** demektedir. Dengeyi sağlamak, diğer bir tabirle "**juste millieu**"da (tam ortada) kalabilmek için bir yanımıza ümidi, bir yanımıza korkuyu yerleştirmişler. İnce ipte dengemizi bu ikisiyle bularak yürüyebiliriz. Büsbütün ümide, büsbütün korkuya meyletmek uçuruma gitmemiz demektir. Çok dikkatli olmalıyız. Ümit tarafı çekince korkuya, korku asılınca ümide yönelerek yürüyüşü sürdürmeliyiz. Bu bir bakıma sibernetik dengenin kâinat çapında uygulanışıdır. **Carrel,** Hristiyanlık adına konuşurken: "Ümit, aksiyonu döller" diyor. Bu, mutlak değildir. Döllenme bazen ümit, bazen korku tarafından gerçekleştirilir. Bunların yalnız birine bağlanmak hayat gerçeğine ters düşmek olur. **Ebû Ali Rûzbarî** (322/933) bu gerçeği şöyle dile getiriyor: "Korku ve ümit, kuşun iki kanadı. İkisi de sağlıklı olursa kuş sağlıklı olur ve uçuşunu tamamlar." **Gazâlî**'ye göre: "Korku Allah'ın bir kamçısıdır. Kullarını ilim ve amele onunla sevke eder ve böylece onlar Allah'a yakınlık rütbesini kazanırlar."

Sehl b. Abdullah Tüsterî (283/896) bu noktada şöyle diyor: "Korku erkek, ümit dişi. İman sırrı bu ikisinden döllenir." Hiçbirini atamayız. Yoksa kısır kalır hayatımız, boşa gider çabalarımız. Prensip gayet mükemmel konmuştur: Kul, korkuyla ümidin tam ortasında, **juste milieu**'sunda olmalıdır.

Emin ölçüler var mıdır?

Dünya bir imtihan alanıdır. Bu imtihanın sonucunu herkes dünyadan ayrılınca öğrenir. Bu demektir ki, kimin kazanıp kimin kaybettiğini bu dünyada belirlemek mümkün değil. Mechullerimizden biri de bu. İslam'ın en büyük velilerinin bile bu prensibe sıkı sıkıya bağlı kaldıklarını görüyoruz.

Bahaeddin Nakşbend (791/1388) bir gün yolda giderken bir köpeğin ayak çukurunda biriken suya bakarak: "Ben şu sudan daha kirliyim." der. Yanındakilerin şaşırdıklarını, hayret ettiklerini görünce ilave eder: "Hatta ben bir kâfirden daha âdi ve kirliyim." İşte denge noktasında olmak budur. Nakşbend bu sözleriyle şu sırlara işaret ediyordu: Ben son anda dengeyi bozarak, kurtuluş gemisini kaçırırsam, yaradılışına uygun yaşadığı muhakkak olan köpekten bahtsız hale gelirim. Ve benim böyle olabilme ihtimalim yanında, bir kâfir son anda iman edebilir, kurtulabilir. Bende ümide bağlılığın getirdiği kayıp, kâfirde emin olmamanın kazandırdığı zafer biçiminde tecelli edebilir. Belirtmeliyiz ki, yukarıda tespit ettiğimiz incelik, dünya ile ilgili problemlerde iyi-kötü, haklı-haksız vs. hükümlerini vermemize engel değildir. Söz konusu olan, ölüm sonrası hayat alanına ilişkin ve Allah ile kulu arasında kalan hususlarda kesin konuşmamaktır. Bu keyfiyete şöyle işaret ediyor **Süfyân es-Sevrî** (161/777): **"insanlara mümin vs. diye ad vermemiz nikâh, talâk vs. gibi meselelerdeki durumları itibariyledir. Allah katında kimin ne olduğunu asla bilemeyiz."** Aynı zat bir başka yerde şöyle diyor: **"Bir adam görünüşte putlara taptığı halde Allah katında en ileri seviyeye ulaşanlar arasında bulunabilir.**

Abdülhakim Arvâsî'nin bu konuya yaklaşımı çok daha ilginçtir. Şöyle yazıyor: **"Cennet ve cehennem ehli kimlerdir? Cennet ehli şunlardır ki, kalbinin en iç noktasın-**

da Allah'ın razı olduğu şeyleri sevmek ve buğzettiklerini sevmemek keyfiyeti vardır. Hatta bu insan fiil ve hareket bakımından düşüncesine aykırı işler yapsa bile...

Cehennem ehli ise bunların aksidir. Kalplerinde ilahî sevginin zıddı bir kabalık, bir kasvet, bir buğz ve adavet vardır. Hatta bunlar zahirleri bakımından iyi işler yapsalar ve şeriat ölçüleri çerçevesinde hareket etmiş olsalar bile. Başlangıçta böylelerinin kendilerince de bilinmeyen bu ruhsal halleri ölüm döşeğinde, son nefeslerini verecekleri zamandan biraz önce birdenbire zuhûr eder ve ilahî rızaya bğlı amellerden birinin aleyhinde veya Allah'ın buğzettiği işlerden birinin lehinde bir fikre yani küfre yol açar ve sahibini ebediyen cehennemlik kılar.

İyi ve kötü fiiller emin olmayan delâletlerdir. Sahiplerinin cennet ve veya cehennem ehli olmalarında senet teşkil etmezler... Bu nokta keşif yoluyla da bilinemez."

Ümit ve korku bahsinde varılması mümkün görülen sonuçları şu şekilde sıralayabiliriz:

İbadetlerimize Güvenemeyiz: İbadet eden, Allah'a yönelmiştir. Allah'ı bilen O'ndan başkasına güvenemez. Başkasına güvenmemek önce nefsine güvenmemeyi gerektirir. **Kul, kulluğun niteliklerinden olan ibadete güvenince, Allahına ortak tanımış olur.** İbadetler O'nunla ilişki elde etmek için yapılır. O'nun yanında ikinci bir dayanak bulmak için değil. İşte bu yüzden, peygamberler bile ibadetlerine güvenmemişlerdir. Buhârî'deki bir hadis-i şerifte aynen şöyle buyuruluyor: "Allah'a yemin ederim ki, Allah'ın peygamberi olduğum halde O'nun bana bile nasıl muamele edeceğini bilemem." Görülüyor ki, Son Peygamber bile kendi âkıbeti hakkında bir şey söyleyemiyor. "De ki: Ben Peygamberlerin ilk defa geleni değilim. Bana ve size ne yapılacağını da bilmem."

Hz. Peygamber, kendisine vahyedileni bileceğine göre, bazı insanların durumundan haber verebilecektir. Cenabı Hakk'ın vahiy yoluyla bildirmesi, başkalarının âkıbeti hakkında hüküm vermekten ayrı bir özelliktir. Çünkü burada hükmü veren Allah'tır, peygamber değil. İş Hz. Peygamber'e kalınca, o, kendi âkıbeti hakkında bile konuşamıyor. Vahyin açıkladığı sonuçları tebliğ ise peygamberin hem hakkı hem görevidir. Nitekim **Bedir** harbi şehitlerinin cennet ehli oldukları Hz. Peygamber tarafından açıkça bildirilmiştir. Bize düşen kendimizi ve -vahye muhatap olmadığımıza göre- başkalarını tezkiye etmemektir. **"Kendinizi temize çıkarmayın. Allah, kimin takvâ ehli olduğunu çok iyi bilmektedir."** (Necm, 32)

"Kendilerini temize çıkaranları görmedin mi? Fakat iş onların bildiği gibi değil. Dilediğini temize çıkaran yalnız Allah'tır. Ve onlar hurma çekirdeğinin ince lifleri kadar bile haksızlığa uğratılmazlar." (Nisa, 49)

Bir boyun büküş getiren günahı şımarıklık getiren ibadete tercih etmişlerdir. Birkaç örnek söz daha verelim: (Bu sözler, **Ebu Nuaym el-Isfahânî**'nin Hilyetu'l-Evliya'sından alınmıştır: 2/378, 8/168, 4/279, 7/12, 6/241)

– İbadetin kabul edilmeyeceği korkusuna sahip olmak ibadet etmekten daha zor.

– Nefsini iyi tanıyan, kendisini bir köpekten bile üstün göremez.

– İnsanların en âbid (ibadet eden)i günah işlemeyen, fakat bunun yanında, yaptığı ibadetleri hiç mesabesinde gören kişidir.

Ölüm döşeğindeki **Süfyân es-Sevrî**'ye sordular:

"Günahın mı çok ki ağlıyorsun." Cevabı şu oldu Süfyân'ın:

"Vallahi, günahların benim için bir çöp kırığı kadar bile önemi yoktur." Ben imanımın ortadan kaybolacağı endişesini duymaktayım.

Dikkat edilirse burada, ibadetlerin kurtaramayacağı, günahların da batıramayacağı gerçeğine işaret ediliyor. Bu espriyi örnekleştiren bir davranışı da **Bişr b. Mansûr**'da görüyoruz. Bir gün, uzun uzun namaz kıldığını seyreden bir dostuna şöyle dedi namazdan sonra:

"Böylesine uzun uzun namaz kılışım seni aldatmasın. Unutma ki İblis, hem de meleklerle, yıllar boyu namaz kılmıştı..."

Hz. Peygamber'in namazdan selam verip çıkar çıkmaz istiğfar ettiğini biliyoruz. Bunun mânası üzerine durmak icap eder. Namaz gibi, kulu Allahına en fazla yaklaştıran bir ibadetin ardından istiğfar etmek ne demektir? Bizce bu, yapılan ibadete güvenmek, ondan gurur ve güven duymak şeklinde beliren eğilimden istiğfardır.

Hâtem-i Asam (237/851)'ın sözleri de çok düşündürücüdür: **"Emin yerdeyim diye övünme. Cennetten emin yer olamaz... Ve baban Âdem'in başına gelenler orada geldi. İbadetim çok diye de şımarma! Çünkü İblis, onca ibadetten sonra belasını buldu..."**

Gözyaşı getiren günahlara sahip olmayı, gurur getiren ibadetlere sahip olmaya yeğleyin. **Yahya bin Muâz** (258/871)'ın sözü: "Rabbim! Günahlarım eşliğinde sana sığınmayı, ibadetlerime güvenerek sana yönelmeye tercih ediyorum. İhlasa dayalı ibadetlerime bel bağlayabilirim, fakat bir yığın engelle sarılı olan ben, ihlaslı ameli nasıl elde edebilirim. **Günahlar** içinde kalıp senin affına güvenirsem, cömertlikle nitelendirilmiş olan Sen, günahlarımı nasıl bağışlamazsın!"

Hz. Peygamber, bütün bu anlattıklarımıza esas teşkil eden şu tavrı sergilemiştir: Kendisine nasıl dua edeceğini soran bir sahabiye şöyle diyor: "De ki: Allah'ım! Senin affın benim günahımdan geniştir. Ve senin rahmetin, ümit bağlamaya, benim ibadetimden daha uygundur."

Cenabı Hak: "Eğer müminlerseniz benden korkun." buyurdu. Burada mümin olmanın şartı olarak ibadetler değil, Allah korkusu gösterilmiştir. Ölüm döşeğinde ağlayan **İbrahim en-Nehaî**'ye neden ağladığı sorulduğunda şu cevabı verdi: "Ölüm meleğini bekliyorum. Ve bana cenneti mi, yoksa cehennemi mi haber vereceğini bilmemekteyim." Aynı gönül eri, bir yerde de şöyle demiştir: "Sana, mümin misin sorulunca, Allah'a, meleklere, kitaplara, peygamberlere inanırım de ve sus." Ben şunlara şunlara inanırım demek mümin olmak için kâfi değil, bunlar mümin olmak için müracaat belgesine yazılacak şeyler. Mümin olup olmadığımıza karar verecek olan ise biz değiliz. Sonsuzluk ulularından bir diğeri, **Ahmed b. Hadreveyh** (240/854), ölüm döşeğinde oğluna şöyle seslendi: "Yavrucuğum, doksan beş yıldır çaldığım bir kapının önündeyim ve kapı az sonra açılacak. Ne var ki ey oğlum, açılacak bu kapının bana ne getireceğini bilmiyorum: Saadet mi, hüsran mı?" Allah yolunun büyük yolcuları hep şu soruyu sordular bize ve kendilerine: "Size gökten bir haberci gelip de şu ameliniz kabul edildi, şu günahınız da bağışlandı demiş midir?" Buna verilecek cevap, "hayır"dır. O halde çare, emin olmadan boynu bükmektir.

Rahmet Kapısına Sırt Çevirmemeliyiz: Ümit kutbuna ağırlık vererek dengeyi bozmamak için korkuya yönelmiştik. Fakat bu yönelişi de fazla ileri götürmemeliyiz. Aksi takdirde, kaçtığımız sonuç bu defa korku tarafından bizi yakalar. Korku yönüne bozulması muhtemel dengeyi korumak için, günahımızın çokluğuna bakmadan, ilahî rahmete sığınmalıyız. Bu sığınma, bu **boyun büküş, emin olmalı ki, ibadetleriyle şımaranların gururundan çok daha güvenilir bir dayanaktır.**

Melâmiliğin Piri, sahâbelerden **Abdullah b. Nuayman**'dır. Buhârî dahil birçok hadis kitabında onun ilginç macerası yeralmıştır. Hz. Peygamber, ona aşık demiştir. Halbuki ötekiler onun adını **eşek** koymuşlardı. Görülüyor ki, gönlüyle **âşık** mertebesine yükselen bir insan söz ve hareketleriyle eşek diye adlandırılabiliyor. Sûfîlerin **iç** ve **dış** (bâtın-zâhir) sırrı dedikleri şey işte budur.

Abdullah içki içerdi. Bu yüzden sahabiler ona eşek (himar) derlerdi. Fakat Peygamberimiz bu Abdullah'ı çok sever, onunla sohbetten hoşlanırdı. İçki içerken tutulduğunda da **had** tatbik ettirmekten geri kalmazdı. Bir gün yine içki içme cezası uygulanırken oradaki sahabiler, köpürmüş bir halde Abdullah'a lanet okudular. Hz. Peygamber çok üzülerek şöyle müdahale etti: "Onu lanetlemeyin! Allah'a yemin ederim ki ben onun hakkında, Allah ve Resulünü sevmiş olmasından gayri bir şey bilmiyorum." (bk. Tecrid-i Sarih Tercümesi, 12/275-276) Ona defalarca, içki içme cezası uyguladığı halde "Aşkından başka şeyini bilmiyorum." dedi.

Hz. Peygamber, burada sergilediği tavrı şu hadisleriyle genel prensip haline getirmiştir: "Günah işleyenleri küfürle suçlamayın." ve: **"Allah bağışlar, ayıplamaz; insanlar ise ayıplar, bağışlamazlar."** (bk. İbn Abdrabbih, 3/179)

Hz. Peygamber devrinde, **Abdullah b. Nuayman** gibi daha başka şarap içen sahabilerin bulunduğunu kaynaklar bize söylüyor. Bunlar içinde ikinci halife Hz. Ömer'in oğullarından üçü de vardır. Bu sahabilere karşı Hz. Peygamber'in tavrının, Abdullah'a karşı tavrından farklı olmadığı kuşkusuzdur. Bu nükte her çağda, her yerde tekrar tekrar yaşanır. Herkes farkında değil. **Âşık ve eşek nüktesini** en güzel temsil edenlerden biri de **Neyzen Tevfik**'tir. **Velâyeti**nin büyüklüğünü, **melâmet**ini büyüterek gizlemek zorunda kalmıştır. Hz. Peygamber'e aşkını şöyle dile getiriyor:

"Senin aşkınla gönlüm sütlimanlık ya Resûlellah.
Kalın geldi fakire Müslümanlık ya Resûlellah!"

Bunlar edep dışı ifadelerdir, ama aşk dışı değildir. Aşk geline cümle eksikler biter. Bu yüzden aşk gelince edep endişesi de biter. **Mevlâna Rumî** şöyle diyor:

"Ey aşk, ey ruha kanatlar takan
Sen çıkarırsın sinedeki çengin sesini
Bulmak -ey kurtaran- lütfunun zerresini
Üstündür yıllarca süren tesbih ve namazdan!"

Allah'tan korkmak, O'nun dışındaki şeylerden korkmaya benzemez. O'nun benzeri olmadığı gibi, O'ndan korkmanın da benzeri yoktur. Öteki korkulardan farklı olarak, Allah korkusunun kaynağı ve hedefi aynıdır. **Bağdatlı velî Nûri** (295/907), bu korkuyu "Rabden Rabbe" diye tanımlamıştır. Allah korkusu, insanlığın en büyük ve değişmez korkusu olan **ölüm** korkusundan da farklıdır. Ölümü tükeniş sananlar, ona "en büyük felaket" gözüyle bakmışlardır. Hayat bir yolculuklar serisidir. **Doğum,** bir yolculuğun başlangıcı, ölüm ise daha büyük bir yolculuğun başlangıcı... O halde, tek başına ölüm ne korkutmalı ne de sevindirmeli. Önemli olan bu yandaki halimizle, bu halin öte yandaki sonuçlarıdır. Ölüm döşeğinde, başucuna toplananlara **Ebû Bekr bin Fevrek** şöyle diyordu: "Ölümden değil, ölümü izleyen dönemden korkuyorum."

Sonsuzluk yolcuları, bu dünyada kalamamanın acısıyla kıvranmaktan arınmıştır. **Bu dünya, o dünya yok; sonsuz gidişin bu merhalesi, o merhalesi var. Hayat kesilmez, durmaz, yok olmaz. Şekil, renk ve ses değiştirirse de hep devam eder. Değişmek, yok olmak değildir. Değişmelerin en bereketlisini ölüm gerçekleştiriyor; biz bunun farkında değiliz. Anlaşılan odur ki, insanın sonsuzluğunu perişan eden günah değil, inkârdır.** Allah'a karşı suçlu olmakla, Allah'ın zatî öfkesini üzerine çekmek ayrı ayrı şeylerdir. **Zatî öfke** inkârla gelmektedir, ihmalle değil.

Peygamber âşığı **Neyzen Tevfik**'in şu güzel sözü, günahta saklı oluş sırrına çok güzel bir yaklaşım sayılabilir: "İnsanoğlu günahın kudsiyetini anlamış olsaydı sürüp giden bunca didişme ve boğuşmaya lüzum kalmazdı."

Son olarak şunu söyleyeceğiz: **Cennet, nimetlerden sadece biridir. Cenneti kazanmak her şeyi kazanmak değildir.** Cennetüstü bir nimet var ki, Kur'an ona **rıdvan** diyor. **Rıdvan,** yalnız Allah'ın merhametine sığınmakla elde edilir:

"Allah'tan bir rıdvan, tüm nimetlerin en büyüğüdür. İşte bu, en büyük kurtuluş ve mutluluktur." (Tevbe, 72. Ümit ve korku konusunda bk. KSGT; 5. baskı s. 387-399)

ALLAH'TAN ÜMİT KESMEK

Allah'ın rahmetinden ümit kesmek, Allah'ın kudret ve tasarrufunu inkâr olduğu için şirk cümlesinden bir günahtır, şirk benzeridir. Hadiste: "Kebâirin en korkunçları, Allah'a şirk, Allah'ın rahmetinden ümit kesmek ve Allah'ın tuzağından emin olmaktır" buyuruluyor. (bk. Heytemî, 1/70)

Allah'tan ümit kesmek karşılığında İslam literatüründe **yeis min rahmetillah, iyas min ravhillah** veya **kunût min rahmetillah** deyimleri kullanılır ki hepsi aynı anlamı ifade eder. Kebâir üzerine eser yazanlardan **Heytemî** birinci ve üçüncü deyimleri, **Zehebî** ise ikinci ve üçüncü deyimleri kullanmaktadır.

Allah'tan ümit kesmenin adı, Kur'an'da **yeis** olarak geçer. Şimdi biz, konuyu daha iyi anlamak ve ümitsizliğin neden bir şirk benzeri olduğunu kavramak için Kur'an'ın **yeis** kavramını görelim.

Yeis, istek ve arzunun tükenmesi, ümitsizlik, ümidi tükenmek anlamlarındadır. Kur'an bu anlamda bir de kunût (sonu Tı ile) kelimesini kullanır ki, kavram boyutu, yeisle aynıdır. Hatta, Fussılet 49. ayette insanı nitelemek için ikisi yanyana kullanılmıştır.

Biz burada yeisle kunutu birlikte değerlendireceğiz.

Yeis, türevleriyle birlikte 10 küsur yerde, kunût ise yine türevleriyle birlikte, 6 yerde geçmektedir.

Yeis, bir ümitsizlik ve kötümserlik psikolojisi hatta piskozu olarak gösterilmektedir. İnsan, kendisine dokunan en küçük bir terslik, sıkıntı, zorluk ve çıkar zedelenmesi halinde derhal ümitsizliğe düşer. Bu durum insanın nankörlüğünün, egoizminin bir tecellisidir. Nitekim yeise değinen ayetlerden birinde insanın **yeûs** (ümitsizliğe düşen) sıfatına, **kefûr** (nankör) sıfatının da eklendiğini görüyoruz.

Ve insanın ümitsizliği, elindeki nimetlerde eksilme, umduğunu bulamama yüzünden, başka bir deyimle "işlerin tıkırında gitmemesi" halinde baş gösteriyor. İnsan, kendisini tüm nimetlere peşinen hak sahibi gördüğünden; en küçük anlamda kuyruğuna basılması onu feryat ettiriyor, isyana, ümitsizliğe itiyor.

İnsan egosu için, Allah, verirken çok yüce, çok cömert ve güzeldir, ama vermemeye, hele hele verdiğinden eksiltmeye başla başlamaz ihanetle suçlanır. Fecr suresi 15-16. ayetler insanın bu nankör egosuna değinirken şu ürpertici ifadeyle konuşuyor:

"İnsana gelince: Her ne zaman rabbi onu deneyip de kendisine ikramda bulunur, nimet yağdırırsa o şöyle der: 'Rabbim bana cömert davrandı.' Fakat onu imtihan edip de rızkını daraltıverince hemen şöyle konuşur: 'Rabbim bana ihanet etti."

İnsanın, nankörlük illetinin bir uzantısı halinde yuvarlandığı ümitsizlik hastalığına değinen ayetler de ürpertici uyarılar taşır:

"İnsana tarafımızdan bir rahmet tattırıp sonra bunu ondan çekip alsak, hiç kuşkusuz o, çok büyük bir

ümitsizliğe düşen korkunç bir nankör oluverir. Ama ona, dokunmuş bulunan bir zorluk ve sıkıntıdan sonra nimetler sunsak o hemen şöyle deyiverir: 'Tüm kötülük ve sıkıntılar benden uzaklaştı.' Bu durumda da o aşırı derecede sevinçli, şaşırtıcı ölçüde övünücü biri olur." (Hûd, 9-10)

"Biz insan üzerine nimetler akıttığımızda o bizden yüz çevirip yan çizer. Ona fenalık-şer dokununca da çok ümitsiz birisi haline geliverir." (İsra, 83)

"İnsan nimet ve mutluluk istemekten bıkıp usanmaz. Ama kendisine fenalık ve sıkıntı dokunur dokunmaz hemen ümitsiz, beklentisiz, yıkılmış biri haline geliverir." (Fussılet, 49)

Kur'an, insanın bu garip yapısına hayretle, fakat biraz da ilahî bir rahmet gülüşüyle bakar. Tüm kötülükler insanın kendi elinin ürünüdür. Kötülükle karşılaşan insan öne bunu unutur, sonra da Allah'ı kendisi gibi düşünerek her şeyin bittiğini, Yaratıcı'nın onun yüzüne bir daha bakmayacağını düşünür. İşte bu son yaptığı, önceki hareketinden daha fenadır. Rum suresi 36. ayet insanın bu garip yapısından, şu güzel sitem ifadesiyle bahsediyor:

"insanlara bir rahmet -bereket tattırdığımızda onunla ferahlar, sevinçle dolarlar. Fakat ellerinin kazanmış olduğu kötülüklerden biri kendilerine gelip çattığında onlar hemencecik ümitsiz- perişan oluverirler."

Ümitsizliğin en kötüsü ve ümitsizliği şirk benzeri günah haline getirense, Allah'ın rahmetinden ümidi keserek ebedî hayatın karanlık hale geldiğini, kurtuluş ve **tevbe** ümidinin kalmadığını düşünmektir.

Bu büyük günahı gereğince anlamak için **tevbe** sırrını çok iyi kavramak gerekir. Çünkü şurada işaret ettiğimiz ümitsizlik, esas anlamıyla, tevbe kapısının kapandığını, her şeyin bittiğini, artık kurtuluş ümidi kalmadığını düşünmektir.

İlahî rahmet sürekli, sonsuz ve sınırsızdır. O, hep faaliyettedir ve hep insanı izleyip onu kucaklar, bağışlar, acılarını dindirir.

Denebilir ki, insan-Allah ilişkisi insanın hep günah işleyip ümitsizliğe düşmesi, Allah'ın da hep affedip sevinç ve mutluluğa çıkarması biçiminde bir ilişkidir. Şûra 28. ayet bu evrensel gerçeğe şöyle değiniyor:

"Allah odur ki, ümidinizi kesmenizin ardından size yağmuru gönderir, ümitsizliğe düşmenizin ardından sizin için rahmetini yayıp saçar. O, en içten ve güvenilir dost; O, övgüye en layık kudrettir."

İlahî rahmetin rahatsız olduğu günahların en büyüğü, insanın bu rahmetten büyük bir günah olabileceğini düşünmesidir. Bu, Allah'a âcizlik, yetersizlik isnat etmektir. İnsanın en büyük günahlarından biri ve kendisine yaptığı en kahredici zulüm budur. Kur'an bu noktaya değinirken şöyle konuşuyor:

"Ey kendi benliklerine zulmeden, sınırı aşan kullarım! Allah'ın rahmetinden ümidinizi kesmeyin. Şu bir gerçek ki Allah, günahları tamamen affeder, bağışlar. O, gerçek bağışlayıcının ta kendisi, gerçek merhametlinin ta kendisidir." (Zümer, 53)

"Rabbinin rahmetinden ümidi kesenler, sapmış, karanlığa gömülmüşlerden başka kim olabilir." (Hicr, 56)

"Allah'ın rahmetinden ümit kesmeyin. Şu bir gerçek ki, Allah'ın rahmetinden ümidi kesmek, küfre batmış bir topluluktan başkasının yapacağı şey değildir." (Yûsuf, 87)

Ankebût suresi 23. ayet, Allah'ın rahmetinden ümit kesmeyi, Allah'ın ayetlerine küfür ve Allah'a varışı inkârla birleştirmektedir.

Kur'an, ümitsizliğe düşmüş bir topluluğun dost edinilmesine şiddetle karşı çıkar. Böyle bir topluluk mezara gömülmüş bir güruhtur ki, Allah'ın gazabına uğramış olmak onların belirgin özelliğidir. Mümtehine suresi 13. ayet şöyle diyor: **"Ey iman sahipleri! Şöyle bir topluluğu dost edinmeyin ki, Allah onlara gazap etmiş, onlar da sonsuzluk yurdundan ümitlerini kesmişlerdir. Onların durumu, kabirlere gömülen kâfirlerin ümitlerini kesmiş olmalarını andırmaktadır."**

Yeis bahsine son verirken bir şeye daha işaret etmek istiyoruz: Allah'tan ümit kesmeyi, şirk uzantılarından biri olarak gösteren **İbn Hacer el-Heytemî** (ölm. 974/1566) eseri ez-Zevâcir'de bu konunun en önemli Kur'ansal dayanakları halinde üç ayete özellikle dikkat çekiyor. Ayetler şunlardır:

1. **"Şu bir gerçek ki, Allah kendisine ortak koşulmasını bağışlamaz. Bunun dışında kalanları ise dilediği kişi için affeder."** (Nisa, 48, 116)

2. **"Ey kendi benliklerinin aleyhinde haddi aşmış olanlar! Allah'ın rahmetinden ümidi kesmeyin. Şu bir gerçek ki, Allah tüm günahları bağışlar. Hiç kuşkusuz O, çok bağışlayıcı, çok merhametlidir."** (Zümer, 53)

3. **"Azabımı dilediğime isabet ettiririm. Rahmetime gelince o her şeyi çepeçevre kuşatmıştır."** (A'raf, 156)

ALLAH HAKKINDA SUİZAN

Şirke benzer bir günah olan **zan** (sanı) ile kastedilen, Allah'ı bağışlayıcılık, rahmet ve merhametten uzak, âdeta yakıp-yıkan bir despot gibi görmek ve insanın hep mahvolacağını, kurtuluş ümidinin olamayacağını düşünmektir. Allah hakkında hüsnüzan ile kurtulmuşluk iddiasını birbirine katmamayı da unutmamak gerekir.

Kur'an'ın ve Hz. Muhammed'in tanıttığı Allah, kendisi hakkında hüsnizan beslememizi, onu hep merhametli, acıyan, bağışlayan bir kudret halinde algılamamızı istiyor. Hz. Peygamber, gerek hadisi kudsilerde, gerekse hadisi şeriflerde hep bunu önermiştir. Allah'ı nasıl düşünüyorsak, o bize öyle muamele edecektir. Hadisi kudside: "Ben, kulumun beni zannı neyse öyleyimdir, ona öyle muamelede bulunurum." buyuruluyor. (bk. B. tevhid, 15; M. tevbe, 1; T. zühd, 51; İM. edeb, 58) Bir yerde de: "Kulum beni düşünürken, hayra ilişkin zan içinde olursa ona o hayır, şerre ilişkin zan içinde olursa ona o şer ulaşır." deniyor. (bk. İbn Hanbel, 3/291)

Allah hakkında suizanın karşıtı, Allah hakkında hüsnüzandır ki o, Allah'ı rahmet ve bağışını sürekli yayan, kullarını acıyan ve onları rahmetiyle affedecek olan bir kudret olarak düşünmektir.

Allah hakkında hüsnüzannın esas anlamı, ölüm anında tecelli edince kurtarıcı olur. Çünkü insan bu âlemden hangi hal ve düşünce üzre ayrılırsa, dünya ötesi âlemlerde muhatap olacağı muamele de ona göre olmaktadır. Hz. Peygamber, Kütübi Sitte'deki bir hadisinde, bu yaradılış gerçeğine işaret ederken şöyle buyuruyor:

"Sizin hiçbiriniz, Allah'a hüsnüzanla dolu olmadığı bir halde sakın ölüp gitmesin." (M. cennet; ED. cenâiz)

YALANCI TANIKLIK

Allah'a şirk koşmaya yakın yıkıcılıkta bir günah kabul edilir. Büyük günahların mutlak yıkıcılarından biridir. Hz. Peygamber onu, ünlü kebâir hadisinde **7 büyük kebîreden biri** olarak gösteriyor. Bir hadiste ise şu ürpertici ifade vardır: "**Yalancı tanıklık, Allah'a şirk koşmaya denk tutulmuştur.**" (Tirmizî; Şemâil, 79; Heytemî, 2/153)

Yalancı tanıklık, gerçeğin tersini, bir başkasının hukukunu çiğnemek veya çiğnetmek için söylemektir. Bu durumuyla yalancı tanıklık, dinin korumak gayesini güttüğü 5 esas değerden malı, nefsi, nesli, aklı ve onuru zedelemekte, böylece hayata ve insana alçakça ihanet sergilemektedir. Tirmizî, bu büyük günahın 4 önemli tahrip getirdiğine dikkat çekmiştir:

1. Yalan ve iftira: Yalancı tanık, olanı olmamış veya olmayanı olmuş göstererek aktif ve yıkıcı bir yalan sergilemekte, iftiraya gitmektedir.

2. Aleyhinde yalan beyanda bulunduğu kişi veya kişilere zulmetmektedir: Yalan tanıklık, kişi veya kişilerin mal, can, şeref ve itibarından birini vey hepsini yaralamaktadır.

3. Lehinde yalan beyanda bulunduğu kişinin âhiret hayatını perişan ederek ona da zulmetmektedir.

4. Allah'ın korunmasını emrettiği mal, ırz ve canı zedeleyerek Allah'a karşı bir isyan ortaya koymaktadır.

Yalancı tanıklığın **iki şekli vardır:**

1. Aktif şekil: Bu, yukarıda anlattığımız şekil olup hakkı zedeleyici yalan sözler söylemektir.

2. Pasif şekil: Bu, gerçeğin ortaya çıkmasına yrayacak tanıklıktan kaçınmaktır. Buna, **şehadeti gizlemek** (ketmuş şehâde) de denir. Hz. Peygamber: "Çağrıldığı tanıklığı yapmaktan kaçan, yalan yere tanıklık etmiş gibidir." buyurarak yalancı tanıklığın bu pasif şekline dikkat çekmiştir (bk. Heytemî, 2/153) Unutulmamalıdır ki, bir hakkın çiğnenmesine, yalan beyanlarda bulunarak sebep olmakla gerçek beyanlarda bulunmaktan kaçınarak sebep olmak arasında pratik sonuç bakımından hiçbir fark yoktur.

Bildiğini söylemeyerek gerçeği ve insanı hançerleyen bir benlik insan onuruna darbe indirmiş, Yaratıcı Kudret'i rencide etmiştir. Kur'an bu noktaya değinirken: "Tanıklığı gizleyen kendi kalbine (veya Allah'ın kalbine) kötülük etmiş olur." (Bakara, 283) diyor.

Tanıklığı saklamanın Kur'an terminolojisindeki yeri tek boyutlu değildir. **Bireysel, toplumsal, kozmik tanıklıklar vardır.** Bunların tümünün korunması gerekir.

BÜYÜCÜLÜK VE BÜYÜDEN MEDET UMMAK

Burada, büyücülük hakkında geniş bilgi vermek niyetinde değiliz. Çünkü İslam, mahiyeti ve çapı ne olursa olsun, büyücülük yapmayı ve büyücülükten medet ummayı **şirk benzeri bir günah** saymıştır.

Kur'an ve hadiste büyü karşılığında **sihir** kelimesi kullanılır. Bu kelime Arapça'da sebebi gizli kalan şey, anlaşılması güç olay, hile, aldatmaca, şeytanî kuvvet, halüsinasyon, şarlatanlık anlamlarını taşır.

Sihir, bizatihi bir harika değil, harika gibi gösterme tekniğidir. Bu yüzden sihirde hep bir şeyleri gizleme, yani "ikiyüzlülük" vardır. Bu haliyle sihir bizatihi şerdir.

Kur'an ilimleriyle uğraşanlar, özellikle müfessirler, sihrin muhtelif türlerinden bahsederler. Büyük müfessir **Fahreddin er-Râzî** tefsirinde 8 türe dikkat çekmiştir:

1. Bir adı da **Kildânî büyüsü** olan, yıldızları kullanarak yapılan büyü. Bu tür büyü, Hz. İbrahim'in peygamber olarak gönderildiği Mezopotamya'da yaygındı.

2. Vücudun bazı iç kuvvetlerini geliştirenlerin olağanüstü etkilerle ortaya koydukları büyüler.

3. Cinlerin kullanılmasıyla yapılan büyü.

4. Halüsinasyon yaratma, gözü aldatma şeklinde yapılan büyü.

5. Âletler kullanılarak yapılan, illüzyon sergileyen büyü.

6. Kimyasal maddeler kullanılarak yapılan büyü.

7. Sözle uyutarak, hipnotize ederek yapılan büyü.

8. İnsanlar arasında söz taşıyıp fitne çıkarmak suretiyle yapılan büyü.

İslam bilginlerinin büyü konusunda ittifak ettikleri noktalardan biri şudur: Büyüyü bilmek, öğrenmek değil, yapmak günahtır. Sadece bilmek günah olamaz. Çünkü bilginin her türü makbuldür. Kötü olan, bilginin insan aleyhine kullanılmasıdır. Bazı bilginler daha da ileri giderek, büyüye ilişkin bilgilerin edinilmesini bir **kifâye farz** olarak görürler. Yani, Müslüman toplumda en azından bazı kişilerin, büyü ilmini bilmeleri bir borçtur. Çünkü, bu bilginin yokluğu, büyüye çarpılanların kurtarılmasını engeller ki bu da günahtır.

İkinci ittifak noktası da, büyünün icrası kadar, büyüye bel bağlayıp ondan medet ummanın da günah olduğudur. Hadiste: "Büyüyü tasdik eden ennete giremez." deniyor. (Zehebî, 46)

Nâs suresindeki **"düğümlere üfleyenler"** deyimindeki üfleyenler (neffâsât) kelimesinin dişil olmasını değerlendiren müfessirler, büyücülükte, icra eden ve inananlarıyla, kadınların ön sırada yeraldığına dikkat çekerler.

Sihirle ilgili şu ürpertici hadisi kaydederek bahsi kapatalım: "Düğüm bağlayıp ona üfleyen büyü yapmış olur ve büyü yapan şirke saplanır." (Elmalılı; Tefsir, 9/6391)

ÜFÜRÜKÇÜLÜK

Üfürerek tedavi etmek anlamında kullanılan **rukye,** az sonra açıklayacağımız bir iki istisna dışında, Hz. Peygamber tarafından yasaklanmış ve rukye ile tedaviye inanmak şirk olarak gösterilmiştir. (bk. İM. tıbb, 39)

Kur'an ve Hz. Peygamber, Allah'ın her dert için bir şifa yarattığını ve insanın bunu arayıp bulması gerektiğini açıkça beyan ederler. İnsan, kendisini tehlikeye atmamalıdır. (Bakara, 195)

Hz. Peygamber'in, insan sağlığı ve insanın tedavisi ile ilgili tavır ve beyanları hayranlık verici düzeydedir. Sağlık ve tedavi konusuyla doğrudan ve dolaylı olarak öylesine meşgul olmuştur ki, İslam ilimleri içinde bir **Tıbbun Nebi** (Hz. Peygamber'in tıpla ilgili sünneti) ortaya çıkmış, bu konuda çok sayıda eser vücuda getirilmiştir.

Peygamberimizin sağlık ve tedavi ile ilgili fiil ve sözleri modern tıbbın verileriyle uyuşmakta, hatta yer yer onları aşmaktadır. İnsanlığın mikrobu keşfinden bin küsur yıl önce karantina sistemini en titiz biçimde uygulayan ve tedbir almayı, hastalığın ilacını arayıp bulmayı, tevekkül adı altında gaflet ve ihmale teslim olmamayı ısrarla emreden odur.

O, bugünkü tedavi şekillerinin psikolojik olanlarına da işaret etmiştir. Gözden ve elden çıkan manyetik akımların pozitif ve negatif etkilerine ilk dikkat çeken de O'dur. El, nefes ve gözlerin, manyetik akım bakımından birinci derecede rol oynadıkları bugün herkesçe biliniyor. Hz. Peygamber, ellerin ve nefesin manyetik etkisinden yararlanmayı gösteren davranışlar sergilemiştir.

Nefesin etkisinden yararlanırken, inanmış insanların telkin yoluyla da rahatlamalarına yardımcı olmuş ve bu noktada Kur'an'ın bazı ayet ve surelerini de devreye sokmuştur.

İşte Kur'an'dan bazı parçaların okunmasıyla nefesin birleştirilmesine **rukye** denmektedir.

Rukye, kendi sınırları içinde kaldığında makbul, üfürükçülük hline gelip tıbbın ve tedavinin yerini aldığında korkunç bir günahtır. Hz. Peygamber ve sahabilerin bu **iki tip rukyeyi** birbirinden ayırdıklarını görüyoruz.

Konuyu hadis kaynaklarından izlersek durumun ne olduğu daha açık bir biçimde ortaya çıkar. Anlaşılan odur ki, Hz. Peygamber, **göz değmesine** yani gözden çıkan manyetik şuaların negatif etkisine yakalanmış kişilere nefesle tedaviyi ve bunda Kur'an'dan yararlanmayı önermiştir. Hz. Peygamber'in bu konuda esas aldığı Kur'an pasajları, Kalem suresinin son ayetiyle, Kur'an'ın son iki suresi olan Muavvizeteyn (Felak ve Nâs) sureleridir. Göz değmesi (nazar) dışında bazı durumlar için Fâtiha suresini okuyup önerdiğini de görüyoruz.

Hz. Peygamber'in rukyesi, işte bu ayet ve surelerle çok sınırlı olayda kullanılmıştır. Bunun, her rahatsızlık için başvurulan bir genel tedavi şekline dönüştürüldüğünü gören Hz. Peygamber bunu **şirk** olarak nitelendirmiş ve üfürükçülüğü insan hayatından kovmuştur.

Sahabiler, nefesle tedavinin hangi koşullarda ve ne ölçüde kullanılacağını kavramışlardır. Gözden çıkan negatif akımların verdiği rahatsızlıklara karşı rukyeyi kullanan bu insanların, gözde vücuda gelen mikrobik rahatsızlıklarda nefese başvuranları suçladıklarını görüyoruz. (bk. İM. tıbb, 39)

Özetlersek, ruhsal rahatsızlık ve gözden çıkan manyetik akımların vücut verdiği tahripleri ortadan kaldırmak için, az önce anılan ayet ve surelerin okunup üflenmesi dışındaki tüm üfürük tedavileri büyük günahtır. Bunları icra edenler ve bundan yarar bekleyenler bu günaha ortaklaşa girerler. Peygamberimizin bu konudaki son sözü şöyledir: **"Üfürükçülük, muska takma, tılsımcılık şirktir."** (İM. tıbb, 39)

TILSIM VE MUSKA TAKMAK

Hadiste **temîme** (çoğulu temîm) diye geçen muskacılığın essı, insanı koruduğuna inanılan yazılı veya yazısız madenî veya kâğıt bazı şeyleri üzerinde taşımaktır. Hz. Peygamber bunu şirk olarak nitelendirmiştir. (bk. İM. tıbb, 39)

Hz. Âişe, üzerine ustura asılmış bir çocuğu görüp sorduğunda, bunun çocuğu koruduğu söylenmişti. Çok sinirlenen **Hz. Âişe,** "Hz. Muhammed sizi bu putperest âdetlerinden temizlemek için gelmedi mi? Çıkarın şunu çocuğun boynundan." demiş ve usturayı attırmıştır.

Boncuklar, maskotlar, yazılı muskalar hamailler vs. hepsi bu cümledendir. Bunlardan hayır ve koruma beklemek İslamî yönden en büyük günahlardan biridir. İslam, bu primifif davranışları insan hayatından söküp atmayı esas almıştır. Bunlar, putperestliğin, çeşitli renk ve desenlerle yeniden boy göstermesidir.

Muskacılığın en çirkin görünümlerinden biri de, Hz. Peygamber'in **tivele** diye andığı **şirinlik büyüsü** veya **kısmet muskasıdır.** Hz. Peygamber, yukarıda kaynağını verdiğimiz hadiste tiveleyi de şirk cümlesinden bir günah olarak göstermiştir.

Görüldüğü gibi, bütün bunlar, insanın kaderini Allah'ın ve kendisinin elinden alıp başkalarına veya başka güçlere teslim etmek olduğundan Allah'a şirk, insana da kötülüktür.

Bunlar, insanı gücünün tükendiği yerde Allah'tan yardım ve destek istemek yerine, eşya ve tabiat kuvvetlerinden medet ummaya iten ilkel putçuluk kalıntılarıdır ve İslam bu kalıntıları insan hayatından uzaklaştırmayı esas alan bir sistemdir.

Bu bahsi noktalamadan Peygamberimizin konuyla ilgili iki hadisine daha yer vermek istiyoruz:

"Korunma ve kurtulma ümidiyle üstüne-elbisesine birşey asan şirke bulaşmıştır." Ve: **"Üstünde muska taşıyanın Allah hiçbir işini tamamlamasın; üstünde nazarlık boncuk taşıyanı Allah korumasın."** (Heytemî, 1/130)

TAYERE
(Uğursuzluğu başkalarına yüklemek)

Tayere veya tıyere Arapça'daki **tayr** kökünden gelir. **Tayr** ve **tâir,** Râğıb'ın da ifade ettiği gibi, havada uçan her şeye denir. Türkçe'de, uçağa **tayyare** ve **tâire** denmesi de bu yüzdendir.

Tayr, daha çok kuş anlamındadır ve Kur'an'da bu anlamda birçok yerde kullanılmıştır.

Tayere (veya tıyere) uçan şeylere, özellikle kuşlara bakarak iyi ve kötünün gelişine ilişkin hüküm vermek veya tahminde bulunmaktır.

Tayere, bir tür falcılıktır. Araplar tayereyi çok kullanırlardı. Önlerine çıkan kuşun cinsine, uçuş yönüne bakarak geleceğe ilişkin beyanlarda bulunurlardı.

Tayere, sonraki zamanlarda sadece kötülüğe ve kötüye ilişkin tahminleri ifade için kullanılmıştır.

Türkçe'de **baykuş** veya **karga** sesiyle uğursuzluğa hükmetme de, andığımız putperest geleneğin bir uzantısıdır.

Kur'an, tayereyi sadece kötülüğe yorma anlamında kullanır ve sadece kuşlarla değil, insanlarla da tayere yapıldığından bahseder.

Kur'an'a göre tayere, bir putperest geleneği ve bir inkâr kaosudur. İnsana yakışmayan, peygamberler yoluna ters düşen bir tutum ve anlayıştır tayere...

Kur'an, insanın insanla **tatayyuruna** (tayereye gitmesine) yer verir. İnsanın tayere yoluyla, başına gelenleri, karşılaştığı uğursuzlukları kendi dışında birilerinin veya bir şeylerin sırtına yıkmasına şiddetle karşı çıkan Kur'an, insanın kendine dönmesini ve karşılaştığı sonuçları kendi elinin ürünü bilmesini istemektedir.

Tayereden bahseden ayetlerin hemen hepsi birtakım eski ümmetlerin, kendi hesaplarına uymayan nebileri uğursuzluk aracı ve sebebi sayan ifadelerine yer vermektedir. "Dediler ki: 'Biz sizi bir uğursuzluk aracı görürüz, sizinle tatayyur ediyoruz. Bu tebligatınıza son vermez iseniz, sizi taşlayarak öldürürüz..." (Yâsîn, 18) Ve "Dediler ki: 'Sizi ve sizin beraberinizdekileri uğursuzluk sebebi sayıyoruz." (Neml, 47) Ve: "Onlara bir kötülük gelip çattığında Musa ve beraberindekilerle tatayyur ederler." (A'raf, 121)

Tayere konusunda Kur'an, evrensel prensibi şöyle koymuştur: "Biz her insanın tayeresini (uğursuzluk ve uğurunu), onun kendi boynuna asıp yüklemişizdir." (İsra, 13)

Tayere, Hz. Peygamber tarafından **şirk** olarak nitelendirilmiştir. (bk. T. siyer, tayere babı; ED. tıbb, tayere babı; Zehebî; Kebâir, 156)

Buradaki şirk, açık ve sayısal bir ortak tanıma olmadığından biz tayereyi **şirk benzeri** günahlar bölümünde veriyoruz.

Bir hadisinde tayereye inanmadığını söyleyen Hz. Peygamber: "Ben iyiye yormayı severim." buyuruyor. "Bu ne demektir, iyiye nasıl yorarsanız?" diye sorulduğunda ise şöyle cevap veriyor: "Güzel ve temiz kelimelerle iyiye ve güzele yorarım." (B. tıbb, adva babı; M. selam, tayere babı)

Hz. Peygamber, kötüye ve çirkine davetiye çıkaran bir yaradılışa sahip değildi. Güzel isimlerle güzele ve iyiye yorumlar yapar, güzel kelimeler duyunca onlardan hareketle güzelliğe ve mutluluğa çağrılar çıkarırdı. Bunun içindir ki o; çirkinlik, mutsuzluk, şiddet, sıkıntı, bunalım ifade eden isimleri, deyimleri hiç sevmez, bunları değiştirir, kullandırmazdı. Çünkü o; güzeli ve iyiyi şekillendirme ve yaşatmada Allah'ın dostu olarak insanı görüyordu. İnsanın iyiye ve güzele çıkardığı davetiye, Allah tarafından mutlaka dikkate alınır.

Bunun içindir ki, Kur'an ve Muhammedî ahlakta **hüsnüniyet** (iyi görüp, iyiye yormak) esastır.

Tayere bahsini Peygamberimizin iki sözünü vererek noktalayalım:

"**Tayere şirktir.**" Ve: "**Kendisi veya başkaları için tayere yoluna giden bizden değildir. Kendisi veya başkaları için kâhinlik yoluna giden bizden değildir. Kim bir kâhine gider ve onun söylediklerini onaylarsa Muhammed'e indirileni inkâr etmiş olur. Kendisi veya başkaları için büyüye başvuran da bizden değildir.**" (Heytemî, 1/118, 2/86)

Üçüncü Bölüm

ALLAH HAKLARINI ZEDELEYEN DİĞER GÜNAHLAR

ALLAH VE RESULÜNE YALAN SÖZ İSNAT ETMEK

Allah haklarını çiğneyen en büyük günahlardan biri de Allah'a ve onun elçisi olan herhangi bir peygambere söylemedikleri bir sözü, koymadıkları bir hükmü isnat etmektir. Kur'an bu büyük zulmü ifade için **kizb** (yalan) ve **iftira** deyimlerini kullanır. Bazen de "Allah'a yalan yoluyla iftira" ifadesine yer verilmektedir. (Mesela bk. Sebe, 8)

Allah ve peygambere iftiranın iki şekli vardır: **Aktif şekil, pasif şekil.**

Aktif şekilde, Allah ve resulünün söylemedikleri sözler ve koymadıkları hükümler onlara mal edilir. Pasif şekilde ise, Allah ve peygamberin söyledikleri sözler ve koydukları hükümler yokmuş gibi gösterilir.

Bunların ikisi de zulümlerin en büyükleri arasındadır. İkisinde de insanoğlunu Allah adına kandırmak, saptırmak ve sömürmek vardır.

Kur'an, birçok ayetinde **Allah ve peygamberlere iftiranın,** onlar adına yalan uydurmanın tahribine ve ne büyük bir zulüm olduğuna dikkat çekmektedir. "Hiçbir ilme dayanmaksızın insanları karanlığa gömmek için, Allah'a yalan isnat ederek iftira edenlerden daha zalim kim olabilir."

(En'am, 144) (Ayrıca bk. En'am, 21, 93; A'raf, 37; Yunus, 17; Hûd, 18; Kehf, 15; Ankebût, 68; Saff, 7)

Allah ve resulüne yalan isnadının en yıkıcı ve zehirli olanı, Allah adına "şu helaldir, bu haramdır" hükmünü vermektir. Kur'an bu yola gidenlerin asla iflah etmeyeceklerini, böylelerinin kazancının basit birtakım dünya nimetleri elde etmenin ötesine geçmeyeceğini söyler. (bk. Nahl, 116, 117; Yunus, 69) **İbn Kayyım,** Kur'an'da açıkça gösterilmeyen bir şey için **haram** demenin korkunç bir günah olduğunu, bunun sonraki zamanlarda ortaya çıktığını söyler ve ilk devir İslam bilginlerinin bu noktadaki titizliğini uzun uzun anlatır. (bk. İ'lâm, 1/38-41)

Kur'an şunu da gösteriyor ki, hangi niyetle olursa olsun, Allah ve peygamber adına yalan uydurmanın sonucu **mutlak hüsran** ve **karanlığa gömülmedir.** Allah ve peygambere iftiradan söz eden ayetlerin bir çoğunda bu hususa işaret edilmektedir. (Mesela bk. En'am, 24; A'raf, 53; Yunus, 30; Hûd, 21; Nahl, 87; Kasas, 75; Ahkaf, 28)

Din adına iftiranın iki görünümü vardır:

1) Allah'a yalan isnat etmek.

2) Peygambere yalan isnat etmek.

Allah'a yalan isnat etmenin muhtelif şekillerine değinen ayetler bize gösteriyor ki, anılan yalanın başında Allah'a değişik biçimlerde şirk koşmak gelmektedir. Nisa suresi 48. ayet, şirki Allah'a iftira olarak nitelendirmektedir.

Allah adına yalan uydurmanın bu şekli içinde Cenab-ı Hakk'a evlat, ortak, yardımcı izafe etmenin her çeşidi vardır. Hıristiyanların Hz. İsa'yı Allah'ın oğlu, putperestlerin melekleri Allah'ın kızları, putları Allah'ın yardımcıları olarak görmeleri bu cümledendir.

Allah adına yalan uydurmanın insana yönelik zulüm ve

ihanete yol açanı, haram olmayana haram, helal olmayana helal demek ve bunu Allah'a fatura etmektir. Kur'an bu yıkıcı illetin baş temsilcileri olarak **Yahudi** din adamlarını, ikinci sırada da **Hıristiyan** din temsilcilerini göstermekte ve Muhammed ümmetini bu felaketin kucağına düşmemeleri için uyarmaktadır. Bu konuya ilişkin ayetlerden biri şöyledir: "Yazıklar ve azaplar o kişilere olsun ki, kendi elleriyle kitabı yazarlar da sonra, onunla basit bir menfaat elde etmek için 'İşte bu Allah katındandır.' derler. Veyl olsun onlara elleriyle yazdıkları yüzünden, veyl olsun onlara bu yolla kazandıkları yüzünden." (Bakara, 79)

Büyük bir acı duyarak söylemek zorundayız ki, İslam dünyası da hemen her bölgede bu **veyl** çukuruna az veya çok düşmüş bulunuyor. Ve İslam dünyasının, Kur'an gibi zaman üstü bir kaynağa sahip olmasına rağmen belini doğrultamamasının temel sebebi, bizce budur. Bu dünyanın, inandığını iddia ettiği Kur'an'ın hakemliğinde, Allah'ın dinine asırlar boyu fatura edile edile yığılan uydurma, saptırma ve hürafeleri tek tek din bünyesinden söküp atması gerekmektedir. Aksi halde Kur'an'a inandığını söylemesi onu kurtarmayacaktır. **Çünkü bir yaradılış kanunu olarak, bir şeyin sahtesine inanmaktansa ona hiç inanmamak yeğdir.** İnsanlık, **engizisyon**unun temsil ettiği sahte dini izlemenin cezasını, dinsizliğin en beteri olan komünizmi dünyaya musallat etmekle ödemiş ve işaret ettiğimiz yaradılış kanununa çok çarpıcı bir örnek vermiştir. **Bir şeyin sahtesine gönül vermek insanın gerçeğe yönelen arayış ve ümidini yok ettiği veya işlemez hale soktuğu için tarifsiz bir kayba yol açar.**

Hz. Peygamber'e iftira, kısa bir ifadeyle, hadis uydurmaktır. Ve ne yazık ki tarih içinde bu günah çok büyük ölçüde ve insafsız bir biçimde işlenmiştir. **Bu günahın tahribinden kurtulmanın yolu da, Kur'an'a dönmektir.** Bunun pratik anlamı ise sünnet de dahil, bütün dinsel kaynak ve kabulleri, Kur'an'ın mutlak kontrolüne sokmaktır.

Bu noktada Hz. Peygamber'in bizce en büyük mucizelerinden biri olan şu tarihsel gerçeğe dikkat çekmek istiyoruz:

Bilindiği gibi, ḥadis ilmi tekniği açısından Hz. Peygamber'in söylediğinde tarih ve ilim açısından hiç kuşku bulunmayan hadislere **mütevâtır hadis** denir. İslam bilginlerine göre bu türden hadislerin sayısı en ileri ihtimalle 30'dur. Bilginler içinde bu rakamı 1'e indirenler de vardır. Dikkat çekmek istediğimiz mucize işte buradadır. Şöyle ki, hiç kimsenin mütevâtır olduğunda kuşku duymadığı hadis-i şerif şudur: **"Kim benim söylemediğim sözü söylediğimi iddia ederek bana yalan isnat ederse, cehennemdeki yerine hazırlansın."**

Açıktır ki, Hz. Peygamber'in sünneti içinde olmayan şeyleri, geleneklerin tabularına ve çıkar odaklarının hizip hesaplarına ödün vermek için **"sünnet"** gibi göstermek de Hz. Peygamber'e yalan isnat etmektir. Günümüzde bu tür yalan isnadı çok yapılmakta ve ne yazık ki, bir yığın Arap-Acem âdet ve hezeyanı Allah Elçisi'nin sünneti diye iyi niyetli, fakat bilgisiz kitlelere yutturulmaktadır. Bundan daha acısı, bu uydurmaları İslam bünyesinden ayıklamak için gayret gösteren ilim ve fikir adamlarının sünneti inkâr, Hz. Peygamber'e saygısızlık ve dinde reform yapmak gibi suçlamalarla etkisiz hale getirilmeye çalışılmalarıdır. Oysaki, **Kur'an'ın getirdiği dinde reform söz konusu edilemez.** O din deforme olmaz ki reforma ihtiyaç hissedilsin. Reform yaparak, ilahî dine kendilerine göre şekil vermeye çalışanlar, dine bid'at ve hürafeleri sokanlardır. Şimdi gerçek Kur'an bağlılarına düşen, yaptıkları gafil veya hain reformlarla İslam'ı, Kur'an'daki ilahî yapısından uzaklaştırıp, Arap ve Acem geleneklerine bulaştıran ve bu tavırlarını Kur'an'a fatura edenlerin tasallutundan kitleyi kurtarmaktır.

PUT YAPMAK

Bu günah, kendisine tapılsın diye resim veya heykel yapmakla vücut bulur. Hadisler bu günahı işleyeni **musavvir** diye anar ki, canlı bir varlığı fırça, çekiç veya benzeri araçlarla çizmek, yapmak, şekle ulaştırmaktır.

Burada altı çizilecek nokta, resim ve heykelin **tapılmak veya tapmak maksadıyla** yapılmasıdır. Başka bir deyimle, yasağın hikmet-i teşriiyesi (rasyo lejisi) resim veya heykele tapılmasını önlemektir.

İslamiyet'in temel düşmanı putçuluktur. İslam'ın geldiği bölge insanı, eline geçen her resme, her heykele tapıyordu. Bu illet öylesine yaygındı ki, yiyecekleri helvaları, ekmekleri put şekline getirip tapan, acıkınca da onları yiyenler az değildi. Hz. Peygamber, böyle bir ortamda, bu illeti besliyecek, canlı tutacak, hatta hatırlatacak her yolu tıkamak zorundaydı. Bunun için de resim ve heykele karşı çok şiddetli bir zıtlık sergilemiştir. Sebep, söylediğimiz gibi, putçuluğa destek verecek kanalları tıkama endişesidir.

O halde, tapma ve taptırma amacına yönelik olmayan resim ve heykel yapmanın günah bir yanı yoktur. Çünkü bu durumda hikmet-i teşriiye ortadan kalkmıştır. Bu tıpkı alkolü, içme dışında bir maksatla, mesela temizlik için kullanmaya benzer. Yasağın hikmet-i teşriiyesi, alkolün içilmesinden doğan belaları önlemektir. Alkolün bunun dışındaki kullanımının dinen yasak bir yanı olamaz.

Resim ve heykelin yasaklığı da putçuluk aracı yapılması halinde geçerlidir. Putçuluk maksadı olmayan hallerde ise bunlar, birer sanat faaliyeti olarak makbul uğraşlar bünyesine girerler. Peygamberimizin **tasvir yasağına** ilişkin beyanlarını, bu noktaları unutmadan değerlendirmek gerekir. (Bu beyanlar için bk. Heytemî, 2/24; Zehebî, 128-130)

EHLİBEYT'E SAYGISIZLIK

İslam dünyasının ilham ve bereket damarlarını tıkayan ve Son Peygamberi bu dünyaya küskün hale getiren günahlar listesinin ilk sıralarında yeralan yanlışlardan biri de Muhammed Mustafa Ehlibeyt'ine saygısızlık ve lâkaytlıktır.

Ehlibeyt'e saygı duymayı bir mezhep meselesi yapabilme kurnazlığını gösteren Emevî hainleri, Muhammed ümmetinin hayat damarlarından birini işlemez hale getirmişlerdir. Ehlibeyt'e saygısızlık, hatta onların canlarına, iffet ve onurlarına saldırı, şerefsiz bir mantıkla ictihad ayrılığı ilan edilebilmiş ve yavrularına ihanet ettikleri bir peygamberden şefaat ve rahmet beklemeye kendilerini hak sahibi görmeye hâlâ devamda bir sakınca görmemişlerdir.

Ehlibeyt'e saygıyla, Ehlibeyt'e saygıyı sömüren mezhep saplantısını birbirinden ayırmak Kur'an'a ve Muhammed'e inanmış bir vicdanın temel borçlarından biridir. Bu borç eda edildikten ve Ehlibeyt'e saygının iman gereği olduğunu kabulden sonradır ki, gök muştusunun aziz peygamberi Hz. Muhammed'in ruhundan bize lûtuflar ve rahmetler akacaktır.

Ne yazık ki İslam dünyası bu hayatî noktayı henüz gereğince farkedememiş ve Peygamberine ihanet ederek O'nun evladını hançerleyip zehirleyen bir ümmet yaftasını sırtından atamamıştır.

Ehlibeyt deyince ne anlıyoruz?

Kur'an-ı Kerim'de **ev halkı** anlamında geçen (bk. Hud, 73; Kasas, 12; Ahzab, 33) bu tabir yine Kur'an-ı Kerim'de Hz. Muhammed'in ev halkı anlamında da kullanılmaktadır. (Ahzab, 33)

Hz. Peygamber'in ev halkı anlamında Ehlibeyt deyiminin de biri geniş, biri dar olmak üzere iki çerçevesi vardır. Geniş anlamda Ehlibeyt Hz. Peygamber'in bütün ev halkını, hatta ev halkına yakın kişileri de içerir. Nitekim bir İranlı olan **Selman-ı Fârisî** için Hz. Peygamber: "O bizim Ehlibeytimizdendir" buyuruyor. İslam geleneği geniş anlamda Ehlibeyt'ten Hz. Peygamber'in hanımlarıyla **Hz. Ali-Hz. Fâtıma** ailesini anlamaktadır. Bu anlamda Ehlibeyt deyiminin geçtiği ayet Ahzab suresi'nin 33. ayeti olup şu mealdedir: "...Allah sizden kiri gidermek ve sizi tertemiz yapmak ister, ey Ehlibeyt!"

Dar anlamda Ehlibeyt ise, İslam bilginlerinin ortak kabullerine göre şu dört kişiden oluşur: **Hz. Ali, Fâtıma, Hasan ve Hüseyin.**

Hadis kaynaklarının Peygamberimizin hanımlarından **Ümmü Seleme**'ye ve sahabi **Üsame b. Zeyd**'e dayandırdıkları beyanlara göre Hz. Peygamber bu dört kişiyi elbisesiyle sararak: "Benim ehlibeytim bunlardır" demiş ve onlara dua etmiştir. Bu dört kişiye, elbise altına alınan yakınlar anlamında **Âli Aba** ve **Ehlü'l-Kisâ**'da denir.

Müfessir **Hamdi Yazır**'ın da belirttiği gibi, "Ahzab suresi'nin 33. ayetinden sadece peygamber hanımlarını anlamak tefsir ilmi kuralları ve Arap dilinin yapısı bakımından mümkün değildir. Çünkü ayet, Ehlibeyt'e hitabederken erkek zamiri olan **"küm"** kelimesini kullanmıştır. Bu özellik Ehlibeyt'in içinde erkeklerin de bulunduğunu ve kadınların bu kavram içine Arap dilinde **"tağlîb"** denen kural gereği girebileceklerini göstermektedir." Kaldı ki Hz. Peygamber'in bu ayeti fiilen yorumlayışı karşısında Ehlibeyt'i, Peygamber hanımlarıyla sınırlamak asla savunulamaz.

Kur'an'da ilk surede yeralan ve her Müslüman'ın günde beş vakit kıldığı namazda okunması emredilen: "Bizi doğru yola ilet, kendilerine bağışta bulunduklarının yoluna..." ayetindeki "bağışta bulunulanlar" **Hasan el-Basrî, Ebû Âliye** vs. gibi bazı ilk ve büyük müfessirlere göre, Son Peygamber, Ehlibeyt ve seçkin sahabilerdir.

Allah Resulü, ölümüne yakın günlerde buyurdular ki: **"Size, sıkı sıkıya yapıştığınız takdirde asla sapmayacağınız iki emanet bırakıyorum. Birincisi ikincisinden daha büyüktür. Bunlar: Allah'ın Kitabı -ki gökten yere uzatılmış bir ip gibidir- ve Ehlibeytimdir. Bu ikisi birbirinden asla ayrılamazlar. Ta kıyamet günü Havz'ımın başında bana arzedilinceye kadar. İşte ey ashabım! Durumunuzu anlamak için bu iki emanete benden sonra nasıl muamele ettiğinize bakın."** Ve: **"Ehlibeytim sizin içinizde Nuhun Gemisi gibidir. Ona binen kurtulur, binmeyen helak olur."** Ve: **"Ümmetimden ilk şefaat edeceğim kişiler Ehlibeytimdir."** Ve: **"Ehlibeytim ümmetim için bir kurtuluş ve güvencedir."** Ve: **"Allah'ı sizi besleyen nimetleri için, beni Allah'ı sevdiğiniz için, Ehlibeytimi de beni sevdiğiniz için sevin."** Bu son hadiste, Allah, Peygamber ve Ehlibeyt'i karşılık beklemeden sevenlere değil, her şey gibi onları da karşılık bekleyerek sevenlere hitap vardır. Yani en azından şu gerekçelerle sevin onları demek isteniyor. Yoksa sonsuzluk aşıkı ruhlar onları yalnız sonsuzluk aşkına severler. Karşılık beklemeden, gerekçe sormadan... Bir başka yerde, Ehlibeyt'in hepsinin hazır bulunduğu bir sırada Allah Elçisi şöyle diyor: **"Ben sizlere harp açana harp açtım ve sizlerle barış içinde olanla barıştım."**

Kimliklerini Kur'an ve hadis ışığında tespit ettiğimiz bu Ehlibeyt'tir ki Kur'an, Peygamberimizin tebligatına karşılık olarak onlara sevgi ve saygıyı emretmektedir. Kur'an bu emri verirken Peygamberimizin **kurbâsı**na yani yakın akrabasına sevgi ve saygıdan sözetmektedir.

Bazıları, bu **kurbâ** kelimesi üzerinde çeşitli oyunlar sergileyerek ayetin direktifini saptırmak istemişlerdir.

Olayı ve oyunu daha yakından izlemek için **Kur'anın Temel Kavramları** adlı eserimizin **Kurbâ** maddesini buraya alıyoruz:

Yakın akraba anlamındaki bu kelime Kur'an-ı Kerim'de 16 yerde geçmekte ve hepsinde aynı anlamda kullanılmaktadır. (Örnek olarak bk. Bakara, 83, 177; Nisa, 8, 36; Enfal, 41; Rum, 38; Haşr, 7)

Kur'an-ı Kerim, Hz. Peygamber'in yakın akrabasını da Kurbâ kelimesiyle anmakta ve inananlardan, Hz. Peygamber'in tebliğ hizmetlerine karşılık O'nun Ehlibeyt'ine sevgi ve saygı istemektedir. Şûra suresinin 23'üncü ayeti bu hususu düzenlerken şöyle diyor: "Ey peygamberim, de ki: 'Ben bu tebliğ hizmetime karşılık yakın akrabama sevgi ve saygıdan başka hiçbir şey istemiyorum."

Burada bir hususa, daha doğrusu **bir saptırmaya dikkat** çekmek gerekmektedir. İslam mesajını Hz. Peygamber'in ölümünden hemen sonra yozlaştıran ve bu yozlaştırmaya engel gördüğü peygamber torunlarını zehirleyerek ve boyunlarını vurarak ortadan kaldıran **Emevî zihniyeti** ve onun şuurlu veya şuursuz avukatlığını yapanlar az önce verdiğimiz ayetteki **Kurbâ** deyimini Allah'a yakınlık diye mânalandırabilmişlerdir. Güya bu deyim takva ile aynı anlamda imiş.

Bu tam bir saptırma ve Ehlibeyt'in Allah Kelamı tarafından tesbit edilmiş haklarına tecavüzdür. Onaltı yerde geçen Kurbâ kelimesi 15 yerde yakın akraba mânasındadır. Sadece bu ayette takva mânasında olduğunu gösteren hangi Kur'ansal veya filolojik delil vardır? Doğrusu şu ki, böyle bir delilin varlığı bir yana, tam aksine, bütün deliller bu kelimenin Ehlibeyt mânasında olduğu merkezindedir. Buna takva mânası vermek ya bir Ehlibeyt nefretinin, yahut da böyle bir nefrete âlet olmuş gafletin belirtisidir.

Sözün özü şudur: Ehlibeyt'in haklarını ve onlara saygıyı savunmak yerine, onlara zulüm ve dehşetle muamele edenleri aklamak için didinenlerin Muhammedî şuur ve rahmetten nasipleneceklerine inanmayı akla ve İslam'a ters düşmek olarak görürüz.

VELİ KULLARI RAHATSIZ ETMEK

Veli kullar, kozmik benliğe ulaşmış gönül erleridir. Onlar, hiçbir ayırım yapmadan tüm insanlığı, hatta tüm canlıları seven, varlıkla bütünleşmiş ilahî mutluluk kaynakları olarak hayatı güzelleştirir, yaşanmaya değer kılarlar.

Bu erdirici ruhların incitilmesi, horlanması, rahatsız edilmesi, iyinin ve güzelin çiğnenmesidir. Allah'ı rahatsız eden davranışların başta gelenleri, nebilerin rahatsız edilmesiyle, velilerin horlanmasıdır. **Heytemî**'nin de söylediği gibi, Allah, iki günahı işleyenin kendisine harp açtığını duyurmuştur. Bunların birincisi, **tefecilik** (bk. Bakara, 279), ikincisi de velilere eziyettir. Bu ikinci günahtan bahsederken Hz. Peygamber şöyle diyor: **"Allah buyurmuştur ki: 'Kim veli kullarımı rahatsız ederek bana düşman hale gelirse ben ona harp açarım."** Hz. Peygamber bu veli tiplerin incitilmesi ihtimali karşısında **Ebu Bekir** gibi yakın bir dostuna şunu söylemiştir: "Ey Ebu Bekir! **Eğer onları öfkelendirirsen, rabbini öfkelendirmiş olursun."** (Hadisler için bk. B. rikak; M. fadail; Heytemî, 1/88; Zehebî, 141-142)

Veliler, varlıkla tam bir bütünleşmeye erdikleri için, onların rahatsız edilmesi, otomatik bir biçimde tüm varlığı ve dolayısıyla Yaratıcı'yı rahatsız eder ve bu da insanı perişanlığın kucağına atar. **Hz. Mevlâna,** velileri her devirde peygamberlerin vârisi olarak görür ve der ki: **"Allah bir topluluğu, veli kulların gönlünü incitmedikçe mahvetmez."**

İBADETİ TERK ETMEK

Kur'an-ı Kerim bütün varlığı ibadet halinde ve tüm oluşu ibadet göstermektedir. Bu, Kur'an'ın deyimiyle **kerhî** (zorunlu, ister istemez) bir ibadet halidir. İnsan, varlıklar dünyasının bir parçası olarak bu ibadetin içindedir.

Ancak insan, varlıkları aşan ve Yaratıcı'ya bağlı olan bir sonsuzluk tohumunu da içinde taşıdığından, onun bir tür iradeye dayalı, şuurlu ibadet sergilemesi kendisinden beklenmektedir. Kur'an buna **tav'î** ve **ihtiyarî** ibadet demektedir. Büyük Müslüman düşünür **Şâtîbî** (ölm. 790/1388) bu gerçeğe işaret ederken şöyle diyor: "Dinin gönderilişinden maksat, insanı zorunlu kulluktan hür iradeye dayalı ibadete yükseltmektir." (Şâtîbî; el-Muvafakat, 2/168)

O halde, hürriyet ve serbest iradenin olmadığı yerde dinden bahsetmek mümkün olmadığı gibi, hür iradeye dayalı ibadetin olmadığı yerde de insandan söz etmek mümkün değildir.

Hür iradeye dayalı ibadetlerin yani yalnız insanda olması gereken ibadet halinin terki büyük günahların başta gelenlerindendir. Bu ibadetler, insanı Yaratıcı'yla kucaklaştıran ve onu varlıklar dünyasının üstündeki onurlu yerine yücelten faaliyetlerdir. Bu faaliyetlerin terki, insanlık borcunun ihmal edilmesidir.

Terk edilen ibadetin günah sebebi sayılması için bunun Kur'an'da mutlaka emredilmiş olması, yani **farz ibadetler** içinde yer alması gerekir. Bunlara birer başlık altında kısaca değinelim:

1) Namaz: Namaz, insanın Allah'la ruh-beden beraberliğinde kurduğu en ideal diyalogdur. İnanan ruhun Allah'a yükselişi, ölümlü dünyayı aşan hürriyet iklimine geçişidir. **İkbal** bunu ifade ederken şöyle diyor: "Namaz, ruhun mekanik hayattan hürriyete kaçışıdır."

Namazın kulluk borcu olan, diğer bir deyimle terki **kebire** sayılan kısmı, farzlarla sınırlıdır. Bunlar da sabah 2, öğle 4, ikindi 4, akşam 3, yatsı 4 ve cuma 2 rekât farzdan ibarettir. Her ne kadar Kur'an'da namazın rekât sayısından bahsedilmezse de, Hz. Peygamber farzları son aşamada böyle belirlediği için biz Kur'an'ın emrettiği namazın farz rekât sayısını bu şekilde kabulleniriz. Çünkü Kur'an'ın getirdiği buyruklarda Peygamberimizin verdiği detay bize göre o buyrukların esasındandır. Kulluk borcu olan namaz budur. Bunun dışında kalanlar insan ruhunu yüceltmede yardımcı olmakla birlikte İslam ölçüleri bunların icra edilmemesini günah olarak nitelemez.

2) Oruç: Kulluk borçlarından birisi olan oruç, Ramazan ayı boyunca tutulandır. (Geniş bilgi için bk. KTK, Sıyam md.)

3) Hac: Ekonomik imkânları müsait olanların hayatta bir kere olmak üzere, şartlarına uyarak Kâbe'yi ziyaret etmeleridir.

4) Zekât: Müslüman'ın sahip olduğu ekonomik değerlerden belli bir yüzdeyi, yaşadığı ülkenin ve diğer Müslümanların hizmetinde kullanılmak üzere vermesidir. (Bilgi için fıkıh kitaplarına bakılmalıdır.)

İBADETTE ŞİRRETLİK

İbadette şirretlik veya **şirret âbid** (ibadet eden) deyimleri Hz. Peygamber'in bizzat kullandığı deyimlerdir. Cenabı Resul, ibadette şirretliğe gidenlerin genel tavrını da açıklamıştır. Kaynaklar bize şunu haber veriyor: Hz. Peygamber'in huzurunda bir kadının gündüzleri oruçlu, geceleri de namaz kılarak geçirdiği söylendiğinde O şöyle buyurmuştur: "Ne var bunda. Ben de oruç tutar, namaz kılarım. Ama uykumu da uyur, yemeğimi de yerim. Sürekil namaz, sürekli oruç olur mu? Bana uyan bendendir. Benim sünnetime (tavrıma) ters düşen ise benden değildir. Şunu da bilin ki ibadet edenlerden şirretliğe sapanlar da olacaktır." (bk. Şâtıbî, el-I'tısam, 1/75-76)

Bu hadis bize gösteriyor ki, ibadette şirretliğin ilk belirtisi aşırılıktır. Bu aşırılığa saplananlar bir tür **ibadet manisine** tutulur, ortalığı kasıp kavururlar. Önüne gelene ibadetten bahseder, her şeyi tepeler, herkesi kırar-geçirir ve bunu yaparak sergilediği ibadet gösterisini gerçek ibadet sanır. Bilmez ki başkalarının hakkını çiğnemek, eli-günü rahatsız etmek, şunun-bunun kalbini kırmak veya onu-bunu eksik adam, günahkâr, cehennemlik göstermek pahasına yapılan ibadet aktörlüğüne Allah ve Resulü hiçbir değer vermez. Böyleleri Allah'ın öfke ve nefretinden başka hiçbir şey elde edemezler. Ashabın en ileri takva örneklerini vermiş hak dostlarından biri olan **Ebud Derda** böyleleri için diyor ki: **"Allah'a ibadeti başınıza bela haline getirmeyin."**

İbadet insanlıkta yücelmek, Allah önünde kalp zenginliğine ulaşmak için yapılır. İnsanlıktan kopmuş, Allah'ın öfkesine çarpılmış bir kişinin yatıp kalkması, aç durması ibadet değil, aldanıştır.

Günlük hayatımızda **amel** diye adlandırdığımız ibadetler birer kurtuluş belgesi değil, birer kurtuluş ümidi ve **iyi yolda olma karînesi**dir. Karîne, garanti ve delil değildir.

Bir başka nokta da şudur: **Amelin kendisi gaye değildir.** Amelini gaye eden onu Allah'ın yerine koymuş olur ki bu, çok tehlikeli bir şirk halidir. Amel, **Allah'ın istediği insan olmanın araçlarından biri**dir. Bu aracı amaç haline getirenler, Allah'ı bırakıp kendi çabalamalarına güvenme gibi bir noktaya gelirler. Bu hatayı işleyenler, ne yazık ki, **"Allah, Allah"** diye bağırdıkları halde yaygaracılığın ötesine geçemezler. Onların "Allah" dedikleri, nefsin bir hayal putudur, gerçek Allah değil... Bu hayal putu, onları Zatı Mutlak olan Allah'a varmaktan alıkoyar da onlar bunun farkında bile olmazlar.

Allah erlerinden biri olan **Sultan Veled** (ölm. 1312) eseri **Maarif**'te bu çok ince noktaya değinirken şöyle konuşuyor: "İnsanı ibadetten alıkoyan şeytanları, cinleri **la havle** çekerek kovmak mümkündür. Fakat alıkoyan "Tanrı" olursa onu hangi zikir ve lahavle ile kovabilirsiniz?" (Maarif, 12) İnsan, Allah adı altında, nefsinin heves ve iddia putuna tapıyorsa, Kur'an'ın şu ayetindeki hışma uğramıştır ki o, ilaç diye yuttuğu şeyle zehirlenen bir kara bahtlıdan başkası olamaz. Diyor ki Kur'an: "Gördün mü o sübjektif kabul ve arzularını kendine ilah edinmiş olanı? Allah onu bir bilgi üzerine saptırmış, kulağını ve kalbini mühürlemiştir onun. Gözüne de bir perde çekivermiştir onun. Artık onu, Allah'tan gayrı kim doğru yola kılavuzlayabilir? (Câsiye, 23)

İşte Allah'ın mekrine yani tuzağına tutulmuş olanlar, böyleleridir.

Bu tuzağa tutulmanın, Allah erlerince ısrarla ifadeye konan belirtisi şudur: İbadet ve amelin hedefi olan **iyi insan olma** nasibine ulaşamadan ibadet meddahlığı yapmak, cennet sahipliği iddiasında bulunmak. Oysaki, **ibadet bu yolda bir karîne (belirti), iyi insan olmak ise delildir.** Ölümsüz **Mevlâna**'nın oğlu ve gönül vârisi **Sultan Veled** eserinde bu sırra da açıklık getirmiş ve özetle şunları yazmıştır:

"Sen amelden namaz kılmayı, oruç tutmayı, hacca gitmeyi... perhiz etmeyi anlıyorsun. Halbuki bunların hiçbiri amel değildir. Bunlar ancak **amelin sebepleridir.** Hepsini yaptığın zaman sen de bir etki sağlamaları mümkündür. İşte sen o zaman ibadet etmiş olursun. Kur'an'da: Namaz seni günahtan, suç işlemekten, kötülükten alıkoyar buyrulmuştur. (Ankebût, 45) İşte senin bunları yapmamış olman, bu kötülüklerden arınmış olman ameldir. Eğer kendini bunlardan kurtaramamışsan, namaz kılmamış sayılırsın... İşte, gerçek amel bir halden bir hale geçmek, aşağı derecelerden yukarılara çıkmaktır. İnsanın günden güne, hatta her an ilerlemesi ameldir... Bunun içindir ki ilim, gerçek amele namaz ve oruç gibi ibadetlerden daha yakındır... O halde halkın gördüğü ibadetlerden, ayinlerden, mezheplerden anlatılanların hepsi amelin sadece sebepleridir.

Bersisa, yıllarca hiçbir zahidin yapamıyacağı ibadetleri yaptı. Yani zahirde ameli yerine getirdi. Fakat sonunda kâfir olarak öldü. (Kendisine emânet edilen genç bir kıza tecavüz edip, sonra da suçunu gizlemek için kızı öldürmüştü.)

Aynen bunun gibi İblis de binlerce yıl gökte ibadetle meşgul oldu. Eğer bu yaptıkları onda bir etki vücuda getirmiş olsaydı, Allah'a isyan etmezdi. (Maarif, 5-8)

Bilmeli ki dinin esası şekil ve dilde değildir. Diller ve kurallar kadehler gibidir. Gerçek din ve Allah'ı bilmekse bu kadehlere doldurulan sulara benzer. Hiçbir zaman su kadehin kendisi değildir. Suya yabancı olanlar ise kadehe taparlar; bunların su ile âşinalığı yoktur. Bunlar şekle tapan mukallitlerdir... İblis, bu şekle tapanların öncüsüdür. Bunun içindir ki, Âdem'in kadeh hükmündeki çamurdan bedenine baktı da, onun içindeki hakikatı göremedi ve ona secde etmedi... (Maarif, 26-29)

İbadette şirretliğin bir görünümü de **ibadetlerle övünmektir.** Kebâire ilişkin eser yazanlar ibadetle övünmeyi bağımsız bir kebîre olarak gösterirler. Heytemî bu yazarlardan biridir. Eserinde 46. kebîre olarak kaydettiği büyük günaha şu adı vermiştir: **İlim, Kur'an ve ibadetlerde kibir ve övünmeye gitmek.** Heytemî burada şu ürpertici hadise de yervermektedir: "İslam her yanda belirginleşecektir. Müslüman tüccarlar denizlerde kol gezecek, Allah yolunda koşuşan atlar her tarafa akın akın gideceklerdir. Daha sonra ortaya bir topluluk çıkıp Kur'an okuyarak şöyle diyecektir: 'Bizden daha iyi okuyan, bizden daha çok bilen, bizden daha çok fıkha sarılan kim vardır?" Hz. Peygamber bu sözünün ardından ashabına dönerek şunu sormuştur: "Böyle konuşan bir toplulukta hayır görür müsünüz?" Sahabiler: "Allah ve Resulü daha iyi bilir" cevabını verince Peygamberimiz sözünü şöyle bağlamıştır: **"Bu topluluk sizin içinizden çıkacaktır ve bu topluluk cehennem yakıtından başka bir şey değildir."**

ALLAH'I UNUTMAK

Allah'ı unutmak veya **Allah'ı anmayı unutmak** diye geçen bu günah, insanın iç dünyasını karartan ve insanın esası, bütünü olan Allah'ın üzerimizdeki haklarını zedeleyen bir sapmadır.

İnsanın ölümsüz yanı, içinde taşıdığı sonsuzluk tohumudur ve o tohum Allah yani Yaratıcı Kudret kökenlidir. Bu bakımdan insanın Allah'ı unutması, kendi özünü unutması, kendi benliğine ters düşmesidir. Bunun içindir ki Kur'an bu **unutma (nisyan)** kavramı üzerinde ısrarla durur ve insanı bundan kaçınmaya çağırır.

O halde, Allah'ı unutmanın yerini ve çerçevesini iyi anlamak için Kur'an'daki **nisyan** (unutma) kavramını görmek gerekir.

İnsanın kendisine tevdi edilen şeyi unutması (Râğıb, nisyan md.) olarak tanıtılan **nisyan** kökünden türeyen kelimeler Kur'an'da 40 küsur yerde kullanılır. Varoluş, tekâmül, Yaratıcı ile ilişki, bireysel ve toplumsal haklarla ilgili birçok temel prensip, nisyan kavramı ile yakın bir beraberlik içinde verilmektedir.

Kur'an dilinin aşılmaz ustası **Râğıb el-Isfahanî** nisyanın ya kapasite yetersizliğinden, ya gafletten, yahut da kasttan kaynaklandığını ve sonuçta insanın, hafızasına emanet edilen şeyi bir kenara bıraktığını söylüyor.

Şunu hemen belirtmeliyiz ki, Kur'an'daki nisyan, sıradan unutmak değildir. Bu, daha çok **ihmal ve umursamazlığın sonucu olan yarı kasıtlı bir unutmadır ki,** ilahî kelam bunu insanın savsaklayıcı yanının bir uzantısı saymaktadır.

Bunun içindir ki, Kur'an, Allah'ı unutan insanın Allah tarafından unutulacağını açıkça beyan eder.

Nisyanın karşıtı (ve nisyandan kurtulmanın yolu) **zikirdir** ki o da, hatırda tutmak için anmak demektir.

Allah'ı unutmamanın yolu Allah'ı zikretmek yani anmaktır.

Mutlak kudret ve mutlak ego, unutmak gibi bir noksandan uzaktır. "**Rab ne karanlığa gömülüp şaşırır, ne de unutur.**" (Taha, 52; Meryem, 64) Bunun bir anlamı da, fragmanter varlığın, varlık derecesine uygun olarak, unutmaya bulaşacağıdır. Nitekim, parça kudret olan insanın belirgin niteliklerinden biri de unutmaktır. Bu illet, **Âdem** babamızın tipik özellikleri arasında sayılacak kadar dikkat çekicidir. (Taha, 115)

İnsanın nisyanı, genellikle bir nankörlük ve vurdumduymazlıkla atbaşı gitmektedir. (Zümer, 8; Furkan, 18) Bunun içindir ki, insanın nimete şükrü unutarak düştüğü sapma ve azgınlık çok büyük felaketlere sebep olmakta ve onu Allah'ın bir kenara itmesine veya küçültücü muamelelere maruz bırakmasına yol açmaktadır. (A'raf, 165; Furkan, 18)

Nisyan, dengeyi bozarak insanı tökezletir. Bu yüzden nisyanın sonsuzluğa ilişkin olmasıyla, iğretiye ilişkin olması arasında fark yoktur. Çünkü **denge, görünmeyen dünya ile görünen dünyanın barıştırılması anlamını da taşıyor.** Bu barışmayı bozmak, dengeyi bozmaktır. Ve Kur'an:

"Dünyadan nasibini de unutma" (Kasas, 77) diyerek bu sırra işaret etmiştir.

Nisyanın en tehlikelisi insanın kendi benliğini unutmasıdır. Kur'an, insanın özüyle varlığın esası, yani Allah arasında beraberlik gördüğüne göre, insanın kendi özünü unutması bir anlamda Allah'ı unutması, Allah'ı unutması da kendi benini unutmasıdır. Kur'an bunu kendi üslup güzelliği ve özelliği içinde verirken şu ifadeleri kullanır: "Onlar Allah'ı unuttular, Allah da onları unuttu" (Tevbe, 67)

"O kimseler gibi olmayın ki, Allah'ı unutmuşlardır, Allah da onlara kendi benliklerini unutturmuştur." (Haşr, 19)

Kur'an'ın bu yaklaşımına dayanırsak şunu söyleyebiliriz: İnsanı sevmenin, insanı gaye varlık bilmenin esası da, Allah'ı tanımaktan geçer.

Hümanizmin çekirdeği Allah'tır. Allah'ı unutmuş bir hümanizm insana kuru avuntudan gayrı bir şey veremez.

Benliğini unutmanın bir görünümü de başkalarına verdiği öğütlerin kendi hayatında tersini yapmaktır ki, buna en çok din temsilcileri, özellikle **Yahudi** din büyükleri arasında rastlanır. Kur'an, Beniisrail hahamlarının bu bahtsız tavırlarına ısrarlı bir biçimde parmak basar. Bir yerde şöyle diyor: "İnsanlara iyiyi ve doğruyu emredip dururken kendi benliklerinizi unutuyor musunuz?" (Bakara, 44. Ayrıca bk. Mâide, 13-14)

Allah'ı unutmaya giden yol, Allah'ı anmayı, teknik deyimiyle zikri unutmaktan geçiyor. Bu yüzden, unutma illetine yakalanıp öze ters bir yön izlememenin çaresi Allah'ı anmak, yani Zatı Mutlak'ı esas alan bir **meditasyona** hayat bünyesinde yervermektir. (bk. Kehf, 24)

Allah'ı anmayı unutturan bir numaralı kuvvet Şeytan'dır. (bk. Kehf, 63; Yusuf, 42; Mücadile, 19; En'am, 68)

İnsan özünü unutmayı hızlandıran sebeplerden biri de, Allah'ı sevip anan kulları alay konusu etmektir. (bk. Mümi-nûn, 109-110)

Kur'an, insanı kendi dışındaki dünyayı, özellikle yaradılış sırrını unutmamaya çağırır. Bu noktada Allah'ın ayetlerini unutmamaya özellikle dikkat çekilir. (bk. Taha, 26)

İnsan, kendi içine kıvrılan bir benlik olarak, kendi yaradılışını, bu yaradılıştaki etapların sergilediği hayranlık verici oluş sırrını unutmamalıdır. Bunu unutursa Mutlak Yaratıcı'nın kudretini göremez ve O'nun karşısında küstahlığa yeltenir. (bk. Yâsin, 78)

Nihayet, Kur'an, son peygamber bağlılarını hem unutmanın doğuracağı bozukluklara karşı uyarmak, hem de onların unutma illetinin sonuçlarından ilahî bir rahmetle korunduklarını göstermek üzre, bağlılarına şu duayı önerir: **"Ey Rabbimiz! Unutur veya hata edersek, bizi bundan hesaba çekme." (Bakara, 286)**

Allah'ı unutmanın yıkıcı belirişlerinden biri de Allah'a yakarıştan, terminolojik ifadesiyle **duadan nasipsiz hale gelmek, duadan kopmaktır.**

İnsan için duaların kabul edilmemesinden daha büyük felaket, hiç dua edemez hale gelmektir.

Dua, Yaratıcı ile yaratılanın temel ilişkisidir ve bu anlamda tüm varlık ve oluş bir dua **faaliyetidir.** Bu genel ve temel faaliyetin hür iradeye ve şuura ulaşan kısmı insanda görülüyor. İnsan-Allah arası ilişkinin Allah'tan insana yani makrodan mikroya doğru olanına **vahiy** ve **ilham,** insandan Allah'a yani mikrodan makroya doğru olanına **dua** denir. Birinci halde, bir **iniş** (vahyi ifade için Kur'an **nüzûl** ve **tenzîl** deyimlerini kullanır ki, birincisi iniş, ikincisi indirmek demektir), ikinci halde bir **çıkış** söz konusudur.

Allah'ın vahiy ve ilhamı nasıl sürekli ise, insanın duası da sürekli olmalıdır. İnsan, ilişkinin iniş kısmından sürekli yararlanırken, çıkış kısmında tembelliğe düşmekle varlık ve oluş sırrına sırt çevirmektedir. Cenab-ı Hak, insanı, bu ihmal ve nankörlüğünü bırakmaya davet ediyor.

Yalnız sıkıntı ve ihtiyaç zamanlarında dua edip mutluluk günlerinde bundan vazgeçmek Kur'an-ı Kerim'in birçok ayetinde kınanmıştır: "İnsana zorluk ve sıkıntı dokunduğu zaman yan üstü, otururken, ayakta hep bize dua eder. Fakat sıkıntı ve kederini giderdik mi, kendisine dokunan zorluk için bize yalvarmamış gibi davranmaya başlar. İşte böyle; haddi aşanların yapmakta oldukları onlara güzel gösterilmiştir." (Yunus, 12, 21, 23)

Bu noktayı bir hadis ile bağlayalım: "Cennete ilk çağrılacak olanlar Allah'a, hem sıkıntı, hem de mutlu zamanlarda hamd edenlerdir." Bu hadisi kaydeden büyük İslam bilgini **Şah Veliyyullah Dehlevî** ilave ediyor: "Bunun böyle olması normaldir. Zira, her durumda hamd edebilenin ameli, sarsılmaz bir temele oturuyor demektir. Ve böyle olanlar cennet nimetlerini en önce tatmalıdırlar.

İnsanı duadan koparan refah ve mutluluk, korkunç bir beladır. İslam büyükleri böylesine bir refahtan Allah'a sığınmışlardır. Çünkü bu refah insana en yüce şerefini kazandıran şeyi, onun elinden almaktadır. **Hasan el-Basrî** şöyle diyor: "Dualarınızın kabul edilmeyeceğinden korkmuyorum. Beni korkutan, dua etmenizin imkânsız hale gelmesi ihtimalidir." **Hayseme b. Abdirrahman** (90/708)'ın sözü çok daha ilginçtir: "Bir şeyin peşinde koşup da onu elde ettiğin gün Allah'tan kurtuluşunu da iste. Kim bilir, belki de duanın kabul edileceği tek gün o gündür." O halde, akıllı insan, mutluluk ve refahın zirvesinde olduğu gün bile duayı bırakmamalıdır. Belki tek fırsat, o gün doğup ölecektir. Kur'an, duayı unutturan refaha felaket nazarıyla bakmaktadır. Çünkü böyle bir refah insanı tamlık, büyüklük, mükemmellik duygusuna esir eder. Tamlık ve bütünlük kuruntusuna düşen insan, kibrin elinde aldanarak Allah ile bütünleşme yollarını tıkar, parçaya esir olur. "Rabbiniz şöyle buyurmuştur: "Bana dua edin, size cevap vereyim. Büyüklük taslayarak bana ibadetten kaçınanlar hor ve ezik olarak cehenneme gireceklerdir." (Mümin, 60)

O halde insana düşen, ilahî rahmet ve merhameti tahrik etmek, kendisi için rahmet kapısını çalmak, yani dua etmektir. **Şems-i Tebrîzî** (645/1247) şöyle diyor: **"Rahmet deryâsı daima coşmak, dalgalanmak ister. Bunu yapacak olan da senin yalvarman, ağlayıp feryad etmendir. Senin gamının bulutları gelmeyince ilâhî bilginin denizi dalgalanmaz, coşup köpürmez."**

NİMETLERE NANKÖRLÜK

İnsan, Allah'ın en bol ve en yüce nimetlerine sahip bulunan varlıktır. Onun insanlığı, nimetlerin en büyüğüdür. En şerefli ve en güzel varlık olan insana gördüğü ve göremediği sayısız nimet lutfedilmiştir. Kur'an, insan dışındaki bütün yaratılmışların insanın hizmetine verildiğinden söz etmektedir. (bk. Lukman, 20 vs.)

İnsana verilen nimetleri saymak mümkün değildir. (İbrahim, 34; Nahl, 18) Kur'an nimetler içinde ikisini özellikle dikkate sunmaktadır. Vahiy eliyle gönderilen din nimeti, insanların kucaklaşmalarından oluşan sevgi ve kaynaşma nimeti. (bk. Mâide, 3; Âli İmran, 103)

İnsanın sahip olduğu nimetlerden biri de onun nimetin şuurunda bir varlık olarak yaratılmasıdır. Bu şuurun bir gereği olarak insandan, nimeti vereni tanıması ve onun lütfunu itiraf etmesi beklenmektedir. Böyle baktığımızda iman, bir anlamda, nimeti ve onu vereni kabul ve sevmek, imansızlık da bu yolun tersine gitmektir. Nitekim Kur'an imanın zıddı olarak **küfür** kelimesini kullanır ki, esas anlamı nimeti inkâr edip örtmektir. Türkçe'deki "küfran-ı nimet" (nankörlük) deyimindeki küfran da küfür kökündendir.

Kur'an-ı Kerim insanın, yapısı bakımından nankör olduğunu söylemekte ve bu nankörlükten sıyrılmak için iç kuvvetleri arasında yer alan güzellikleri kullanmasını insandan istemektedir. (bk. İsra, 83; Zümer, 8, 49)

Nimetlerin farkında olmak Kur'an'da **tahdîs-i nimet** (nimeti dile getirmek) diye anılır. (bk. Duha, 11)

Tahdîs-i nimetin icra şekli Kur'an dilinde **şükür** diye anılmaktadır. Ve şükür, nimetin sürekli artmasını sağlayan bir yoldur: "Eğer şükrederseniz hiç kuşkusuz üzerinizdeki nimetleri artırırım." (İbrahim, 7) Aynı ayet şükrün karşıtı olarak küfrü yani nimete nankörlüğü göstermekte ve şöyle demektedir: "Eğer küfrederseniz bilesiniz ki, azabım çok şiddetlidir."

Cenab-ı Hak verdiği nimeti bir tek durumda geri almaktadır: Nimete muhatap olmuş topluluğun iç dünyalarını karartmaları, nimeti kötüye âlet etmeleri. (bk. Enfal, 53)

Nimete nankörlüğün kitle halinde bir numaralı temsilcisi **Yahudi** kavmi olarak gösterilmektedir. (bk. Bakara, 40, 47, 122)

Nimete layık olduğumuzu göstermenin ve nimetlerin artarak devam etmelerini sağlamanın yolu olan şükür, en ideal şekliyle, nimetten başkalarını yararlandırmaktır. Kur'an şükrün bir söz olayı değil, bir fiil olayı olduğunu söylemektedir.

Fiil halinde şükrün kurumsal adı Kur'an'da **infaktır.** İnfakın temel prensibi de sahip olduğumuz ve sevdiğimiz şeylerden başkalarına vermektir. Kur'an'ın açık beyanına göre bu anlamda bir infak insan hayatında yer almadıkça insanın mutluluk ve huzuru yakalaması mümkün değildir. (bk. Âli İmran, 92)

Kısacası, **en büyük günahlardan biri olan nimetlere nankörlüğün iki görünümü vardır: Allah'a şükürsüzlük, sahip olduğumuz nimetlerden başkalarını yararlandırmamak.**

ÜÇÜNCÜ KİTAP

KUL HAKLARINI ZEDELEYEN GÜNAHLAR

Birinci Bölüm

BİREYSEL HAKLARI ZEDELEYEN GÜNAHLAR

İNSANLARA LANET OKUMAK

İnsan, lanete (ilence) müstahak hale gelebilen tek yaratıktır. Ancak insanı lanetlemek onu yaratan kudretle, o kudretin direktifleriyle iş gören peygamberlerden başka kimsenin yetkisinde değildir. Lanetlenmeye müstahak insanı sadece Allah ve Allah Elçileri bilebilir. Diğer insanların lanet okumaları, nefs putunun iştahına hizmetten başka bir şey olmaz.

En büyük kötülüklere, en ağır işkencelere, en namert ihanetlere uğrayan nebiler, ilahî vahyin kesin ve net beyanları olmadıkça azılı düşmanlarına bile lanet okumamışlardır. Vahyin beyanınca belirlenen noktada laneti dile getirmek ise, bir insanlık borcudur. Çünkü bunu yapmamak, Musa ile Firavun'u, Muhammed'le Ebu Cehil'i, Hüseyin'le Yezid'i bir tutmak olur ki, bu, lanet okumaktan çok daha büyük bir zulümdür.

Hz. Peygamber'in, lanetlemenin kötülüğüne ilişkin bazı beyanlarını verelim:

"Mümine lanet etmek onu öldürmek gibidir."

"Lanetçiler, kıyamet günü, ne şefaatçı olabilirler,

ne de şehid."

"Gerçek iman sahibine, lanetçi olmak yakışmaz."

"İman sahibi sövücü, lanet edici, çirkin lakırdılarla karalayıcı, alaycı olamaz."

"Bir kul bir şeye lanet ettiğinde, lanet, göğe yükselir. Göklerin kapısı bu lanete kapatılır ve lanet yeryüzüne döner. Yeryüzü kapıları da kapatılınca lanet sağa sola dolaşmaya başlar ve nihayet gönderildiği kişi veya şeyi bulur. Eğer o kişi veya şey, okunmuş olan lanete müstahak değilse, lanet, onu okuyana gidip yapışır."

Hadis kaynakları bize şunu haber veriyor: Bir kadın, bindiği devenin huysuzlaşması üzerine ona lanet okumuştu. Hz. Peygamber bunu duydu ve şöyle dedi: 'İndirin bu kadını o deveden. Lanetli olan, onun kendisidir." (Hadisler için bk. T. Şemâil, 118-120)

Şu da ilginçtir ki, Hz. Peygamber, insanlara sövmeyi de, lanetlemeye karşı çıkan sözleri içinde yasaklamıştır. Bu demektir ki insanlara sövmek de bir tür lanetlemedir. Kur'an, sövmenin, sadece zulme uğrayanlar için mazur görüleceğini bildirir. (Nisa, 148) Yani zalime sövmek ve lanet etmek günah değildir. Ama bunu ancak mazlum yapar.

KÜFÜRLE İTHAM

Küfür ve iman damgası vurmak, tıpkı din kuruculuğu gibi, Allah'ın tekelindedir. Bunun dışında bir insanın kâfir olarak nitelendirilmesi, ancak o insanın kendi beyanına dayanılarak yapılabilir. **Tartışmaya ne ölçüde açık olursa olsun, "ben inanmıyorum, ben kâfirim" demeyen bir insana kâfir demek küfrün en zehirli kuyusuna tepe-taklak yuvarlanmak olur.**

Ne yazık ki, dinin, kin ve çıkarlara kılıf olmaktan öte bir fonksiyon icra etmediği devir ve toplumlarda, **kâfir** damgası en ucuz meta haline gelmekte ve din, bir tür yapay kâfir üretme kurumuna dönüşmektedir. Daha beteri, bu damga, sözkonusu dinin en büyük vicdanlarına, aynı dinin patentini taşımaktan öte bir meziyeti olmayan karanlık ruhlu alçaklar tarafından vurulabilmektedir. Yani bu **tekfîr** (kâfir ilan etme) tezgâhı, dini içinden çürüten **bir sui jeneris dinsizlik** oyunu halinde iş görmektedir. **Engizisyon** zulmü, bu tekfir şerefsizliğinin Hıristiyan tarihindeki kuramsal adıdır.

İslam ülkeleri tarihinde de bu namert oyun epeyce oynanmıştır ve günümüzde tüm hızıyla devam etmektedir. Öyle ki, en softa din gruplarının, en ünlü camilerde saf bağlayıp namaz kıldıkları dindaşlarına kâfir diyebildikleri olağan şeyler arasına girmiştir.

Sebep daima aynıdır ve tektir: **Kendisi gibi düşünmeyenleri yıpratmak.** Bu yıpratma kahpeliği tarih içinde, İslam'ın en aziz temsilcilerine bile uzanabilmiştir. **Hz. Ali**'ye, kâfir diyen Haricileri hatırlayalım. **İmamı Azam, Hallâc, Gazâlî, İbn Arabî, İbn Teymiye, Cemâleddin Efganî, Muhammed Abduh, Muhammed İkbal** ve daha niceleri bu sinsi din tahribinin kâfir ithamına maruz kalan büyük ruhlardan bazılarıdır.

Kur'an, bağlılarına şu emri vermiştir: "Ey iman edenler!.. Size selam verene 'sen mümin değilsin' demeyin. Dünya hayatının geçici menfaatini arzu ediyorsunuz. Oysaki Allah katında pek çok nimetler vardır." (Nisa, 94)

Bu ayete göre, selam verene "kâfirsin" denemez. Selam, barış ve güven olduğuna göre barışa hizmet edene kâfir denemez. Ayet, bunun aksini yapmanın, dünya çıkarı peşinde koşmak olduğunu belirtiyor. Gerçekten de, insanların birbirlerini **kâfir** diye damgalamalarının Allah rızasına değil, çıkar hesaplarına yönelik olduğu kesindir. (Kâfir, küfür ve iman kavramları için bk. KTK, anılan mdl.)

Nefs putunun doymaz arzularına hizmet temeline oturan **birbirini tekfîr** illetinin insanın başına ne belalar açacağını, Hz. Peygamber'in şu ibretli sözlerinden çıkarmak gerekir:

"Bir insanı 'kâfir' veya 'Allah'ın düşmanı" diye anan, eğer o insan gerçekte öyle değilse, bir gün kendisi kâfir haline gelir."

"Bir mümini kâfir diye itham etmek onu öldürmek kadar ağır bir günahtır." (bk. Heytemî, 2/99)

İman ve imansızlık bir iç âlem ve kalp olayıdır. Onunla ilgili hükmü ancak insanın iç dünyasını bilen kudret verir.

Sultan Veled, Maarif'inde bu noktaya değinirken şöyle yazıyor:

"Hakikatte bir kimse, kötülük yapsa, fisk u fücurla uğraşsa da yine Tanrı'nın seçkin kullarından olabilir. Yahut o kimse tâat ve ibâdetle meşgul olsa bile, Tanrı'ya isyan edenler zümresinden olabilir. Çünkü gerçek onun âmeline değil, sırrına (iç dünyasına) bakar. **Allah sûrete, hırkaya ve şekle bakmaz. Gönle bakar. Senin için, gönle yol yoktur.** Sûrete ve âmele nazar kılınsa da en son insanın âkıbetine bakılır. Eğer sonu, öğülecek bir durumda olursa, ona göre hüküm verirler ve o kimseden bahsederler. **İblis** gibi: İblis, gökte ibâdet ve ilimle meşgul ve meleklerin de üstadı idi. Melekler onun sırrına vâkıf olmadıklarından onun ilmine ve âmeline bakıp onu sevmiş ve kendilerine öncü bilmişlerdi. Fakat Allah onun sırrına bakmıştı. Çünkü o, kâfirlerdendi." (Maarif, 162)

İNTİHAR

Kur'an-ı Kerim hayata saygıyı, kişinin, kendi nefsine karşı korumasını da istemektedir. Hiç kimse, kendi canı da olsa, hayat emanetine ihanet etme hakkına sahip değildir.

Ve hayat, tüm acılara, zorluklara, zulümlere rağmen güzeldir, yaşanmaya değerdir. Bu güzelliği yıkmak, bu değeri ortadan kaldırmak sadece hayatı elinde tutan kudrete yani Allah'a özgüdür. Hiç kimse "acı çekiyordum, kendime merhamet olsun diye canıma kıydım" diyemez. Merhamet, acıların son bulması için hayatın son bulmasını gerektiriyorsa, hayatı veren bunu kendisi halleder. Kur'an şöyle diyor: "Kendi hayatınıza son vermeyin. Allah size karşı çok merhametlidir. Kim bu intihar suçunu düşmanlık ve zulüm halinde işlerse, biz onu cehenneme salıvereceğiz." (Nisa, 29, 30)

Ayetlerden anlaşılıyor ki, kişinin sadece başkalarını öldürmesi değil, kendi canına kıyması da bir düşmanlık ve zulümdür.

Kendi canına, bir âlet kullanarak veya bir madde içerek kıyanların cehennemlik olduklarına dair hadisler gerçekten ürperticidir. (Bu hadisler için bk. Zehebî, 96-97)

Hz. Peygamber, intihar edenlerin cenaze namazını bizzat kılmazdı, ama ashabına kıldırırdı. (bk. İbn Kayyım Zâd, 1/515)

KENDİNİ TEHLİKEYE ATMAK

Kur'an-ı Kerim hayata saygının bir uzantısı olarak, insanın kendini tehlikeye atmasını da yasaklamıştır. Prensip şöyle konuyor: "Kendinizi, kendi elinizle tehlikeye atmayın." (Bakara, 195)

Kur'an, insanın kendisini hangi seviyede olursa olsun tehlikeye atmasının, dine fatura edilmesini önlemek için **ıztırar** (zorunluluk) prensibini getirmiş ve ilahî emir ve yasakların hayatı tehlikeye atma sebebi olmalarını önlemiştir.

İnsanın kendini tehlikeye atmasının iki görünümü vardır: Ölüm tehlikesi, sağlığın zarar görmesi tehlikesi.

Tehlike söz konusu olduğunda gereken tedbir neyse, o mutlaka alınır. Kur'an bu konuda öylesine titizdir ki, hayatî tehlike anında Allah'ın inkârına yönelik sözlerin kullanılmasına bile müsade etmiştir. Peygamberimiz, putperest işkenceleri altında kıvranan bazı sahabilere: "Putperestlerin, Allah'ı ve beni inkâra yönelik sözlerini tekrarlayarak işkenceden kurtulmamız mümkünse, bunu yapın" diye müsaade etmiş ve Kur'an-ı Kerim'in Nahl suresi 106. ayeti vahyedilerek Hz. Peygamber'in bu tutumu Cenab-ı Hak tarafından tasvip edilmiştir.

Esas olan, insanla Allah'ın diyaloğudur. Bu diyaloğun devam etmesi için insanın yaşaması gerekir. Bu yüzden İslam bilginleri dinin emir ve yasaklarını gaye değil, vasıta olarak düşünürler. Gaye, insan hayatının devamı ve insanın Allah ile ünsiyetidir. Emir ve yasak bu gayenin ortadan kalkmasına yol açacak bir manzara arzettiğinde dikkate alınmaz. Kur'an'ın **ıztırar** dediği budur. Mesela, domuz eti, alkol, kan vs. yemek kesin yasaktır. Fakat bu yasakları koyan ayetler (bk. Mâide, 3; Bakara, 173) hayatın veya sağlığın tehlikeye düşmesi halinde, bu tehlikenin ortadan kalkmasına yetecek oranda bu yasakların çiğnenmesini **emretmektedir.** Evet, bu bir emirdir. Yani Kur'an hayatı güzelleştirmek, mutlu kılmak için getirdiği yasakları, hayat tehlikeye girdiğinde ortadan kaldırmakla kalmıyor, bu yasakları ilkel bir tabu anlayışıyla hâlâ korumak isteyenlerin günah işlediğini beyan ediyor. Normal zamanlarda yenmesi haram olan, mesela domuz etinin, hayatî tehlike söz konusu olduğunda yenmemesi haramdır. Böyle bir durumda bu eti yemeyerek, yahut gerekli olan herhangi bir haram şeyi kullanmayarak ölen kişi, İslam ölçülerine göre intihar etmiş sayılır.

Kendi kendini tehlikeye atmayı önlemenin daha birçok görünümü vardır. Mesela, oruç tutması sağlığına zararlı olacak kişi, oruç tuttuğu takdirde karnındaki veya kucağındaki çocuğunun sağlığı bozulacak kadın, vs. oruç tutmamak zorundadır. İnat eder tutar ve kendisinin veya çocuğunun sağlığına zararlı olursa günaha girer.

Tedaviden kaçınmak da, kendi kendini tehlikeye atmanın bir türüdür. Hz. Peygamber şöyle diyor: "Ey insanlar! Tedavi olun. Hastalıklarınız için şifa arayın. Allah, yarattığı her derdin devasını da mutlaka yaratmıştır."

YETİME KÖTÜ DAVRANMAK

Yetimlerin horlanması, bir toplumun zulüm ve merhametsizliğe yenik düşmesinin belirtisi sayılır. Yetimler Allah'ın topluma emanetidir ve bu emanete hainlik etmek Allah'ın öfke ve lanetine yol açar.

Kur'an, yetim malına tasallutu, ateş yemek olarak değerlendirir. (Nisa, 10; Enam, 152) Hz. Peygamber, yetimlerin haklarına tecavüzü, öldürücü 7 büyük günahtan biri olarak göstermiştir. (Buharî, vasâya; Müslim, iman)

Şunu da, önemle belirtelim ki, yetim hakkı yemenin cezası, İslam inanışına göre, bu dünyada mutlaka başlar ve âhirette devam eder.

Kur'an, yetime muamelenin **ihsan** cinsinden olmasını istiyor. Bu demektir ki, toplumun yetimi hukuksal yönden koruması yeterli olmaz. Ona muamele şefkat, ilgi, sevgi, koruma ve kucaklama şeklinde olmalıdır. **İhsan** kavramının esasını bunlar oluşturur. Bir hadiste de şöyle deniyor: "Mahşer günü ağzından alevler fışkıran bir topluluk ortaya getirilecektir. Bunlar yetim hakkı yiyenlerdir." Hz. Peygamber mirac gecesi birtakım insanların ağızlarından sokulan ateş mız raklarının vücutlarının alt kısmından çıktığına tanık olduğunu, bu insanların kimliklerini Cebrâil'e sorduğunda, bunlar yetim hakkı yiyenlerdir, cevabını aldığını söylüyor. (Hadisler için bk. Heytemî, 1/196-197)

DUL KADINLARA KÖTÜ DAVRANMAK

Peygamber aleyhisselam, hayatı boyunca yetim ve dulları korumak için pek çok bağlayıcı örnek vermiş ve kendisi bu özelliğiyle de dikkat çekmiştir. Onun madde ve ruh güzelliklerini anlatmak için bir şiir kaleme alan amcası **Ebu Talip,** bu ünlü şiirinde peygamberler sultanının seçkinliklerinden birini de şöyle ifadeye koymaktadır:

"O pembe yüzlü, gül çehreli
Çöl kuraklarında yağmur beklenirken
Onun cömert yüzü hürmetine edilir dualar,
Dulların sığınağı, yetimlerin şefkat kucağıdır, O."

Kendi Dilinden Son Peygamber adlı kitabımızda geniş açıklamasını verdiğimiz bir hadisinde, küçük yavrusunu bağrına basan dul bir kadın için şöyle diyor: "Ben ve şu, yavrusunu bağrına basan, yanakları güneş ve rüzgârdan yanıp kavrulmuş kadın, kıyamet günü iki parmağım gibi yan yana olacağız." (bk. adı geçen eser, 86. no'lu hadis)

Bir yerde de şöyle diyor: "Dul ve yoksulların dertleriyle, eksikleriyle ilgilenen kişi Allah yolunda sürekli cihad eden, hiç durmadan namaz kılan, her gün oruç tutan biri gibi Allah'a yükselir. (hadis ve yorumu için bk. Heytemî, 1/198)

GAZABA GELMEK

Kanın intikam hırsıyla köpürmesi (bk. Tevhîdî; Mukabesât, 315) olarak tanımlanan gazab, hadiste, "insanoğlunun kalbinde yanan bir kor parçası" diye ifadeye konmuştur. Gazab, insandaki dengeyi altüst ederek kontrol ve muhakemeyi ortadan kaldırır; böylece en büyük tehlikelere zemin hazırlar. Bunun içindir ki hadiste "hâkimin, öfkeli iken hüküm vermemesi" emredilmiştir.

Allah yolunun en emin ve fedakâr yolcuları olan nebîler, gazaba uzaklıkları ve onun zıddı olan **hilim** ile bilinirler (bk. Hûd, 75; Saffat, 101)

Yeri gelmişken şunu da söyleyelim ki, İslam büyüklerinden bazıları, "**köpek ve sûret** (resim, heykel) giren eve melek girmez" hadisindeki köpekten maksat gazab, sûretten maksat ise şehvettir demişlerdir.

Gayz da gazabın başlangıcıdır. Gazabdan kurtulmak isteyen, gayz safhasında işi halletmelidir. Kur'an şöyle diyor:

"Takva sahipleri, bollukta ve darlıkta infak edenler, kin ve öfkelerini (gayzı) yutanlardır" (Âli İmran, 134)

GIYBET

Kur'an'ın, ölmüş insanların etini yemek diye tanıttığı ve insan yaradılışının tiksinmesi gereken günahlardan biri olarak gösterdiği **gıybet,** ruhsal ve maddesel doyumsuzluklar içinde kıvranan geri kalmış benliklerin avunmak için sığındıkları saplantılardan biridir.

Peygamberimizin **"zinadan daha kötü"** diye tanıttığı gıybetle ilgili olarak Kur'an neler söylüyor?

Bir kötü huy ve davranış bozukluğu olarak, Kur'an'da birkaç kelimeyle karşılanan gıybet, Türkçe'ye, Hucurât suresi 12. ayetteki bir fiilin kökünden geçmiştir. Hadislerde **gıybet** aynı kelimeyle ifadeye konur ve en ağır günahlardan biri olarak tanıtılır. Mesela, **Taberânî**'nin el-Evsat'ındaki bir hadiste: "**Gıybet, zinadan daha kötüdür. Adam zina eder, sonra tövbe eder ve Allah da onu bağışlar; ama gıybet edenin bağışlanması, gıybet ettiği kişinin affı olmadan mümkün değildir**" deniyor. (Hadis için bk. Sâğânî, 59)

Gıybete doğrudan değinen Hucurât, 12. ayet ise: "Birbirinizin gıybetini etmeyin. Sizin biriniz, kardeşinin ölmüş haldeyken etini yemek ister mi? Bundan tiksindiniz değil mi? O halde, Allah'tan korkun..." diyerek gıybet etmenin insan ruhunda ve toplum hayatında vücut verdiği tahribi dile getiriyor. Ve gıybet etmenin, insanın kanı ve eti gibi olan onurunu yaralamak anlamına geldiğini gösteriyor.

Ünlü **kebâir** (büyük günahlar) hadisinde zina 7 büyük kebâirden biri olarak gösterilmektedir. Yukarıki hadis, gıybeti zinadan daha kötü olarak tanıttığına göre, gıybet büyük günahların en beterlerinden biri olarak düşünülmelidir.

Gıybet, bir kimsenin ayıp, noksan ve kusurlarını onun arkasından söylemektir. Gıybette ölçü Hz. Peygamber tarafından, bir soru üzerine şöyle konmuştur ki bu, gıybetin Allah Elçisi diliyle tanımıdır: **"Gıybet, kişiyi, duyduğunda hoşlanmayacağı bir şeyle anmandır. Eğer söylediğin şey onda varsa bu gıybet olur; eğer yoksa bu ona iftira etmektir."** (bk. M. birr, 70; T. birr, 23; Dârimî, rikaak, 6)

Hadisler, gıybetin orucu mahvettiğini, kabir azabına sebep olduğunu da gösteriyor (bk. B. edep, 46; Dârimî, savm. 27; B. cenâiz, 88; İM. taharet, 26) Mirac'dan bahseden ünlü hadiste Hz. Peygamber, cehennem ehlinin gıybetten azap görenlerini, ölü eti yer bir halde gördüğünü beyan ediyor. (bk. Elmalılı, 5/3147)

Gıybet kavramı içine sokulan diğer kötü huylar **hemz, nemîme ve lemz**'dir ki bunlardan ilki olan **hemz** Kur'an'da bir surenin adıdır: **Hümeze...** Bu da gösterir ki Kur'an bu gıybet illetinin büyük bir bela olduğuna ısrarlı bir biçimde dikkat çekiyor. Hümeze suresi şöyle başlar: "Yazıklar ve azaplar olsun bütün arkadan çekiştirip laf dokunduranlara ve yüze karşı ayıplayanlara..."

Kalem suresinin 10-12. ayetlerinde, dinlenilmemesi gereken kişiler arasına laf taşıyıp arkadan söz edenler de konmuştur.

AİLE SIRLARINI İFŞA ETMEK

İnsan hayatının mayalandığı, insanın varoluş yükünü taşımak üzre beslenip geliştirildiği erdirici ve oldurucu atmosfer, aile atmosferidir. **Aile, insan hayatının temel kurumudur.** Bu temel kurum, bireysel atmosferle sosyal atmosferin kesişme noktasında bulunan esrarlı bir yapıya sahiptir.

Dinin korumayı amaçladığı 5 temel değer (nefs, nesil, mal, akıl, onur) dikkate alındığında ailenin anlamı ve yüceliği bir kez daha belirginleşir.

5 temel değerin korunmasını ailenin korunmasıyla eşitleyebiliriz.

Ailenin kutsallığı, bu ocaktaki sırların kutsallığını gerektirir. Böyle olunca da bu sırların aziz birer emanet gibi korunması, orta malı haline getirilmemesi kaçınılmazdır. Hz. Peygamber, özellikle eşler arası mahremiyetin, her şart ve durumda saklı tutulmasında çok ısrarlı davranmıştır.

Bu noktada **eşler arası sırlar** ayrı bir önem arzeder. Eşler arası sırların sokak sohbetine, kahvehane lakırdısına konu edilmesi, Peygamberimizin tiksindiği ve beyinsizlik olarak gösterdiği bir illettir. Eşlerin ayrılmış olmaları bu gerçeği değiştirmez. Aklı yerinde bir insan herhangi bir sebeple ayrıldığı eşiyle paylaştığı anıları ulu orta kahkaha veya çekişme malzemesi yaparsa, kendi onursuzluğunu, kişilik yetersizliğini, ruh hastalığını ortaya koymuş olur. Hz. Peygamber bu noktadaki titizliğin bir yaradılış gerçeğini çerçevelediğini belirtmek için şöyle diyor: "**Mahşer günü, Allah katında en kötü insanlardan biri de, birlikte olduğu, bir takım şeyleri paylaşıp kendisiyle kaynaştığı eşinin sırlarını ortaya döken kişidir.**" (Tirmizî; Şemâil, 177; Heytemî, 2/23)

ÂDET GÖREN KADINLA İLİŞKİ

Kur'an, âdet halindeki kadınla ilişki kurmayı yasaklamıştır. Bu, hem kadına saygının bir ifadesidir, hem de yaradılıştan temiz olmanın... Yasağı getiren ayet şöyle diyor: "O âdet hali bir sıkıntı ve eziyet halidir. O halde, âdet haline girdiklerinde kadınlardan ayrılın ve temizleninceye değin onlara yaklaşmayın. Temizlendiklerinde ise onlarla Allah'ın size emrettiği yoldan ilişki kurun. Allah çok tövbe edenleri de, çok temiz olanları da sever." (Bakara, 222)

Bu ayetten anlaşılıyor ki, âdet halindeki kadınla ilişki kurmamak onu eziyetten kurtarmak olduğu gibi, bir fıtrat temizliğini de korumaktır. Bu ayet ayrıca kadınlarla ilişkinin normal yoldan kurulması gerektiğini de prensibe bağlıyor. Nitekim, âdet halindeki kadınla ilişki kurmanın Muhammed'e vahyedileni inkar anlamına geleceğini söyleyen Hz. Peygamber, aynı hadisinde kadınlarla ters yoldan ilişki kurmayı da zikretmiş ve böylelerinin lanetlendiğine dikkat çekmiştir. (bk. Heytemî, 1/103)

BASKI, ZORLAMA

Kur'an'da baskı-zorlama karşılığı ikrah kullanılır.

İnsanı hürriyet içinde Allah'a ulaştırmayı esas alan ve hürriyeti Allah'a kulluğun kemali sayan İslamiyet ikraha karşı çok kararlı bir mücadele vermiştir. Ana kural, Kur'an tarafından şöyle konuyor:

"Dinde zorlama yoktur. Gerçek şu ki iman ile küfür apaçık ortaya çıkmıştır. Artık kim şeytanı kenara itip de Allah'a iman ederse muhakkak ki o, kopması mümkün olmayan en sağlam kulpa yapışmış olur. Allah hakkıyla işitici, kemâliyle bilicidir." (Bakara, 256)

Bu kural o kadar kesindir ki, ömrünü dine çağırmaya harcamış Hz. Peygamber bile bunu zedeleyen bir tutum içine giremez:

"Eğer Rabbin dileseydi yeryüzündeki insanların hepsi, topyekûn elbette iman ederlerdi. Gerçek bu iken sen, hepsi mü'min olsunlar diye insanları zorlayıp duracak mısın?" (Yunus, 99)

"Eğer onlar imandan sonra yine de yüz çevirirlerse çevirsinler. Biz seni onların üzerine bir bekçi olarak göndermedik ya. Sana ait olan görev bir tebliğden başkası değildir..." (Şûra, 48)

Peki, Hz. Peygamber'in savaşlarını nasıl mânalandıracağız? Neden o, kılıç da kullanmıştır? Kılıç kullanması bu kurala aykırı değildir. Çünkü **kılıcı nebî olarak değil, bir insan sıfatıyla kullanmıştır.** O, normal görevi olan tebliğ yapıyor; siz bu apaçık tebliği (belâğ-ı mübîn) engelliyorsunuz. Bu andan sonra hukukun genel kaideleri işlemeye başlıyor. Yani hiç kimseye dokunmadan, kimseyi zorlamadan inandığı gerçekleri tebliğ eden bir insana müdahalenin vücut verdiği meşrû savunma hakkı doğuyor. Ve Nebî ve ona bağlı olanlar bu hukuksal haklarını kullanıyorlar. Hattâ Hz. Peygamber ve bağlıları bu meşrû savunma haklarını bile çoğu kere kullanmamışlardır. Bir grup düşünün, malını mülkünü **Mekke**'de, müşrik saldırganlara bırakarak **Medine**'ye **hicret** ediyor. Öteki grup, yaptıkları zulümler yetmiyormuş gibi kalkıp Medine'ye kadar geliyor ve hicret eden o insanları orada da zulüm altında ezmek istiyor. Bunlara karşı savaşıyor Hz. Peygamber ve bağlıları. Böyle bir savaşı ele alarak, "dini savaşla yaydılar" yalanına delil olarak kullanmak akla ters düşmektir. **Dini kılıçla yaymak yok, fakat tebliği engelleyenlere kılıçla karşı çıkmak vardır.** Buradaki espriyi iyi kavramak gerekir.

İkrah, insanın özünü zedeler, Yaratıcı'yı rencide eder. Bunun içindir ki Cenâb-ı Hak ikrah altında kendisine kötü sözlerle dil uzatmak zorunda kalanların imanlarını koruyor ve onlara bu çirkin sözleri yüzünden asla kızmıyor. (bk. Nahl, 106)

ANA İLE EVLADI BİRBİRİNDEN AYIRMAK

Hayatın en sıcak, en güzel, en yaratıcı aktivitelerinden biri de annelik, başka bir deyimle anne-evlat ilişkisidir. **İnsan denen kozmik ve şuurlu değer** bu ilişki sayesinde vücut bulur, gelişir, harekete hazır hale gelir. Anne–evlat ilişkisine saygı, hayata saygıyla eş anlamlıdır. Bu ilişkiyi korumak dinlerin, sistemlerin esas hedeflerinden biridir.

Kur'an ve Hz. Peygamber bu ilişkinin saygınlığını ısrarla belirtmiş, onun korunmasını tüm ideolojik, ırksal, hatta dinsel kaygıların üstünde bir borç olarak göstermişlerdir. Bu titizliğin belirişlerinden biri de, anne ile evladı birbirinden ayırmanın, gerekçe ne olursa olsun, büyük günah ilan edilmesidir. Hz. Peygamber diyor ki: "Anne ile yavrusunu birbirinden ayıranı Allah, mahşer günü sevdikleriyle ayrı düşürecektir." (Zehebî, 176; Heytemî, 1/183) Hz. Peygamber, esirler arasında da anne ile evladın ayrılmamasına özen gösterirdi. (İbn Kayyım; A'lam, 1/315)

ALAY ETMEK

Alaycılık (hüzüv, hüzü', mezh), Nefsin öldürücü sıfatlarından biridir. İstihza kelimesi de alay etmek anlamındaki hüzü' kökünden türemiştir. Kur'an bu noktada çok titiz davranıyor ve konuya bağımsız bir sure ile eğiliyor:

"Arkadan çekiştirmeyi, yüze karşı eğlenmeyi, alay etmeyi ve ayıplamayı âdet edinen bir kişinin vay haline. Malı biriktirip saydıkça sayandır o. Ve o malın kendisine ebedî hayat verdiğini sanandır o. Hayır! İş onun sandığı gibi değil. Andolsun cehenneme atılacaktır o..." (Hümeze suresi)

Tanrısal beyandan anlaşılıyor ki, alaycılar birtakım sosyal veya bireysel üstünlüklerden hız alarak, özellikle zenginliğin verdiği şımarıklıkla besliyorlar bu huyu. Allah'ın, kaynağı böyle bir "üstünlük" olan huyun sahiplerine özel bir nefret duyduğunu rahatlıkla söyleyebiliriz. Aynı nefret, peygamberlerde de görülmektedir. Zaten din, bir bakıma, bu huyun saltanatını yıkmak için gelmiştir. Nebîlerin kodaman şımarıklardan gördükleri işkence dolu muameleleri Kur'an bu huyun eserleri olarak tanıtıyor.

Kur'an, biricik üstünlük ölçüsü olarak takvayı aldığı için, mal-soy-sop gibi iğreti ve hazırdan sahip olunan "üstünlük"leri bahane ederek insanlarla eğlenenlerle amansız bir mücadeleye girişiyor. İğreti üstünlüklere aldanıp başkalarını küçümsemememeleri için, iman edenlerin dikkatleri çekiliyor:

"Ey iman edenler, bir kavim diğer bir kavimle alay etmesin. Olabilir ki alay edilenler, alay edenlerden daha hayırlıdır. Kadınlar da kadınları eğlenceye almasın. Olabilir ki alay ettikleri onlardan daha hayırlıdır. Kendi kendinizi ayıplamayın. Birbirinizi kötü lâkaplarla çağırmayın. İmandan sonra fâsıklık ne kötü ünvandır. Allah'ın yasak ettiği şeylerden tevbe etmeyenler zalimlerin tâ kendileridir." (Hucurât, 11)

ÇALIŞANIN ÜCRETİNİ GECİKTİRMEK

İslam, insanın yüceliğinin temeline **gayret ve emeği** koymuştur. "İnsan için, çalışıp ürettiğinden başkası yoktur." (Necm, 39) O halde emek ve gayret kutsaldır, hayatın motor gücüdür. Onun ikincil duruma düşürülmesi, özellikle hırsa ve kapitale köle haline getirilmesi hayatın dengesini bozar.

Kur'an, emeğin kapitale ve kapitali temsil edenlerin hırsına boğdurulmasından çok şiddetle nefret etmektedir. Emeğin boğdurulduğu dünya, kaosların, acıların, kavgaların ve nihayet çöküşlerin eşiğinde gösterilmektedir. Bu böyle olduğu içindir ki Kur'an yoksulu mal ve servette "hak sahibi" olarak gösterir (bk. En'am, 141; Zâriyat, 19) ve Hz. Peygamber, "Allah ve Resulünün övüp sevdiği el, çalışanın elidir." der.

Çalışan elin, emeğinin karşılığını hemen ve eksiksiz alması, Kur'an'ın ideal toplumunda dinin de, insan olmanın da omurga noktalarından biridir. Tüm düzenlemeler, bu hayatî noktanın zedelenmemesini sağlıyacak biçimde olmalıdır.

Hz. Peygamber'in bu konudaki sözlerinden ikisini nakledeceğiz: **"Allah şöyle buyurmuştur: 'Üç kişi vardır ki ben onların mahşer günü düşmanı olacağım: Bunlardan biri de bir ücretliyi çalıştırıp ondan yararlanıp da onun ücretini tam vaktinde ödemeyen kişidir."** Ve: **"Ücretlinin ücretini, teri kurumadan ödeyin"** (bk. Heytemî, 1/205)

MAL VE ÇOCUK ARTIRMA YARIŞI
(Tekâsür)

Mal ve evlat çokluğunda yarış karşılığı Kur'an'da **tekâsür** kullanılır.

Kesret (çokluk) kökünden gelen bu terim aynı zamanda bir surenin de adı olup insanın **niteliğe karşılık niceliği öne çıkarışını kınamak için** kullanılmaktadır. Seviyesiz, onuru düşük bir hayatın temsilcileri mal ve evlat çokluğu ile böbürlenmeyi ve hayatı böyle bir çoklukta öne geçmenin bir yarış arenası haline getirmeyi esas alırlar. (bk. Hadîd, 20; Tekâsür, 1-3) İnsanoğlunun bu yarışı, mezarlıkları ve ölüleri sayacak kadar ileri götürdüğünü söyleyen Kur'an, bunun en büyük aldanışlardan biri olduğuna dikkat çeker:

"Mal ve evlat çokluğuyla övünmek sizi öylesine aldatıp oyaladı ki, kabirleri bile sayıverdiniz. İş, sizin anladığınız gibi değildir. Yakında bileceksiniz. Tekrar ediyorum; iş sizin anladığınız gibi değildir. Yakında bileceksiniz. Hayır; iş, sizin bildiğiniz gibi değildir. Ne olurdu şaşmaz ve aldatmaz bir bilgiyle bilseydiniz..." (Tekâsür, 1-5)

Çokluk (kesret) bir yücelik ve başarı belirtisi veya ölçüsü değildir. Bunu daha iyi anlamak için Kur'an'daki **kesret** (çokluk) kavramını ele almak gerekir.

Kesretin kelime anlamı **çokluk** demektir. Kur'an bununla **mal ve evlat çokluğunu** kasteder ve bu çokluktan medet ummayı bir aldanış ve yozlaşma olarak görür.

Kesrete değinen ayetler, hayranlık verici bir yaklaşımla bir gerçeği daha ifadeye koymaktadır: **İnsanlık tarihi boyunca çoğunluk daima iğretinin, kötünün ve değersizin yanında yeralmıştır ve alacaktır.** Bu konuya açık ve net biçimde değinen ayetler 30'a yakındır. (Örnek olarak bk. Yunus, 92; Bakara, 243; Hûd, 17; Yusuf, 38, 40, 68, 103; Rûm, 30; Gâfir, 61, 82)

Mal ve evlat çokluğuna yani **niceliğe güvenip niteliği ihmal** etmek ve çokluğun verdiği sahte gurura aldanmak Muhammed ümmeti için de bir yıkım ve düşüş belirtisi olarak gösterilmiştir. Ne ilginçtir ki, Kur'an-ı Kerim sadece 3 tanesinin adını andığı Asrısaadet savaşlarının birini, **Huneyn Savaşı**'nı, Müslümanlara çokluğa aldanmamaları konusunda ders vermek üzre gündeme getirir: "Andolsun ki, Allah size birçok yerde yardım etti. **Huneyn** gününde de yardım etti. Hani o gün çokluğunuz sizi boş bir gurura itmişti de, o gurur size hiçbir şey kazandırmamıştı. Ve yeryüzü bütün genişliğine rağmen size dar gelmişti de, bozguna uğrayıp gerisin geri dönmüştünüz. Sonra Allah, Resulü ile müminler üzerine sukûnet indirmiş ve size görmediğiniz ordular göndermişti..." (Tevbe, 25-26)

Çoklukla övünmenin aldatıcılığını bir ibret tablosu halinde ve bir evrensel prensip olarak Kur'an'ın şu ayetinde mucize bir güzellikte bulmaktayız: "Ey Peygamberim, insanlığa şunu bildir: **Pis ve çirkinin çokluğu** seni aldatsa da pis ve çirkin, temiz ve güzelle eşit değerde değildir." (Mâide, 100)

İYİLİĞİ BAŞA KAKMAK

İnsan onuruna saygı, iyiliklerin en yücesidir.

Bu onuru zedeleme pahasına yapılan yardım, verilen destek ne ölçüde büyük olursa olsun, Kur'an nazarında bir hiçtir. Hz. Peygamber insanı bu hassas konuda uyarırken şöyle diyor: "**Sizi, iyilik yapıp da başa kakmaktan uzak durmaya çağırırım. Bunu yapmak, Allah'a şükrü silersüpürür, iyilikten beklenen karşılığı da yok eder.**" İyiliği başa kakanlara **mennân** diyen Cenabı Peygamber böyle insanlara Allah'ın rahmet nazarıyla bakmayacağını da bildirmiştir. (bk. Heytemî, 1/147-148; Zehebî; Kebâir, 111-112)

İyiliği başa kakmamak konusunda Kur'an şu ilkeleri getirmektedir:

"Güzel bir söz ve affetmek, arkasından eziyet gelen bir bağış ve yardımdan iyidir..."

"Ey iman sahipleri! İnsanlara gösteriş için malını verip de Allah'a ve âhiret gününe inanmayan adam gibi, başa kakmak ve eziyet etmekle iyilik ve bağışlarınızı boşa çıkarmayın. Böylelerinin durumu, üzerinde biraz toprak bulunan bir kayaya benzer ki, şiddetli bir

yağmur indiğinde onu cascavlak bir taş halinde bırakır. Böyleleri, kazandıklarından birşey elde edemezler. Allah, nankör bir topluluğu doğruya iletmez." (Bakara, 263, 264)

Kur'an, bir adım daha ileri geçerek, iyilik ve bağışın doruk noktasında yeralacak tavra dikkat çeker. Burada sunulan prensip şöyle verilebilir: **İyilik yapılan kişiden teşekkür beklememek...**

İnsanoğlu hep iyilik yapılandan teşekkür beklemek gibi bir egoizmi yaşatmıştır. İyilik yapmış olma bahtiyarlığına ulaşmanızı sağlayanlara siz neden teşekkür etmiyorsunuz? İnsan onuruna ve akla yakın olan tavır bu değil midir? Kur'an bu noktada şöyle konuşuyor:

"Allah'ın kulları... Yoksula, yetime, esire gönülden bir istekle, sevdikleri yemeği yedirirler. Ve şöyle derler: **'Biz size, sadece Allah rızası için yediriyoruz. Sizden ne bir karşılık bekliyoruz, ne de bir teşekkür."** (İnsan-Dehr, 6-8)

İkinci Bölüm

TOPLUM HAKLARINI ZEDELEYEN GÜNAHLAR

BÖLÜNÜP PARÇALANMA
(Tefrika)

Kur'an'da 20 civarında yerde fiil şekliyle geçen **tefrika, fırka** kökünden türetilmiş bir isim-masdardır. **Fırka,** grup, parça, parti, kısım, bölük demektir ve yalnız bu haliyle bile, tevhidin yani birlik ve birleştirmenin yolu ve disiplini olan Kur'an'a aykırılık ifade eder.

Tefrikanın ilk ve en yıkıcı şekli fıtrat dininde vücuda getirilen tefrikadır ki, Kur'an'a göre **şirk** bunun ürünüdür. Bu anlamda, şirk, bir anne-babanın çocukları olan ve aynı dine sahip bulunan insanlığı parçalayan bir kaos ve azgınlıktır. Rum suresi 30-32. ayetler bu noktaya parmak basıyor: **"Berrak gönüllü ve dosdoğru yürüyen biri olarak yüzünü Allah'ın dinine çevir. O fıtrat dinine ki Allah insanları onun üzerinde yaratmıştır. Müşriklerden olmayın. O müşrikler ki dinlerini tefrikaya maruz bırakıp parçaladılar ve bölük bölük hale geldiler. Onların her öbeği kendi kabulüyle avunup ferahlar."** (Ayrıca bk. Âli İmran 105; Beyyine, 4)

Tefrika, bu genel ve en geniş daireyle şirki ortaya çıkarmakla kalmamış, insanları daha alt ayırımlarla da tahrip etmiştir. Her din kendi içinde bir tefrikaya maruz kalmış, ardından o tefrika gruplarının her biri yeni tefrikalarla parçalanmaya devam etmiştir.

Peygamberlerin en büyük mucizeleri, aralarında tefrikaya yer vermemeleri, hep aynı davayı, aynı çerçevede savunmalarıdır. (bk. Bakara, 136, 285) Oysaki onlara karşı çıkan veya sırt çeviren odaklar hep tefrika üreticisi olmuşlardır. Hatta onlar, Allah ile O'nun resulleri arasına bile tefrika sokmaya çalışırlar. (bk. Nisa, 150)

Tefrikanın ortaya çıkışı **bağy** yani haklara tecavüz, saldırganlık, doymazlık yüzündendir.

Tefrika, bir Allah'ın bir dininin bir olan yolunu bölüp bir çok **yollar** ortaya çıkarmış ve insanı şaşırtıp perişan etmiştir. (bk. En'am, 153)

Muhammed ümmetinin tefrika illetine yakalanmaması için Kur'an ve Hz. Peygamber çok yoğun bir mücadele sergilemişlerdir. Kur'an şöyle diyor bu ümmete: "Allah'ın ipine topluca yapışın ve parçalanmayın..." (Âli İmran, 103)

Hz. Peygamber tefrika illetinin ümmete musallat edeceği acılara çok dokunaklı bir biçimde dikkat çekmektedir. Şöyle buyuruyor: **"Yahudiler yetmişbir fırkaya ayrıldılar. Bunların yalnız biri cennete gitti; diğer yetmişi cehenneme girdi. Hıristiyanlar da yetmişiki fırkaya bölündüler. Bunların yetmişbir fırkası cehenneme, bir fırkası cennete girdi. Muhammed'in hayatını elinde tutan kudrete yemin ederim ki, benim ümmetim yetmişüç fırkaya ayrılacaktır. Bunların bir tanesi cennete girecek, yetmişikisi cehenneme gidecektir. Cennete gidecek fırka, birliği ve beraberliği esas alanların fırkasıdır." (İM. fiten, 17; ED. sünnet, 1; T. iman, 18)**

Bu hadis, bir yandan geçmiş ümmetlerin sürçme ve batma nedenlerine ışık tutarken, bir yandan da Muhammed ümmetinin başına gelecek bozulmaların en ağırına, bölünüp parçalanmaya dikkat çekiyor.

Tartışma, parçalanma, kamplara ayrılma insanın değişmez kaderidir. Ve bu, insan tekamülünün de zorunlu şartıdır. Ancak bunun bir felaket halinde insanlığı kemirmemesi için birlik ve beraberlik şuurunu diri tutan bir **büyük çoğunluk** olmalıdır ki, insanlık kendi kendini yemekten kurtulsun. Hadiste bu büyük çoğunluğa **cemaat** denmiştir ki biz bunu **"birlik ve beraberliği esas alanlar"** diye çevirdik. Hz. Resul bu noktaya bir başka yerde şöyle dikkat çekiyor: "İhtilaflara tanık olduğunuzda büyük çoğunluğa katılmanızı tavsiye ederim." (İM. fiten, 8)

Uçlar, daima kötüye ve huzursuzluğa götürür. Çünkü uçlar, **ifrat** veya **tefrit** biçiminde bir aşırılık sergilerler. İfrat ve tefrit ise bir hastalıktır. Gerekçesi ne olursa olsun, ifrat ve tefritin psikolojik bazı hastalık, uyumsuzluk ve huzursuzluk olmaktadır. Bunun içindir ki Kur'an orta yolu, denge ve huzur yolu olarak tanıtmış, aşırılığı tahrip ve felaket olarak nitelendirmiştir.

Esas olan, hayatın devamı ve insanın barış ve mutluluğudur. Uçlar, işte bunu engelleyen gayretleri temsil ederler. Uyuşmamak, dengeden kaçmak uçların belirgin özelliklerindendir. Bu hastalık, yine Peygamberimizin bir ifadesini kullanırsak, **ülfetten kaçma** yani kaynaşma ve kucaklaşmaya uzak kalmaktır ki böyle bir tutumu tabulaştıranlardan hayır gelmez.

Muhammed ümmetinin tefrika illetinden kurtulamayacağı da, Hz. Peygamber'in üzülerek verdiği haberler arasındadır. Şu sözler bu gerçeğin en yalın ifadesidir:

"Aziz ve yüce Allah'tan ümmetim için üç şey diledim de bunların ikisini bana verdi, üçüncüsünü kabul etmedi. Allah'tan, ümmetime kendileri dışında düş-

man musallat etmemesini rica ettim, bu dileğimi kabul etti. Ve O'ndan, ümmetimi suda boğarak helak etmemesini diledim; bunu da kabul etti. Nihayet O'ndan, ümmetimi birbirine düşürmemesini rica ettim; bu isteğimi geri çevirdi." (İM. fiten, 9)

"Bana şu gerçek vahyedildi: Ben kısa bir süre sonra aranızdan alınacağım. Ve sonra siz birbirlerinin boyunlarını vurmuş zümreler halinde benim ardımdan öbür âleme geleceksiniz."

"Kıyamete yakın zamanlarda insanlar öldürülecektir. Bu öldürme, sizin putperestleri öldürmeniz değildir. Siz birbirinizi katledeceksiniz. Hatta kişi, komşusunu, amca çocuğunu, yakın akrabasını öldürecektir." (İM. fiten, 11)

"Ümmetim içinde kılıç bir kez kullanıldımı kıyamete kadar üzerlerinden kaldırılmaz. Şu da bir gerçek ki, ümmetim adına korktuğum şeylerden biri de dalalete saplanmış yöneticiler ve önderlerdir. Ümmetimden bazı kabileler yeniden putlara tapacak ve ümmetimden bazı kabileler müşriklere katılacaklardır. Kıyamete yakın zamanda yalancı deccallar çıkacaktır. Bunların sayısı otuza yakın olacak ve her biri kendisinin peygamber olduğunu sanacak... Ve ümmetimden bir zümre sürekli olarak hak üzre olacaktır. Onlar Allah'ın yardımını görecek ve Allah'ın emri gelinceye değin, kendilerine ters düşenler onlara zarar veremeyecektir." (İM. fiten 9; ED. fiten, 1)

TEBLİĞ VE AYDINLATMADAN KAÇINMAK

Kur'an, insanı, yaradılış emanetini omuzlayan ve onu hedefine vardırmak üzere Cenab-ı Hakk'a söz veren bir **benlik** olarak tanıtmaktadır.

İnsan bu varlık yapısına uygun yaşamak borcundadır. Bu borcun gereklerinden biri de insanın, ulaştığı kemali, elde ettiği aydınlığı diğer insanlara aktarması ve bütün insanlığı bu aydınlık yönünde şekillendirmek için gayret sarf etmesidir. Bunun içindir ki Kur'an, iman yolcusunun nitelikleri arasına iyi ve güzeli öğütleyip kötü ve çirkinden sakındırmayı da koymuştur. (bk. Tevbe, 71)

Kur'an bu gayretin genel adına **cihad** demektedir. Cihad, **cehd** kökünden gelir ve mânası, olanca gayreti sarf etmek demektir. Bu gayret yerine göre bedensel, maddesel, ruhsal, zihinsel ve düşünsel olabilir.

Cihadın en önemli görünümü, insanları aydınlatma ve fark edilen iyilik ve güzellikleri başkalarına ulaştırma (belağ) yani **tebliğ** de bulunmadır. (Geniş bilgi için bk. KTK, Tebliğ md.)

Bir başka görünümü ise çirkinlik ve kötülükten sakındırma, el çektirme ve engellemedir. Bu ikinci kısma Kur'an **münkerden nehy** (kötülük ve çirkinlikten sakındırma) adını vermektedir. Birinci kısmın Kur'an'daki adıysa **marufu emr** (iyiyi ve güzeli gösterip, öğütlemek)'dir.

Bu görevin icrasında, belirli bir sınıf ve kadro şartı yoktur. Her insan sahip olduğu değerleri ve aydınlığı başkalarına aktarmaya mecburdur.

Bu görevin yapılmaması bütün toplumu suçlu hale getirir. Bu suç, bir zulümdür ve cezası tüm toplumu rahatsız edecek bir yozlaşma ve bozgundur. Kur'an Beniisrail'in bu yozlaşma ve bozgun yüzünden lanetlenip mahvolduğunu bildirir. (Mâide, 78-79) Hz. Peygamber, kötülüğü engellenmeyenlerin, Allah tarafından, onlara göz yumanlara musallat edileceğini söylüyor. (İlgili hadisler için bk. Heytemî, 2/130-131)

Çirkinlik ve kötülüğün önlenmesinde herkesin bir ölçüde sorumlu olduğunu gösteren Hz. Peygamber, şu evrensel prensipleri ilan etmektedir: "Hepiniz sorumlusunuz. Hepiniz yönetimi ve denetimi altındakilerden sorumludur."

Ve: "Bir münker göreniniz onu eliyle engellesin; buna gücü yetmezse diliyle engel olsun; buna da gücü yetmezse kötülüğe ve kötüye gönülden karşı çıksın." Demek oluyor ki, seviyesi ve gücü ne olursa olsun hiç kimse karanlığın ortalığı sarmasına, kötünün iyiyi, çirkinin güzeli boğmasına seyirci kalamaz. Peygamberimiz, kötüye ve çirkine seyirci kalanları, yolculuk etmekte oldukları geminin güvertesinde yan yatıp, nehirden su almak için geminin dibini delen kişilere müdahale etmeyenlere benzetmiştir. Sonuçta, diyor Hz. Peygamber, "hem seyirci kalanlar, hem de geminin dibini delenler batacaktır."

Bozgun ve köülüğe müdahale etmemek, bilgiyi saklamak, özellikle dinin buyruklarını hapsetmek şeklinde ise, bu suçun failleri en büyük zalimler olarak lanetlenmektedir. (bk. bu eser, 4. bölüm, Vahyin Beyanlarını Açıklamamak.)

TAASSUP-YOBAZCA TARAF TUTMA

Bugünkü Türkçe'de **yobazlık, bağnazlık, tutuculuk** diye ifade edilen taassup veya **asabiyet** bir şeyi, gerçeğe uyup uymadığına bakmadan körü körüne savunma saplantısıdır. Taassuba batana **mutaassıp** denir. Mutaassıbın belirgin özelliği, kendisi gibi düşünmeyenlere nefes alma hakkı tanımamak şeklinde ortaya çıkan hoşgörüsüzlük ve katılıktır.

Bu haliyle taassup bir hastalıktır.

Batı dillerinde karşılığı **fanatizm** (fanaticism) olan taassup ırk, din, mezhep, bölge vs. gururu olarak görülebileceği gibi politik, ruhsal megalomani biçiminde de görülebilir.

İslam kaynaklarında taassup kelimesi bunların tümünü içerecek bir pozisyonda kullanılmıştır.

Hz. Peygamber, taassup veya asabiyeti bir **cahiliyye** (İslam öncesi putperest devir) hastalığı olarak gösterip onun bilgisizlik ve putçulukla bağlantısının kaçınılmazlığına dikkat çekmiştir. Gerçekten de taassupta daima bir **tabuculuk** esastır. Bu tabuculuk, bazan **negatif** (bir şeyi veya birşeyleri kötü ilan etmek) bir görünüm arzeder. Bazan da **pozitif** (bir şeyi veya birşeyleri ilahlaştırmak) bir görünümle ortaya çıkar.

Burada bir noktanın altını önemle çizmeliyiz: Taassup

sadece dinden kaynaklanmaz. Tam aksine, taassup, İslam'ın getirdiği yeniyi kabullenmeyenlerin (cahiliyye mensuplarının) bir savunma tavırları olarak, din karşıtı bir psikoloji halinde ortaya çıkmıştır. Zaman içinde hem din çevrelerinden, hem de din karşıtı çevrelerden mutaassıplar zuhur etmiştir.

Taassup, bir saplantı olduğu için, daima uçlardan çıkan dengesizlik olarak dikkat çeker. Tarihin en büyük taassup hareketleri din kaynaklısıyla **Engizisyon,** dinsizlik kaynaklısıyla da **komünizm** tarafından sergilenmiştir. Taassubu yalnız din kaynaklı göstermek, bir saptırmadır.

İslam, bir **orta yol** (sıratı müstakim) ve denge sistemi olduğu için, gerçek şekliyle alındığında, ondan taassub çıkmaz. Ne yazık ki, Müslümanlara yapılan kötülükler, İslam karşıtı taassuba bir reaksiyon olarak, Müslüman kitlelerde yapay bir taassup oluşturmuştur. Müslüman ülkeler içinde yüzyılı aşkın süreyle emperyalist işgal altında tutulanlar olmuştur. Mesela **Cezayir**... Bu ülkeler açık veya örtülü emperyalizmle sömürgeciliğin karşısına nasıl çıkacaklardı? Benliklerini, değerlerini nasıl koruyacaklardı? Her halde, ırz, mal ve onurlarını çiğneyen Batılıların inanış ve tavırlarını hoşgörü ile karşılayarak değil. Bu insanlar için taassup, haklı bir korunma mekanizmasıydı. Ne yazık ki, onları kahır ve zulüm altında inletenler, ülkeleri işgal edilmiş kitlenin başkaldırışını taassup olarak gösterebilmiş, kendilerini ise evrensel, özgürlükçü, uygar insanlar olarak dünyanın önüne çıkarmışlardır. İşgal altındaki **Cezayir**'de direnişe geçen Cezayirli vatanperverler, Fransız radyosu tarafından dünyaya **işgalciler** olarak duyuruluyordu. Ta Avusturalya'dan kalkıp Türk-Müslümanların yurdunu işgal için Çanakkale'ye gelen askerler öldürüldüklerinde, Batılı onların **Çanakkale** yamaçlarındaki mezarları üstüne şunu yazabilmiştir: **"Vatanları için öldüler."** Hangi vatandı işgale uğrayan? Kimdi işgalci? Avusturalya nere, Çanakkale nere?...

Taassup meselesinin bu ilginç kaderine bir göz attıktan sonra onun İslam içindeki tahliline geçebiliriz.

Taassup ve **asabiyet** kelimelerin kökü olan **asab,** mafsalları bağlayan liflere denir. Buradan alınarak, her türlü kuvvetli bağlayış, sıkı tutum için kullanılmıştır. Başı sıkısıkıya bağlayan çember ve sarığa **ısâbe,** inat ve şomluk üzre birleşen topluluğa **usbe** denir ki hepsi **asab** kökündendir. Bir fiil olan **taassasa,** "bir şeyle yetindi, onun dışında bir şey istemedi" demektir. Kişinin çocuklarına ve baba tarafından akrabasına da **asabe** denmektedir. (bk. Râgıb, asab md. İbn Manzur, aynı md.) İbn Manzur şunu da söylüyor: "Asab kökünden gelen **taassup** kelimesi kişinin kendi grubuna, her hal ve kârda, ister zalim olsunlar, ister mazlum, destek vermesidir. Başkaları aleyhine hizip oluşturmayı da **taassup** kelimesiyle ifade ederler. Bunun içindir ki, hadislerde şöyle buyurulmuştur: **"Mutaassıp, kendi yandaşlarına, zulüm üzre yardımcı olana denir."** Ve: **"Mutaassıp, yandaşları için öfkelenen ve onları her halde koruyan kişidir."** (İbn Manzur, aynı md.)

Hz. Peygamber, asabiyetteki bu körü körüne savunma yüzündendir ki: **"Asabiyete çağıran, taassup uğruna çatışma ve çarpışmaya giren bizden değildir."** buyurmuştur. (ibn Manzur, aynı md.)

Asabiyet, Kur'an'ın birçok temel kabulünü zedelemektedir. Özellikle şu ayetlerin zedelendiği açıktır:

1. **"Ölen, açık ve kesin bir delil (beyyine) üzre ölsün, yaşayan da açık ve kesin bir delil üzre yaşasın."** (Enfal, 42)

2. "Onlara, 'Allah'ın vahyettiğine uyun' dendiğinde onlar şu karşılığı verirler: 'Hayır! Biz, ecdadımızı hangi hal üzre bulmuşsak ona uyarız.' Ama, ya ecdadı bir şey anlıyamamış,

bir şey bilememiş idiyse?!" (Bakara, 170; Mâide, 104; Lukman, 21; Zuhruf, 23 vs.)

3. "İyilik ve takva üzre yardımlaşın, fakat düşmanlık ve kötülük üzre yardımlaşmayın." (Mâide, 2)

Anlaşılan odur ki taassupta daima inat, şiddet, körü körüne savunma, gelenekperestlik, ecdadperestlik, başkalarına baskı, hoşgörüsüzlük ve bilgisizlik hakim özelliklerdir. Hz. Peygamber'in asabiyete ilişkin açıklamalarında buna dikkat çekildiğini görebilmekteyiz. Bu sakatlıkları taşıyarak ölen bir benliğin akıbetini de Hz. Peygamber şöyle gösteriyor: **"Cahiliyye ölümüyle ölmek"** (bk. D. edeb, 112; İM. diyât, 8; fiten, 7; M. imâret, 57; İbn Hanbel, 2/206, 488)

Kur'an-ı Kerim, **taassup** ve **asabiyet** kelimelerini kullanmaz. Ancak, **asaba** kökünden türeyen ve inat ve şomluk üzre birleşen cemaat anlamındaki **usbe** kelimesi 4 yerde kullanılır. Bunların hepsinde **usbe** pejoratif anlamda olup kötülük ve inat üzre birleşen grup demektir. Yusuf suresi 8 ve 14. ayetlerde **usbe,** Hz. Yusuf'a tuzak kurmak için hazırlanan kardeşlerinin oluşturduğu kişiliği karşılar. Aynı ayetlere göre bu klik hüsrana giden bir kliktir.

Nur suresi 11. ayette **usbe,** Hz. Peygamber'in eşi Hz. Âişe'ye iftira için seferber olan münafık tahrip ve bozgun hizbini tanıtmak için kullanılır.

Kasas suresi 76 da ise azgınlık, zulüm ve sömürünün timsali olan **Kaarun**'un hazine anahtarlarını taşıyan yardakçı topluluk **usbe** olarak anılmaktadır.

Kur'an, taassup anlamında **hamiyyet** sözcüğünü de kullanır (Fetih, 26) ve sözcüğün geçtiği ayet, taassubun âdeta dolaylı bir tanımını ve karşıt kavramını verir. Bu ayet, putperestlerin, kalplerindeki cahiliyye taassubuna sığındıklarını (burada hamiyyet iki kez kullanılmıştır), onların gönlündeki bu taassuba karşılık iman yolcularının gönlüne sükûnet, rahatlık, dikkat, iyi ölçüp-biçme özelliklerinin konduğuna dikkat çekiyor.

Usbe ve **hamiyyet** kelimeleriyle oluşturulan kavram alanlarını dikkate alarak Kur'an'ın **taassup** konusunda şunların altını çizdiğini söyleyebiliriz:

1. Taassup bir bilgisizlik, karanlık ve körlük olayıdır,

2. Taassubu, genellikle kıskançlık, çıkarcılık, yağcılık, gelenekperestlik besler,

3. Taassup, mensuplarını hüsrana götürür,

4. Taassuptan arınmış gönüllerde ilahî sukûnet, huzur, dikkat, aydınlık ve hoşgörü yerleşir.

Bu Kur'ansal noktaları, hadislerdeki beyanlarla birlikte düşünürsek şunu söylemek zorunda kalırız:

Taassubun tarih içinde en büyük düşmanı Hz. Muhammed, Hz. Muhammed'in en büyük düşmanı da taassuptur. O'nun en büyük düşmanı olan şirk de bir taassup türüdür. O halde, Müslüman kitleler, dinsiz ve Ehlikitap ülkelerin emperyalist ve sömürgeci zulümlerinin itişiyle bulaşmış bulundukları taassuptan bir an önce sıyrılıp Kur'an ve Hz. Muhammed'in merhamet, hoşgörü, kolaylık, baskıdan uzaklık ilkelerine oturan öğretisinin esas atmosferine girmek borcundadırlar.

Son verirken, ünlü **Zevâcir** yazarı Heytemî'nin şu tesbitini kaydetmek isterim:

Taassup daha çok mezhep ve fırka tutkusu olarak belirir ve en büyük tahribini saplantılı ulema bünyesinde gerçekleştirir. Şeytan, taassup aracılığıyla ulemaya nüfuz edince bu insanlarda zanlar gerçeği örter, şeytanı izlemeyi dini ihya sanmaya başlarlar... (Heytemî, 1/67)

KAMU MALINDAN ÇALMAK

Haram yemenin en tehlikeli şekli, kamu malı yeme veya kamu malından çalmadır. Çünkü diğer kul haklarının sahipleri bellidir; insanı muayyen kişilerin muhatabı yaparlar. Kamu malı öyle değildir. Yenen hakkın, milyonlarca kitleden kimin payına düşeni olduğu bilinemez. Bu demektir ki bu haklar bizi toplumun tüm fertlerine karşı günah işlemiş bir duruma getirir.

Kamu malına musallat olmak, büyük kısmıyla kamu hizmeti verenlerin girdiği bir günahtır. Yönetim, yargı, denetim, icra vs. gibi muhtelif kesimlerde çalışanlar, bir yığın kamu mal ve servetinin emanetçisi durumundadır. Bunlar, eğer vicdan ve imanları engel olmazsa, az veya çok, şöyle veya böyle, kamu hakkı altına sokacak hırsızlıklar, yolsuzluklar yapabilirler. Ve bu , onların besledikleri çoluk çocuğu da haramla zehirler.

Kamu malına tasallutun **iki şekli vardır: Aktif şekil, pasif şekil...**

Birincide kamu malı veya hakkı alınır, çalınır... İkinci de ise, ödenmesi gereken kamu hakkı, kamu borcu ödenmez. Vergi kaçakçılığı, zekatı vermemek bu ikinci türe girer...

Ülkenin ve sistemin durumuna göre adı ilk anda konamayacak bir yığın kamu malı hırsızlığı söz konusudur. Mesela, son yıllarda vurgunculuğun tepeden aşağı meşrulaştırılması sonucu ortaya çıkan **hayali ihracat** kamu mal ve servetini gasbın en sinsi, fakat en namussuz yollarından biridir. Daha yüzlerce örnek verilebilir.

Ne yazık ki ülkemiz bu bakımdan korkunç bir manzara arzetmektedir.

İslam literatüründe, kamu malını zimmetine geçirmeye **ğulûl** denir. Tam anlamıyla, ganimet zekat vs. malını hıyanetle zimmete geçirmek demektir. Ve hemen her hadis ve fıkıh kaynağında **ğulûl** adını taşıyan uzun veya kısa bir bölüm vardır. Kur'an bu kelimeyi, fiil şekliyle üç kez kullandığı bir ayette şöyle diyor: **"Kim hainlikle bir kamu mal ve hakkına el koyarsa, kıyamet günü o el koyduğu şeyi ortaya getirecektir."** (Âli İmran, 161)

Hz. Peygamber bize haber veriyor ki, kamu malı yemenin legalize edilişi **"hediye"** teranesiyle de olabilecektir. Ve Hz. Resul soruyor: "Eğer bu adam evinde anne-babasının yanında otursa idi, o hediye ona gelecek miydi?"

Şu olay, kamu hakkı yemenin nelere malolacağını göstermesi bakımından gerçekten ürperticidir: **Hayber seferi dönüşü idi. Yolda pusu kurmuş olan putperest kabilelerden birilerinin attığı okla, Hz. Peygamber'in hizmetindeki bir sahabi öldü. Oradakiler hemen atıldılar: "Şehitliği mübarek olsun!" Bunu duyan Hz. Resul şöyle buyurdu: "Asla şehit olamadı. Allah'a yemin ederim ki, Hayber günü ganimetlerden ayırıp zimmetine geçirdiği kamu malına ait gömlek, ateşten bir çarşaf gibi onu sarmaktadır." Bunu duyan sahabiler feryad etmeye başladılar. Hatta bir sahabi iki nalın tasması getirip: "Alın bunları, bunlar ateşten iki bukağı" diye bağırdı. (bk. B. megâzî; M. iman; Zehebî, 84)**

Şehitlik mertebesini bile insanın elinden alıp götüren kamu hakkı yeme günahından Allah'a sığınırız.

Hz. Resul bir yerde şöyle diyor: "**Eğer ümmetim kamu malından çalma günahını işlemese karşılarına ebediyyen düşman dikilemez.**" (Heytemî, 2/140) Şunu da ekleyelim: Hz. Peygamber, kamu malı çalmış, kamu hakkına tasallutta bulunmuş olanların cenaze namazlarına katılmazdı. (bk. İbn Kayyım; Zâd, 1/515; 3/107)

ÖĞRENMEMEKTE ISRAR

Bilgisiz insan hem kendisi, hem de toplum için birçok probleme vücut vereceğinden öğrenmemekte ısrar, toplum haklarını, hatta evrensel hakları zedeleyen bir günahtır.

Kur'an, bilgi ve düşünmeyi mutlak değer ve yücelik ölçüsü kabul etmektedir. Allah'ı bilmenin ve gerçek kulluğun yolu da bilgiden geçer. Kur'an, Allah'ı gerçekten tanıma gücüne erişenlerin bilginler olduğunu açıkca söylemektedir. (bk. Faatır, 28)

Kur'an'a göre, varlıklar dünyası, Allah ile insan arasında yeralan ayetlerdir. İnsanın kendisi de ayettir. İnsanın Allah'ı tanıması ve ona ulaşması bütün ayetlerin incelenmesini gerektirir. Bu da bilgiyle olur. Bu bakımından Kur'an, insanı araştırmaya, bilmeye ve düşünmeye çağıran yüzlerce ayet içermektedir.

Kur'an'ın bilgiye ve öğrenmeye nasıl bir değer yüklediğini anlamak için, onun ilk emrinin **"oku"** olduğunu hatırlamak yeter. Ne ilginçtir ki, Kur'an, Allah'ın insanı bir **muallim** gibi eğitip öğrettiğini, hatta insana kalemle öğrettiğini bildirmektedir. (bk. Rahman, 1-4; Alak, 1-6) Hz. Peygamber de kendisinin bir muallim (öğretmen) olarak gönderildiğini söylemektedir.

İslam, bilimler arasında hiyerarşi kabul etmediği gibi, bilimin vatanı olduğunu da kabul etmez. İlim Allah'ın nurudur, bu nur nerede görülürse orada Allah'ın tecellisi var demektir. Peygamberimiz buyuruyor ki: "Hikmet, müminin kaybolmuş malıdır. Onu nerede bulursa hemen alıversin." Ve: "İlim Çin'de de olsa, onun ardına düşüp alın." Ve: "Beşikten mezara kadar ilim peşinde koşun."

Öğrenmede cinsiyet ayrımı yapmak da en büyük günahlardan biridir; Kur'an'a ve Hz. Peygamber'e ihanettir.

"İlim peşinde koşmak, kadın-erkek bütün Müslümanlara farzdır" hadisi, bu konunun değişmez prensibidir.

Bilim ve düşüncenin vatanı olmadığı için bilgiyi ve onun ürünü olan keşif ve icatları, çeşitli gerekçelerle (gâvur icadı vs.) karalamak Kur'an'a ve Hz. Peygamber'e ters düşmektir. Ne yazık ki, yozlaşma, taklit ve gerileme devri Müslümanları, putperest Çin'de bile olsa koşup almamız emredilen ilmi, ayaklarına geldiği halde geri tepme talihsizliğini gösterebilmişlerdir. İcadından iki yüz küsur sene sonra İstanbul'a getirilen matbaayı **gâvur icadı** diye kaldırıp atan Müslüman kisvesinde gafiller çıkabilmiştir. Gerçek İslam, o matbaayı Çin'de bile olsa koşup almamızı emrederken, ayaklarına geldiği halde onu reddedenlere, İslam Peygamberi'nin davranışı muhakkak ki ürpertici olacaktır.

O Peygamber ki, İslam'ın kader savaşı diye anılan Bedir Harbi'nde esir edilmiş en azılı putperestleri, 10 Müslüman'a okuma yazma öğretmeleri halinde serbest bırakmıştır. Tarih 7. yüzyılın başları ve bölge Arap Yarımadası'dır. Tanrı Elçisi'nin o gün sergilediği davranış, göklerde koloniler kurulan bugünde bile sergilense hayranlık vericidir. O gün sergilenişi ise tam bir mucizedir.

İslam, öğrenmemekte ısrarın savunulur hiçbir mazereti

olduğunu kabul etmez. Bizden istenen, bulunduğumuz hal ve şartlar içinde neyi öğrenebiliyorsak, ondan geri kalmamaktır. Bu noktada evrensel ölçü Hz. Peygamber tarafından şöyle konmuştur: **"Öğrenerek, öğreterek veya dinleyerek bilgilenme peşinde ol. Bu üç sınıftan birine girmezsen helak olursun."**

Kur'an-ı Kerim bilginin sonsuzluğunu ve rölatifliğini kabul eder. "Her bilginin üstünde bir başka bilen vardır." (Yusuf, 76) Bu demektir ki, her insan bir metrebeye göre öğretici, bir mertebeye göre öğrencidir. Her insan, sahip bulunduğu insanlık bilincini ve bilgiyi kendinden aşağıdakilere aktarmada öğretmen, bu bilinç ve bilgide kendinden yukarıdakilerden öğrenmede öğrencidir. Bu, Peygamberimizin ölümsüz ifadesiyle "beşikten mezara kadar" sürer gider. Ve bu şurla hayata, eşyaya ve insana yaklaşana Peygamberimiz **bilgi isteklisi** diyor ve onun, meleklerin kanatlarıyla korunduğunu, Allah tarafından sürekli selamlandığını bildiriyor. Bizzat kendisi de bu istekliye "merhaba ey ilim yolcusu" diye selamlar gönderiyor.

Bizim salât ve selam niyazlarımız da o Peygamberler Peygamberine ve onun Ehlibeyt'ine olsun...

Bir cümleyle özetlemek istersek, Kur'an'ı inceleyenler açıkça görürler ki, **öğrenmemek, insanı, Kur'an'ın yüzlerce ayetinde bize ulaştırılan yüzlerce ilahî emre ters düşme noktasına getiren korkunç bir günahtır. Ve böyle olunca, insanların öğrenmelerini güçleştiren veya engelleyen sistem ve yönetimler insanlığa en büyük zulümdür.**

BİLGİYİ SAKLAMAK

Din literatüründe **ketmul ilm** veya **kitmânul ilm** denen bu günahın, Allah'ın emirlerini, vahyin beyanlarını açıklamamak şeklinde olanını biz Lanet Konusu Günahlar bölümünde anlatmış bulunuyoruz. Burada açıklıyacağımız, bilgiyi saklayarak onu **öğrenmek isteyenlere engel olmak veya öğretmekte cimri ve tembel davranmak** olacaktır.

İslam, bilgisini kendisiyle birlikte mezara götürenleri, insana ve hayata ihanet etmiş zalimler olarak görür. Bilgi, aydınlıktır; bu aydınlığın hapsedilmesi ise karanlıkların en fenası... Bilgiyi, kendi merkezinin dışına yaymak, insanı, hiçbir kimlik kartı aramadan bilgiden nasiplendirmek, yaratıcı ve aydınlık ruhun en büyük mutluluğudur.

İslam, bilgiyi kendi egosu için yatırım aracı yapanları da iyi insan olarak görmez. Mal ve servet gibi, bilgide de infak **yani başkalarına dağıtmak esastır.**

Bilgi infakının ilk ve en pratik yolu, sorulana cevap vermektir. Sorulana cevap vermeyenlerin, cehennem bukağılarıyla tasmalanacağını söylüyor Hz. Peygamber. (bk. Heytemî, 1/73)

İkinci yol, konuşmak, üçüncüsü yazmaktır. Bilgisini bu yollarla insanlığa aktarmayanlar, yaradılışın en önemli prensiplerinden biri olan **alıp-verme** ilkesini çiğnemiş olurlar. Her varlık, fıtrat düzeni içinde, sürekli olarak bir şeyler alır, bir şeyler verir. Hep alıp hiç vermeyen, yahut gereğince vermeyen, fıtrata nankörlük etmiştir.

Bilgiyi saklamanın savunmasını yapan egoizm, genellikle şu namert bahaneye sığınır: **Ehlini bulamıyorum.** Oysaki bilgi insana sunuldukta, o kendi ehlini bulur. Ehli bulunmuyorsa, bilgi hapsedildiğindendir. Bir aşık gibidir bilgi, serbest bırakıldığında sevgilisini bulur. İzbelere hapsedilmiş bir sevgili, seveni tarafından nasıl yakalanacaktır? (Ayrıca bk. Bu eser, Tebliğden Kaçınmak ve Vahyin Beyanlarını Açıklamamak bölümleri)

EMÂNETE HIYANET

Emânet kavramı, İslam'ın çok boyutlu kavramlarından biridir. Böyle olunca emânete hıyanet birçok boyutta günahın doğmasına vücut verebilmektedir. (Kavram için bk. KTK. Emânet md.)

Emânete hıyanetin zıddı, **emânete sadakat**tır.

Emânet, iman kelimesiyle aynı köktendir. Bu demektir ki iman da bir emânet taşıma olayıdır.

İman, kozmik emâneti taşıma bilincine ulaşmış olmayı ve bu taşıma görevinin üstlenildiğini ilan etmektir. O halde emânete sadakatin bir anlamı da imanda sebat ve dürüstlüktür. Bu, kozmik emânete sahip çıkmak demektir. Gerçekten de Kur'an, hiçbir varlığın yüklenmeye cesaret edemediği bir emâneti insanın yüklendiğini beyan eder. (bk. Ahzab, 72) Bu, kozmik emânettir. Daha birçok emânet vardır. Kur'an bu inceliğe dikkat çekmek için olacak, **emanetlere hıyanet** etmeyin diyor. (Enfal, 27)

İnsan her şeyden önce kozmik emânete hıyanetten uzak durmalıdır.

Emânete hıyanet konusunun en önemli noktalarına değinen Enfal suresi 27. ayet Allah'a, Resul'e ve insanların emanetlerine hıyanetten bahseder.

Allah'ın emânetine hıyanet, iman sırrına yabancı kalıp Allah'ı inkar etmek veya unutmaktır. Ezelde Allah'a verdiğimiz söze, misaka ters düşmektir.

Peygamber'in emânetine hıyanetse O'nun Ehlibeyti'ne hıyanettir. İslam ümmetinin çiğnediği en büyük emanet işte budur. Hz. Peygamber'in vefatı ardından O'nun, Ehlibeyti ile ilgili vasiyetlerine uyulmayarak bu Resul hanedanının hakları çiğnenmiş, bu yetmiyormuş gibi o muazzez ailenin kimi zehirlenerek, kimi de doğranarak öldürülmüştür.

Bizim inancımız odur ki, Müslümanların asırlardan beri bellerini doğrultamamalarının, tefrika illeti ve fesatla birbirlerini perişan etmelerinin sebebi bu ihanettir.

Yahudiler, peygamber katlederek **cinayet kavmi** oldular ve lanetlendiler. Arap kavmi de peygamber ehlibeyti katlederek **hıyanet kavmi** oldu ve zillete mahkum edildi. İlahî kadere bakın ki, Allah, cinayet kavmi ile hıyanet kavmini birbirine musallat etmiş, boğuşturyor.

Allah'ın, nebilere ve onların sevdiklerine, özellikle onların evladına kötülük edenlere kahrı çok ağır olmaktadır.

İnsanlar arası emânetlere gelince, bunlar, güvene tevdi edilen maddî ve manevî her türlü şey olabilir. Para, eşya, mücevher, sır, söz, bilgi vs. vs. Mümin, iman kökünden gelen **emin sıfatının** sahibi olarak, güvenine teslim edilen her şeyi teslim eden kim olursa olsun, sadakatle koruyucu olmalıdır.

Emânetler makrodan mikroya şöyle sıralanabilir: **İman, tabiat, kamu malları ve hakları,** komşu hakları, bize hizmet verenlerin hakları, ailemizin hakları, çocuklarımız, eşimiz...

Tüm hayvanlar da bize emânettir. Çünkü onlar, bize emânet edilen tabiatın bir parçası olmakla kalmaz, bize hizmet veren varlıklar olarak da emânetler içine girerler.

İnsanoğlu bugün tabiatı mahvederek hem **tabiat emânetine,** hem de tabiatın kucağında yaşayan hayvanlar emânetine hıyanet etmiştir.

En değerli emânetlerden biri de bilgidir. Bilgiyi kötüye kullananlar da emânete hıyanet içindedirler.

Yönetilenler, yönetenlere emânettir. Halka kötülük, zulüm, baskı, zorbalık, halkı soymak vs. emânete hıyanet suçudur. Ülkemizde, özellikle son yıllarda halkın sefaletiyle alay eden bazı yöneticilerin bir emânete hıyanet suçu da işledikleri apaçık ortadadır.

Özetlersek, Hz. Resul'ün şu sözü karşımıza çıkar: "**Emânete saygısı olmayanın dini de olamaz.**" (İbn Hanbel, 3/135, 154, 210; Zehebî, 108)

İşleri ehil olanlara vermemek, başka bir ifadeyle, emâneti ehil olmayana vermek de emânete hıyanetin en kötü görünümlerinden biridir.

Kur'an, bir yaradılış prensibi olarak şunun altını çiziyor: "**Allah size, emânetleri, onlara ehil olanlara vermenizi emreder.**" (Nisa, 58)

Emânetlerin ve işlerin, ehil olanlar yerine çıkarlara, politikalara, egonun arzularına uygun kişilere verilmesi toplumu çöküşe götürür. Hz. Peygamber burada şu ölümsüz sözü, insanlığın kulağına üflüyor: "**İş, emanet, yönetim ehil olmayanlara verildiğinde, kıyametin kopmasını bekle.**" (B. ilim, 2) Buradaki kıyamet, kıyametin üç anlamından biri ve toplumun çöküşü demek olan **sosyolojik kıyamettir.** (bk. KTK. Kıyamet md.)

Bu böyle olduğu içindir ki, **işi ehline verme** yerine, **kayırılan adama iş verme** yolunu seçmiş kitlelerin bellerini doğrultmaları asla mümkün olmaz.

Ne yazık ki biz de bu kitlelerden biriyiz.

YÖNETİLENLERE KÖTÜ DAVRANMAK

Bu günah her seviyede işlenebilir. Mikrodan makroya, ev halkından ülke yönetimine değin birçok boyut arzeder. Bu boyutların hepsinde yönetilene kötü davranmak bir kebîredir. İnsana insan gibi davranmak işin esasıdır. Bu, hem mutluluğun, hem de verimliliğin garantisidir. Ne var ki hasta-sadist ruh, bunu bilemez, anlayamaz ve eline geçen fırsatları insana kan kusturmak için kullanır. Bu tipler varlığın en sefil mahlukları, insanlığın temel düşmanlarıdır. Bunlar hayata ve insana pusu kuran kahpelerdir. Ellerine en küçük bir imkanı vermek bile insanlığa ve Allah'a ihanet olur. Bu tip yöneticilere karşı çıkmayı, haksızlıklarını onların yüzlerine vurmayı en büyük ibadet olarak gösteren Hz. Peygamber: "Benim ümmetimin ruhbaniyeti cihaddır" diyerek zalime isyanı Allah'a varmanın en kestirme yolu olarak göstermiştir.

Bu neden böyledir? İnsanlığın tarih içinde ve bugün yaşadığı dramlara şöyle bir bakmak bu sorunun cevabını önümüze getirir. Bütün zulümler, devleti yönetenlerin zalimliğinden güç ve hayat bulur. Görünür ve görünmez tüm kötülüklerin maya teknesi, motor gücü, kitleyi yönetenlerin benlikleri, niyetleridir. O benlikler berrak, o niyetler iyi olursa bu, dalgalar halinde tüm topluma yayılır ve başın sağlıklı oluşunu tüm vücut bütün hücrelerinde duyar, yaşar.

Genelde tüm dünyanın, özelde de İslam dünyasının dert ve sefalet kaynağı zalim ve yetersiz yöneticiler olmuştur. Ne var ki insanlık, büyük kısmıyla, zalimleri saf dışı bırakacak sistemlere ulaşarak bu belayı başından atabilme noktasına gelmiştir. İslam dünyası ise, Kur'an'ın yüce prensiplerine rağmen, bu işi hâla çözememiş ve lider-yönetici yetersizliğini en büyük bela halinde taşımak durumunda kalmıştır.

İslam dünyasının zalim yöneticiler elinde kıvranmasını kader haline getiren sebeplerden biri de, Kur'an'ın ve Hz. Peygamber'in yıktığı krallık düzenini ayakta tutması, bir başka deyimle demokrasiye, cumhuriyet sistemine geçmemesidir.

Kur'an'ın önerdiği idare şekli **şûra** sistemi, yani cumhuriyettir. Ve İslam dünyası Kur'an'ın bu emrini açıkça çiğnemeye devam etmektedir. Bu devam ettiği sürece de Müslümaların zalim yöneticilerden kurtulmaları mümkün olmaz. Müslümanların kaderi, kişilerin vicdanlarına bağlı olmaktan çıkarılıp sistemin garantisine, hukukun korumasına teslim edilmelidir. Kişilerin vicdanı yüksek çıktığında kitle rahat nefes alabilmekte ise de bu istisnai durum yok denecek kadar az olmaktadır. İslam tarihi global planda bir "zalim yöneticilerlee ezilen kitleler resmigeçidi" manzarası arzetmektedir. (Bu konuda geniş bilgi için bk. **Son Peygamber** adlı eserimiz, Onun Ümmeti bölümü)

Şunu da unutmamalıyız: Zalim yönetimin **sistem ve kanun** bazında önlenmesi, her şeyin bittiği anlamına gelmez.

Sistem ve kanun planında çok güzel görülebilen nice yönetimler ileri derecede zulümler sergileyebilmektedir. Bu, cumhuriyet ve demokrasinin kötü kullanımı ve dejenere edilmesiyle ortaya çıkan bir durumdur.

İnsanlık bugün bu dejenerasyon ve kötü kullanımın acıları içindedir. Türkiye de bu acılarla kıvranan ülkelerden biridir. Demek oluyor ki, kağıt üzerinde kalmış bir demokrasiyle de huzuru yakalamak olmuyor. **İki şeyin birleşmesi gerekir: Mükemmel sistem, gelişmiş vicdan...** Bunların birinin eksikliği halinde insanın bunalımı, acısı devam eder.

Hz. Peygamber, ileriki zamanlarda, ümmetinin ıstırap kaynaklarından birinin de yetersiz ve zalim yöneticiler olacağını haber vermiştir. Diyor ki: "**Ümmetim adına korktuğum şeylerden biri de dalâlete saplanmış yöneticiler ve önderlerdir.**" (İM. fiten, 9) Ve: "**Mahşer günü en şiddetli azaba uğratılacak olanlar, peygamber öldürenlerle, zalim yöneticilerdir.**" Ve: "**Allah, içlerinde hakla hükmedilmeyen, güçsüzün güçlüdeki hakkı alınmayan bir toplumu arıtıp mutlu kılmaz.**" Ve: "**Yönetimde bir saatlik zulüm, diğer durumlardaki 60 yıllık günahtan daha yıkıcı ve kötüdür.**" (Heytemî, 2/90)

Yönetim ve yönetici zulmünün genel sebepleri arasında şunlar dikkat çeker:

1. Sürekli iktidarda kalma hırsı,

2. Kendisini ve çevresini kamu malından zengin etme tutkusu,

3. Kitleyi, sefalette eşit kılma hatası (komünizmde durum budur),

4. İmkanların adaletsiz dağıtımını, sömürü ve haksız kazancı koruma (kapitalizmde durum budur) tutkusu,

5. Irkçılık saplantısı,

6. Din veya mezhep saplantısı,

7. Üstün halk-seçkin ümmet saplantısı (Yahudi-siyonist baskı ve zulümlerde olduğu gibi),

8. Lanetlenmiş kavmi, gazaplı toplumu ezme inanışı (Yahudilere zulümler bu türdendir.)

Kur'an'ın ve Hz. Peygamber'in övdüğü ve insana bir onur görevi olarak yüklediği davranışlardan biri de zulme, özellikle zulüm yönetimlerine karşı çıkmaktır. Bu karşı çıkış, gerektiğinde savaş şeklinde olacaktır. (Bu konuda geniş bilgiler için Temel Kavramlar adlı eserimizin şu maddeleri okunmalıdır: **Bağy, İsyan, Kıtal, Müstaz'afûn, Teref, Zulüm**)

Allah Elçisi, toplumda kin ve çekişmenin temel kaynaklarından birini de zalim yöneticiler olarak göstermiştir. Onlar, sergildikleri zulümlerle, yukarıdan aşağı bir kin ve nefret dalgası yayarlar. Bu dalga, bir reaksiyonla, aşağıdan yukarı bir kin ve nefreti hazırlar, böylece toplumda kaos ve huzursuzluk yaygın hale gelir. Hz. Peygamber bu noktaya değinirken şöyle diyor: "Yöneticilerinizin en şerlileri sizin kendilerine kin tuttuğunuz ve kendilerinin de size kin tuttuğu kişilerdir. Siz onlara lanet edersiniz, onlar size..." (Tirmizî; Şemâil, 72)

Şunu da belirtmek zorundayız: İslam vahiylerinin genel tavrı, yönetim görevini ısrarla isteyenlerden hayır gelmeyeceği merkezindedir. Hz. Peygamber, vahyin bu yaklaşımını çok açık biçimde ifadeye koyarak şu ilkeyi belirlemiştir: Yönetime (imârete) istekli olanlardan hayırlı yönetici çıkmaz. Hayırlı yönetici, halkın kendisini ısrarla isteyip seçtiği kişiden olur. Yani **yönetim, taliplerin değil, matlupların yeraldığı bir makam olmalı.** Diyor ki Cenabı Resul: **"Allah'a yemin ederim ki, biz bu yönetim işini isteyene, özellikle ona düşkünlük gösterene asla teslim etmeyiz."** (Tirmizî; Şemâil, 73) Bunun pratik anlamı şudur: **Yönetim, onu, halka hizmet işi bilenlere verilmeli, halkı soyma yolu bilenlere değil...** Demokrasinin esası da budur.

Bir ülkede politikanın bu iki yoldan hangisine girdiğini

anlamak da böylece mümkün hale gelmektedir. Seçilmek için büyük paraların akıtıldığına, çeşitli oyun ve entrikaların birbirini izlediğine, bol vaad ve yalanla kitlenin afyonlandığına tanık olduğumuzda, yönetimin "isteyenler"e teslim edildiğini bilmek gerekir. İstenenlerin seçilmesini esas alan bir **demokratik terbiye,** az önce bahsettiğimiz manzaraya asla vücut vermez.

İsteyenlerin başa gelmesine yönelik politikalar kitleye hayır getirmedikleri gibi, uzun vadede onu temsil edenlere de hayır getirmezler. Bu ilkeyi yaradılış kanunu olarak belirlerken şöyle diyor Hz. Peygamber: **"Sizler, yönetimi ele geçirmeye çok düşkün olacaksınız, ama o sizin için kıyamet günü bir pişmanlık vesilesi olacaktır."** (B. ahkâm; T. Şemâil, 73)

Bahsi kapatırken şunu da söyleyelim: **İstenenler**in değil de **isteyenlerin** yönettiği bir ülkede politika sürekli beşinci sınıf insanların, cingöz, çıkarcı, düzenbaz laf ebelerinin kotardığı bir iş haline gelir ve kitle, emaneti yüklenecek esas benliklerden yoksun kalır. İslam ülkelerinin, o arada Türkye'nin rahatsızlığı, büyük ölçüde bu "yoksun kalış"tan kaynaklanmaktadır. Kısacası, yaratıcı ruhlar, politikadan tiksinir hale gelmiştir.

VAKIF MALINI YERSİZ HARCAMAK

Vakıf, bir mal ve değerin belli bir gayeye özgülenmesidir. Özgülenen malın nereye, nasıl harcanacağına **vâkıf** (vakfeden, vakfı kuran) karar verir. Vakıf senedinde harcamanın amacı ve şekli gösterilir ki buna vakfedenin şartı (şart-ı vâkıf) denir.

Vakfın bütün esprisi, malın, senetteki şarta uygun harcanmasıdır. Çünkü vakfın kamuya hizmet gayesi, senet şartlarına tam uygunluk sağlandığında gerçekleşebilir. Bu uygunluğu sağlamak, aynı zamanda insana saygının da bir gereğidir.

Bütün bunları düşünen Müslüman bilgin ve yöneticiler şu ilkenin altını çizmişlerdir: **"Şart-ı vâkıf, nass-ı katı' gibidir."** Yani vakfedenin koyduğu şartlar kesin ilahî emir gibidir; onlara uymak gerekir. Ancak şunu da unutmamak gerekir: Vâkıfın şartı, vahyin beyanlarından herhangi birine ters olmamalıdır. (bk. İbn Kayyım; A'lâm, 1/315).

Vâkıfın şartlarını görmezlikten gelerek vakıf malını başka hesaplar uğruna harcamak, Kur'an'ın "birbirinizin mallarını haksız yollarla yemeyin." (Bakara, 188) ayetindeki yasağa çarptığı için insanı büyük günah işlemiş duruma düşürmektedir. (bk. Heytemî, 1/206)

Şunu da bilmeliyiz ki, vakıf konusu tarih içinde, hem senet şartlarının çiğnenmesi, hem de kamuya hizmet adı altında halktan para toplama aracı yapılması bakımından büyük suistimallere vücut vermiştir.

Günümüzde tam bir enflasyon manzarası arzeden vakıfçılık "bir malın bir hayır hizmetine tahsis edilmesi"nden çok, halktan rahatlıkla para toplama aracı halinde yürümektedir. Böyle bir olgunun, insanlığın en asil hizmet yollarından biri olan vakıf kurumunu dejenere ettiği kuşkusuzdur.

ALTIN VE GÜMÜŞ EŞYA KULLANMAK

Serveti hapsetmek de günahtır, başkalarını küçük düşürücü kibir ve azamet tavırları sergilemek de...

Altın, gümüş ve benzeri maddelerden yapılmış eşya kullanmak bu iki günaha aynı anda vücut verir.

Kıymetli maddelerin süs eşyası olarak kullanımına, makul ölçülerde ve kadınlar için müsade edilmiştir. Ancak bu durumda da bu maddelerin tümü zekata tabi tutulmuştur. Hareket noktası şudur: Servet, muattal halde kalmasın, hapsedilmesin, emek faaliyette olsun, emeğe iş imkanı açılsın... Ve, servet ve refahla başı dönmüş bir takım karunlar, geçimini sağlamak için didinen zümrelerin iştah, haset ve kinlerini tahrik ederek toplumda tansiyonu yükseltip dengeleri sarsmak suretiyle huzursuzluğa yol açmasın. Kısaca, insan insana saygılı olsun...

Hz. Peygamber, bütün bunları teperek altın ve gümüş eşya kullanmaya devam edenlere şunu söylüyor: **"Altın ve gümüş kaplarda yiyip-içenlerin karınlarında cehennem ateşi kaynayacaktır."** (Zehebî, 157; Heytemî, 1/94)

Ne ilginçtir ki dünyada bugün kıymetli madenlerin eşya olarak kullanımında bir numaralı ülke, Hz. Peygamber'in doğup büyüdüğü toprakların ülkesi Suudî Arabistan'dır. İkinci sırayı, yine bir Müslüman-Arap ülkesi olan Kuveyt alıyor.

Kıymetli madenlere, süs eşyası olarak para yatırma bakımından Müslümanların dünyada ilk sırayı almaları da ibret verici noktaların bir başkasıdır.

BOŞ VE LÜZUMSUZ SÖZ SÖYLEMEK

Boş ve lüzumsuz söz diye tanıtabileceğimiz lağvı Kur'an, insanın kötü nitelikleri arasında gösterir.

Çirkin, yalanla karışık sözlere de **lağv** denir. Çok sözün yalandan uzak olmayacağı yolundaki atasözü de bu gerçeğe işaret eder. Kur'an lağvdan kaçınmayı şu şekilde tavsiye etmektedir:

"Müminler mutlaka kurtulmuş, mutlu olmuşlardır. Onlar öyle insanlardır ki, boş ve faydasız söz ve işlerden yüz çevirirler..." (Müminun, 1-3)

"O müminler yalan şahitlik etmezler. Boş ve çirkin lakırdıya (lağv) rastladıkları vakit de onurlu bir şekilde ondan yüz çevirip geçerler. (Furkan, 72)

"Bunlar, boş ve lüzumsuz lakırdıları işittikleri zaman ondan yüz çevirdiler." (Kasas, 55)

Ne ilginçtir ki, Kur'an, Allah'ın adını anmaya bile, **lağv** konusu yapıldığında bir değer yüklemez. (bk. Bakara, 225; Mâide, 89) Bir insanın geğirirken veya karşısındakini aldatmak için **Allah** demesi, dış görünüş bakımından **zikir** diye yutturulabilirse de, Kur'an'ın evrensel gerçekçiliği açısından bir sefilliktir.

Din aktörlüğü ile gerçek dindarlığı ayırmak sevdasında olanların bu Kur'ansal incelikleri bilmesi ve uygulaması, işte bu yüzden çok önemlidir.

Lağvın en kötü belirişi insanın **laf eğlencesi** (lehvel hadîs) tüccarlığına girmesidir. Kur'an bunu insanın insanı karanlığa itme yollarından biri olarak göstermekte ve bu illetin esasını da **ilimsizlik** şeklinde tesbit etmektedir. (bk. Lukman, 6)

Lehvel hadîs, Elmalılı tarafından şu isabetli kelimelerle ifadeye konmuştur: İnsanı oyalayan, işinden alıkoyan sözler, asılsız hikâyeler, masallar, güldürü maksatlı lakırdılar, gevezelikler vs.

Kur'an bu noktada **iştira** (satınalma) kelimesini kullanarak lehvel hadîsin bazı kişilerce bir ticaret metaı ve lağvcılığın da bir ticaret alanı haline getirileceğine dikkat çekmiştir. (bk. Lukman, 6)

KOĞUCULUK-SÖZ TAŞIMA

Arapça'da **nemîme** denen koğuculuğu yapana **nemmâm** adı verilir.

İnsanı hayvanlaştıran bayağılıklardan biri olan koğuculuk, Hz. Peygamber'in tiksindiği huyların dikkat çekenleri arasındadır.

Bu günah, Kur'an'da da ele alınacak kadar yıkıcı bir illet halinde karşımıza çıkıyor. Kalem suresi 11. ayet nemîme için durmadan sağa-sola koşan, ondan ona söz taşıyan bayağı insanlardan uzak durmayı emrediyor. Ve bu hastalığı da putperest marazlar cümlesinden gösteriyor.

Hz. Peygamber'in koğuculukla ilgili beyanlarından bazıları şunlardır: **"Koğuculuk yapanlar cennete giremiyecektir."**

"İnsanların en kötüsü olarak siz, ona bir türlü, ötekine öbür türlü konuşup söz taşıyan ikiyüzlüleri bulacaksınız." (Heytemî, 2/18; Zehebî, 130)

Hz. Peygamber, nemîmenin kabir azabını artıran temel belalardan biri olduğunu da belirtmiştir.

AŞIRI ÖVME, YAĞCILIK

Her insan yeteneğine ve her yetenek verdiği esere göre itibar görmeli ve ödüllendirilmelidir. Ancak bunun kadar geçerli bir yaradılış kanunu daha vardır: İnsan nefsinin azdırılmasına, insandaki iç dengenin sarsılmasına yolaçacak ve insanı pelteleşmeye, yan yatmaya götürecek bir övme hayata ve oluşa ihanettir.

Aşırı övme, sonunda övülenin felaketine çıkan hain, kahpe bir tezgâhtır.

Yaratıcı ruh, övgüden tiksinir. Övgü nefsin beklediği karşılıktır. Yaratıcı ruh, sonsuzdan bekler bekleyeceğini, insandan değil. Ne var ki her benlik bu seviyeye yükselmiş olamıyacağından, insanın, yaptığı işin takdir edildiğini görmesi de hayatın zaruretleri arasındadır. Bütün dava, **övmede aşırılığa gitmemek,** özellikle övmeyi yağcılık (müdâhene) noktasına vardırmamaktır. Hz. Peygamber: "Övgü yağdıranların yüzlerine toprak atın" diyerek bu inceliğe dikkat çekmiştir.

Yozlaşmış, yönetimi kişilerin veya dikta odaklarının eline teslim edilmiş toplumlarda yağcılık, dalkavukluk bir numaralı sanat oluverir ve en emin servet yapma yollarından birini oluşturur. Bu yolun açılması ise, yeni zalimlerin, diktatörlerin çıkışını hazırlar ve bu da yeni ve daha hızlı dalkavuk-yağcıların zuhuruna yol açar.

Bu zehirli sürece giren toplumun kaderi gerçekten dikenli bir kaderdir. Böyle bir toplumda herşeyin sahtesi, piçi, yalanı, ikiyüzlüsü öne geçer. Gerçeği haykıran uyarıcılar bir bir yok olur.

Bizim tarihimizde, Osmanlı'yı batıran, böyle bir süreci iki yüz yıldan fazla bir zaman yaşaması oldu. Cumhuriyet dönemi de daha ilk günden itibaren korkunç bir dalkavukluk edebiyatının taht kurmasına tanık olmuştur. Batı taklitçiliğimiz de bir yağcılık ve dalkavukluk süreci izlemektedir. Esasen tüm taklitçilikler birer dalkavukluk, sırnaşıklık hastalığını mutlaka beraberinde getirir.

Toplumumuz, yaşadığımız günlerde yağcılık ve dalkavukluk illetinden kurtulma mücadelesi vermektedir.

AHDE VEFASIZLIK

Ahlaksal anlamda insan, "ahdine vefa eden, sözünde duran varlık" diye tanımlanabilir.

Mükemmel insanın tanımı ise tamamen budur. Hz. Peygamber diyor ki: **"Ahdine vefası olmayanın imanı da olamaz."** Bir yerde de şöyle buyuruyor: "Ahdine vefası olmayanın dini de olamaz." (Zehebî; Kebâir, 108)

Ahde vefasızlık, küfrün en rezil şekli olan münafıklığın da belirgin niteliklerinden biridir. Hz. Resul buna değinirken şöyle diyor: "Münafık kişinin alâmeti üçtür: Konuşunca yalan konuşur, vaadedince vaadine ters düşer, kendisine bir şey emanet edildiğinde hıyanet eder." (Zehebî, 108)

Kur'an, ahde vefayı insanın onur burçlarından biri olarak belirlemiş ve ahde vefanın psikolojik ve sosyolojik boyutlarına dikkat çekmiştir. Prensipler şöyle konuyor:

"Ahde vefa gösterin, sözünüzde durun." (İsra, 34) Ve: **"Ey iman edenler! Akitlerinize vefalı olun."** (Mâide, 1)

Sözünde durmayan, her şeyden önce aldatan biridir. Ve Hz. Peygamber: **"Aldatan, bizden değildir."** buyurarak, Muhammedî bir benliğin belirgin niteliğinin söze sadakat, ahde vefa olduğunu belirtmiştir.

Namert ve kahpe bir benlik her şey olabilir ama, Muhammedî olamaz.

SÖYLEDİĞİNİ YAŞAMAMAK

İnsanı, onurunun doruğuna çıkaran değerlerden biri de **tutarlılık** yani sözle fiilin birliğidir. "Söylediğimi yap, yaptığıma bakma" diyen bir benlik kendi içinde barışı kuramamıştır. Böylesinin, başkalarına aydınlık ve ufuk sunması mümkün değildir.

Kur'an-ı Kerim bu tutarlılık üzerinde ısrarla durmakta ve özellikle irşad eri olmaya soyunmuş kişilerin bu noktada sınavdan tam puan almaları gerektiğini vurgulamaktadır. Prensip şöyle veriliyor:

"Ey iman sahipleri! Yapmadığınız şeyleri ne diye söyler-durursunuz. Kendinizin yapmadığı şeyleri söylemeniz, Allah katında günah olarak büyüktür." (Saff, 2-3)

Kur'an bize gösteriyor ki, sözüyle fiili birbirini tutmayan bir numaralı zümre din temsilcisi geçinen zümredir ve bu zümrenin tarih içinde en belirgin temsilcileri Yahudi hahamları arasından çıkmıştır. Hahamları izleyen grup Hıristiyan rahiplerdir. Kur'an'ın bu ikiyüzlü zümreleri deşifre eden beyanlarından ikisini verelim:

"İnsanlara iyilik, fazilet emreder de kendi benliklerinizi unutur musunuz?! Ve hem de kitabı (vahyi) oku-

yup durduğunuz halde?! Aklınızı çalıştırmayacak mısınız siz?" (Bakara, 44)

"Ey inananlar! Şunu bilin ki, Yahudi hahamlarıyla Hıristiyan rahiplerinin birçoğu haksız yollarla insanların mallarını tıkanasıya yerler ve halkı Allah'ın yolundan alıkoyarlar..." (Tevbe, 34)

Söylediğini yaşamayan insan iman adamı olamaz. Çünkü iman, emânet taşımaya ehliyet demektir. Bu da **emin adam** olmakla gerçekleşir. Emin adamsa başkalarına önerdiklerini kendi nefsinde uygulayarak güven veren adamdır. Bunun içindir ki, insanlığın şaşmaz ve değişmez önderleri olan nebilerin temel sıfatlarından biri de **emin** (güvenilir kişi) dir.

CİMRİLİK

İsraf illetinin tam karşı kutbunda yeralan bir hastalıktır. İsrafın saçıp savurma biçimindeki ifratından doğan tahrip cimrilikte hiç harcamama, kimseye bir şey vermeme tefritinin sergilediği aşırılıktan doğar.

Gerçekte olan yoksulluğun mahvedemediği insanı, cimrilik hayali bir yoksullukla, yoksulluk korkusuyla mahveder. Cimri, varlık içinde yokluktan kıvranan, su kaynağında oturup da susuzluktan ölen bir nasipsiz günah-kârdır.

Allah'a inanan bir ruh, nimetlerin sonsuzluğuna da inanır ve elindekileri gönül zevkiyle başkalarının yararına açar. Buna **infak** diyen Kur'an, cimriliği de, infakı durdurarak Yaratıcı'nın vericilik, lutufkârlık niteliğine darbe indiren bir bedbahtlık olarak görür. Böyle olduğu içindir ki Allah'a imanın öncüleri olan peygamberler, cömertliğin de öncüleri olmuşlardır. Onlar, Allah'ın hazinesinin, verdikçe artan bir hazine olduğunu bilmiş ve ellerine geçeni dağıtmanın tarifsiz mutluluğunu yaşamışlardır.

Peygamberler ahlakının belirgin niteliklerinden biri cömertlik, belirgin nefret noktalarından biri de cimriliktir.

Kur'an'ın cimrilikle ilgili ayetlerinden anlaşılan odur ki,

cimriliği besleyen iki temel maraz vardır: Başkalarına asla muhtaç olmama tutkusu **(istiğna)** ve Allah'ın nimetlerine nankörlük. Leyl suresi 8-10. ayetler cimriliğe yakalanan benlikte **istiğna** illetinin de kaçınılmaz olduğunu gösteriyor. Cimri, başkalarına asla muhtaç olmama duygu ve tutkusunun, gafil bir kölesidir. Harcamaya, paylaşmaya gitmez; başkalarına muhtaç hale gelme ihtimalini düşünür. Egosu, bu ihtimali hatırladıkça azar ve "sakın ha" diye sürekli ihtarda bulunur. Mantık şudur: Harcarsan biter, şuna-buna boyun eğmek zorunda kalırsın; sen başkasına boyun eğecek adam mısın?

İstiğna, putperestliğin niteliklerinden olduğuna göre (bk. Alak, 6-7) her cimrilik biraz putperestlik taşır.

Nisa 37. ayet, cimriliğin nankörlük bazını gündeme getirmektedir. Her cimri, Allah'ın nimet ve lütuflarını gizleyen bir nankördür.

Muhammed suresi 38. ayet cimriliğin esas zararının sahibine geleceğini belirterek bir fıtrat kanununu hatırlatıyor. Aynı ayet, cimrinin örtülü bir biçimde Allah'ı fakir ilan ettiğine de dikkat çekerek bu psikoza tutulanları uyarıyor: Allah zengindir, verin, vermek Allah'ın hazinesinde eksiltme yapamaz. Vermediğiniz takdirde siz kendinizi yoksulluğa itersiniz.

Hz. Peygamber'in **"dertlerin en berbatı"** diye tanıttığı (bk. B. humus; Zehebî, 180) cimrilik illetine tutulanların, ibadetleri ne ölçüde fazla olursa olsun, cennete giremiyecekleri de hadislerde belirtilmektedir. (bk. T. birr; Zehebî, 179)

Bahse son verirken, cömertliğin sultanı Peygamberimizin şu ölümsüz sözünü kaydedelim:

"Cömertçe ver; arşın sahibi azaltacak diye korkma."

KİBİR, KENDİNİ BEĞENME

İnsanın kendini başkalarından büyük sanmasına **kibir,** bunun açığa vurulmasına da **tekebbür** denmiştir. Dikkat edilmesi gereken şudur: Kibir bir büyüklük zannıdır. İnsanın, kendisini, olmak isteyip de olamadığı şey sanmasıdır bu. Olmak istediği şeyi olan insan, tekebbüre gitmez. O halde kibir, kompleksi, röfulmanları olan insanlarda görülen bir hastalıktır. Bu hastalığın en belirgin şekli **megalomani**dir ki insanın kendini peygamber, hatta Allah sanmasına kadar gider. Gerçekte büyük insanın değerinin farkında olması kibir değildir. İslam ahlakında buna **izzet ve vakar** denmiştir. Kibrin aksine, izzet makbuldür. Kur'an-ı Kerim müminin izzet sahibi olduğunu beyan ederek şöyle diyor:

"İzzet Allah için, Allah'ın Resulü için ve müminler içindir." (Munafıkûn, 8)

O halde kibrin açığa vurulması olan **tekebbürle,** izzetin getirdiği tavır olan **vakarı** birbirine karıştırmamak lazımdır. Vakarla tekebbürü ayırmak için ortada bir **büyüklük vehmi** olup olmadığına bakacağız. Gerçekte olduğu şeyi söyleyen adam kibirli sayılamaz. Böyle bir insandaki tavır vakar olacaktır.

İnsan, gerçek mânada "ben" diyemez. Hz. Peygamber'in en fazla kızdığı sözlerden biri de **"ben"** yani **"ene"** sözüydü. Ashabdan **Câbir b. Abdullah** şöyle diyor: "Babamın bir borcunu ödemek üzere Hz. Peygamber'in evine gitmiştim. Kapıyı çaldım. "Kim o?" diye sordular. "Ben" diye cevap verdim. Kızdığını belirten bir ifadeyle: "Ben, ben" diye söylendiler."

Kibrin böylesine yıkıcı oluşu tasavvuf mensuplarını çok dikkatli davranmaya sevk etmiş, onlar bu korku yüzünden kendilerini hayvanlardan bile üstün görmemeye özen göstermişlerdir. Hatta **İmam-ı Rabbanî**'nin ifadesiyle, onlar kendilerini kâfirlerden ve köpeklerden bile edna görmüşlerdir. Çünkü köpek, Hakk'ın huzurunda hesaba çekilmeyecek, kâfir ise son anda yapacağı bir tevbe ile kurtulabilecektir. O halde müminin işi onlardan zor. Ve o halde korkulacak olan, günahlar değil; kibirdir. Nitekim hadiste şöyle buyuruluyor:

"Şu üç şeyden beri olarak ruhu cesedinden ayrılan cennete girecektir: Kibir, kin, borç." (Dârimî, 2/262)

Denmiştir ki: Kibirden kaynaklanan günahların affı ümit edilemez. Fakat yanılmanın vücut verdiği günahların bağışlanması beklenebilir. **İblis**'in günahı kibirden olduğu için affedilmemiş, **Âdem**'in hatası kibirden doğmadığı için bağışlanmıştır.

Kibir, insandaki yaratıcı güçleri öldürür. Çünkü gerçekte sahip olmadığı şeylere sahip olduğunu zanneden kişi bunları elde etmek için gayret sarf etmeyecek ve böylece yeteneği silinecektir. **Muhammed Bâkır** (114/732) şöyle dile getiriyor bu gerçeği: **"Kişinin kalbine giren kibir, kendi miktarınca aklı oradan giderir."**

Kibrin en yıkıcı çeşidi, **ibadet etmiş olmaktan doğan kibirdir.** Büyüklerden **Cübeyr b. Nufeyr** (80/699)'e, "Hangi kibir daha fenadır?" diye sorulunca, **"İbadet kibri"** cevabını vermiştir. Bu kanaat bütün İslam büyüklerince paylaşılmıştır. İnsanın manevî mertebesi ne olursa olsun kendisini gayrın üstünde, herkesi batmış, kendisini kurtulmuş görmemeli. **Avn b. Abdullah** (h. 2. yy.) der ki: "Kibir olarak sana, kendini başkalarından birazcık olsun üstün ve faziletli görmen yeter." (Bu nakiller için bk. Ebu Nuaym; Hilye, 3/180; 5/133; 4/247) Bir başka İslam büyüğü de bu gerçeğe şöyle temas ediyor: İbadete güvenmek, sülûk erbabının başlangıçta karşılaştıkları en büyük tehlikedir. Bu güven, kuruntunun insana galip gelmesi ve hayalin akıl aynasını paslatması yüzündendir. Sâliklerin bu vehim ve hayalden kurtulmaları, ileri derecelerde iç aydınlığı sayesinde mümkün olur. Demek oluyor ki **ibadetten doğan kibir sonsuzluk yolunda bir geriliği belgeliyor.**

Kendini başkalarından üstün görmek insana bir böbürlenme, davranışlarını beğenme illeti musallat ediyor ki buna da **ucub** deniyor. Ucubun pençesine düşen, dünyada kendinden başka hürmet ve hizmete layık insan görmez. Böyle bir insan, bütün dünyayı kendine borçlu sanır. Kimsenin yardımına koşmaz, kimseye elini uzatmaz. Ve bunun adına vakar der. **Kuşadalı İbrahim Halvetî** (ölm. 1845) nefsin bu oyununa dikkat çekerek şöyle diyor: **"Vakar taşkınlığından doğan kibir** yüzünden kullara hizmetten geri kalmayın. Maazallah perişan olursunuz."

Kibrin karşıtı **tevazu**dur.

Kibir illetine tutulmaya Kur'an dilinde **istikbar** denmektedir. İstikbar, Kur'an'da insanı tahrib eden en büyük belalardan biri olarak veriliyor.

Kur'an-ı Kerim'de isim ve fiil halinde 30 küsur yerde geçen istikbar, **kibir** kökünden türemiş olup **kendini büyük** ve ulaşılmaz görmek, böbürlenmek gibi anlamlar taşır.

İstikbar, **istiz'afın karşıtı** olarak kullanılır ve istiz'afa uğratılanlar, istikbar sergileyenlerin tasallut ve zulmüne maruz kalırlar.

Kur'an istikbarın ilk mümessili olarak **İblis**'i göstermektedir. İblis "Âdem'e secde et" emri karşısında isyan etmiş ve "Ben Âdem'den üstünüm" diye konuşmuştu. Kur'an İblis'in bu davranışını istikbar olarak göstermektedir. (Bakara, 34; Zümer, 59 vs.)

İstikbar, büyüklük kuruntusudur, bir hastalıktır. Kur'an, kendine özgü üslubu içinde büyüklük kuruntusuyla gerçek büyüklüğü birbirinden ayırır. Sad suresi 75. ayet **İblis**'e şu sorunun sorulduğunu bildiriyor: "İstikbar mı gösteriyorsun, yoksa gerçekten yücelmiş olanlardan mısın?" Böylece İblis'in secde etmeyişinin bir büyüklük kuruntusu olduğu, gerçek bir yücelikle ilgisi bulunmadığı anlatılmış oluyor.

Yaratıcı Kudret'in sevmediği kişiler içinde **müstekbirler** yani istikbara düşenler de vardır. (bk. Nahl, 23)

İnsanlığa en büyük hizmetleri vermiş olan peygamberlerin savaş verdikleri kötülüklerin ilk sırada yer alanlarından biri de istikbardır. İstikbarla ilgili ayetlerin büyük kısmında bunu görüyoruz. (Örnek olarak bk. Müminûn, 46; Furkan, 21; Nuh, 7)

Tanrısal ayetlere karşı çıkmanın besleyici illeti de istikbardır. İnsanı Yaratıcı önünde eğilmekten ve ibadetten alıkoyan da istikbar olmaktadır. İnsanlardan tiksintinin, kötülükler yapmak için başvurulan çeşitli hile ve kurnazlıkların arkasında da istikbar vardır. (bk. Faatır, 43; Lukman, 7; Münafıkûn, 5)

Yeryüzünü zulüm ve kahırla doludran ve kitleleri ezen ordular da istikbar ordularıdır. (bk. Kasas, 39; Furkan, 21)

İstikbar, insana sonsuzluğun, ruh güzelliklerinin ve tanrısal sevginin yolunu kapatır ve insan kalbinin Allah tarafından mühürlenmesine sebep oluşturur. (bk. A'raf, 40; Gâfir, 35)

İstikbar sahipleri Yaratıcı'nın en korkunç ve alçaltıcı azaplarına uğratılacaklar ve âhiret hayatının mutluluklarını asla tadamayacaklardır. (bk. Gâfir, 60; Ahkaf, 20; A'raf, 40)

İstikbarın mahvettiği azgınlara örnek olarak adlarıyla anılanlar **Kaarun, Firavun** ve **Hâman**'dır. Bunlar, Allah'la yarışırcasına bir büyüklük iddiasına girip yeryüzünde istikbar estirdiler ve sonunda her biri bir türlü yıkıldı. Ankebût suresi 39-40. ayetler bunların kiminin üzerine taş yağdırılarak, kiminin kasırgalarla, kiminin yere batırılarak, kiminin de boğulmak suretiyle cezalarının verildiğini ve bunun Allah'ın bir zulmü olmayıp onların fiillerinin karşılığı olduğunu bildiriyor. Aynı ayetler, Allah'la büyüklük yarışına yani istikbara girenlerin sonlarının böyle olacağını da belirtiyor.

İstikbar, **teref** yani servetle şımarma illetine tutulan kodamanlar zümresi (mele') nin hastalıklarından da biridir.

SEVİNÇ ŞIMARIKLIĞI

İnsanlar birbirlerinin dert ve sevinçlerini paylaşmalıdırlar. Çünkü hepimiz, **insanlık denen büyük vücudun** hücreleri gibiyiz. Birimizin dert ve sevinci ötekilerimizi etkiler, etkilemelidir.

Ancak unutmamalıyız ki, sevinçlerimizin paylaşılması adı altında şımarıklıklarımıza alkış tutulmasını, nefsimizin dünyanın mihveri gibi kabul edilmesini isteme egoizmini tatminle, sevinçleri paylaşmayı birbirine katmak haksızlıktır.

Kur'an, bu örtülü egoizmi günah ilan etmiştir. Bu egoizmin, sonuçta bizzat sahibinin iç dengelerini bozarak bir dejenerasyona, bir kişilik bozukluğuna zemin hazırlayacağı da kuşkusuzdur. Hepimiz biliriz ki, sevinç şımarıklığına tutulan dengesizlerin birçoğunun sonu intihara, akıl hastanesine, bunalıma, hapishaneye çıkabilmektedir.

Kur'an sevinç şımarıklığını **ferah** ve **merah** kelimeleriyle ifadeye koyar.

İnsan sevinç şımarıklığı ile kendinden geçerek en önemli değerleri, hatta Allah'ı unutabilmektedir. Bu, nankörlükle kucaklaşan bir kendinden geçiş ve azmadır. (bk. Şûra, 48; Rûm, 26; Hûd, 10)

Sevinç şımarıklığı, mevcutla yetinme ve yeni ufuklar aramayı akıldan çıkarma gibi, varoluş sırrı bakımından negatif gelişmelere de kaynaklık eder. Kur'an, elindekiyle yetinen, sevinçten atlayıp zıplayan zümreleri acınacak bir ahmaklık içinde görür. (bk. Müminûn, 53; Rûm, 32)

Kur'an bize şunu da gösteriyor: Sevinç şımarıklığı, en küçük bir sarsıntıda, ümitsizlik ve hayal kırıklığına teslim olacak bir psikolojiyi besler. (Rûm, 28-34) Bunun içindir ki Kur'an, tasavvufta **"nimetle sevinme, sıkıntıyla yerinme"** şeklinde ifade edilen prensibe kaynaklık eden ayetlere bünyesinde yervermektedir. (Özellikle bk. Hadîd, 23)

Sevinç şımarıklığının en ahmak temsilcisi **Kaarun**'dur. Kur'an onu, sevinç şımarıklığıyla ortalığı allak-bullak eden, kimseyi görmez hale gelen ve sonunda mahvolup giden bir manyak halinde tanıtmaktadır. (bk. Kasas, 76-82) Kur'an bu vesileyle şu **fıtrat duyurusunu** sunuyor:

"Allah, sevinç şımarıklarını sevmez." (Kasas, 76)

Her sevinç şımarıklığının **kibir, megalomani,** hak etmediği şeyle övünme, kanaatlerini ilahlaştırma, nimetleri hep kendine özgüleme, haksız kazanç vs. gibi sakatlıkları da beraberinde getireceğine Kur'an tarafından dikkat çekildiğini de belirtmeliyiz. (bk. Yunus, 58; Hûd, 10; Gâfir, 75)

Kur'an'ın, sevinçten başı dönmüşlere şu ihtarını kaydederek bahsi kapatalım:

"Kibir ve gururla insanlardan yüzünü çevirme! Çünkü Allah büyüklük taslayan sevinç şımarıklarını sevmez. Yürüyüşünde mütevazi ol, sesini alçalt. Çünkü seslerin en çirkini eşeklerin sesidir." (Lukman, 18) Ve: "Yeryüzünde sevinçten şımarmış, böbürlenmiş bir halde yürüme. Şunu bir gerçek olarak bil ki, sen, ne yürüyüşünle yeri yarabilirsin, ne de uzunluğunla dağlara ulaşabilirsin." (İsra, 37)

EZME, HORLAMA, SÖMÜRME
(İstiz'af)

Kur'an-ı Kerim'in en önemli kavramlarından biri olan istiz'af, za'f kökünden gelir ve 9 yerde geçer. **Za'f,** büyük bilgin **Râgıb**'ın da belirttiği gibi beden, ruh veya statüde güçsüzlük demektir.

İstiz'af, Kur'ansal bir terim olarak, güçsüz, zayıf ve küçük görerek ezmek, horlamak ve sömürmek demektir. Bunun karşıtı bir anlam taşıyan terim, yine Râgıb'ın söylediği gibi, **istikbar** (kendini büyük, erişilmez ve güçlü görmek)dır.

Kur'an, hayat ve oluşun insanlık sahnesindeki görünümünü, özellikle peygamberlerin temsil ettikleri iman ve ışıkla onların karşısına dikilen inkâr ve karanlığın mücadelesini bir **istiz'af-istikbar çatışması** olarak göstermektedir. Bu çatışmada Yaratıcı Kudret'in istiz'afı temsil edenler yanında yeraldığı da Kur'an'ın açık beyanları arasındadır. A'raf, 137. ayete göre, Allah yeryüzünün doğularına ve batılarına istiz'afa maruz kalanları hâkim kılmak ister. Böylece **Kur'an oluş diyalektiğinin temeline ezilen-ezen didişmesini yerleştirir.**

HAKSIZA ARACILIK VE İLTİMAS

Çeşitli vesilelerle açıkladığımız gibi, Kur'an, iyilik ve hak üzre yardımlaşmayı emreder, kötülük ve haksızlık üzre yardımlaşmayı ise günahların büyüklerinden biri olarak gösterir.

Haksızlıkta yardımlaşmanın yollarından biri de, **haksız birinin işini görmek için** aracı, şefaatçı olmak, iltimas yoluna gitmektir. Bu, toplum haklarına en büyük darbelerden biridir. Hz. Peygamber, hırsızlık eden birini bağışlamaları için aracı olması istendiğinde: "Yemin ederim ki, kızım Fatıma da olsa, aracılık etmem. Sizden önceki toplumları bu illet batırmıştır. Onlar, iltimas edecek kimsesi olmayana cezayı uygular, aracısı, şefaatçısı olanı serbest bırakırlardı." diyerek haksızı kurtarmak üzre aracı olmanın yıkımına dikkat çekmiştir. Bir yerde de şöyle buyuruyor:

"Şefaatini, Allah'ın sınırlarından birini çiğneyeni kurtarmak için araya koyan kişi Allah'a kafa tutmuş olur." (ED. akzıye; Zehebî, 174) Şu söz de Hz. Resul'ündür:

"Bir çekişmede haksız tarafa destek veren, kıyamet gününe kadar Allah'ın gazabına maruz kalacaktır." (Heytemî, 2/99)

İNSANLARA SAYGISIZLIK

İnsan, Allah'ın mükemmel varlığı, aziz emanetidir. Varlığın anlam kazanması ve Yaratıcı Kudret'in fark edilmesi de insanla mümkündür. O halde, insan ne kadar iyi inşa edilir, ne kadar mutlu olursa varlıkta her şey o ölçüde yerli yerine oturur.

Hal böyle olunca, insana saygı ve hizmet dinin de esas unsurlarından biridir. İslam, bütün emir ve yasaklarında Allah'a saygıyla insana saygıyı birlikte düşünmüştür. Tasavvufta buna **halkla Hakk'ın birleştirilmesi** denir. İnsana saygısızlıkla Allah'a saygı ve dindarlığı birlikte götürmeye çalışmak bir aldanıştır. Çünkü insan olmadan, hem de iyi insan olmadan, dindar olmak söz konusu edilemez. Dini, birtakım kuralları ruhsuz, aşksız, coşkusuz ve şuursuz biçimde yerine getirmekle ihya edilecek bir tabular kurumu halinde görenler, gerçek dinden nasibi olmayan geri ruhlardır. Hz. Peygamber bir tavaf sırasında Beytullah'ı göstererek şöyle demiştir: "Bu, Allah'ın evidir; azizdir, kutsaldır, yücedir. Fakat Allah'a yemin ederim ki, sizin onur, şeref ve kanınız ondan daha yücedir." Din konusunun özü bu hadiste çok açık bir biçimde verilmiştir.

Kısacası, insan anlaşılmadan Allah, Allah bilinmeden insan kavranamaz. Bu ikisini birbirinden ayıran biri **dinli,** diğeri **dinsiz yobazlık** tarih boyunca insanlığa hep acı çektirmiştir. İnsanı tepeleyerek Allah'a yaranma iddiası güden dinci yobazlığın tarihsel kurumu **engizisyon,** Allah'ı tepeleyerek insanı yücelteceğini sanan dinsiz yobazlığın en büyük sistemi de **komünizm**dir. Çift başlı yobazlığın bu iki odağı da insanlığa büyük acılar çektirdikten sonra yıkılıp gitmiştir. Fakat her ikisinin kalıntıları diğer din ve sistemlere, ne yazık ki sızmış ve sıçramış bulunmaktadır.

İnsana saygı perspektifinden İslam'ın bütün emir ve yasaklarını değerlendirip onlardaki **insanı yüceltme unsurunu** ortaya çıkarmak, bağımsız bir çalışmanın konusu edilmelidir. Biz burada çok dikkat çekici birkaç noktaya değinmekle yetineceğiz. Önce, şunun altını çizmeliyiz: İstisnasız bütün İslamî buyruklarda, **Allah'a saygı unsuruyla insana saygı ve hizmet unsuru ayrılmaz bir biçimde beraberdir.**

Konunun temel prensibini vereceğiz: Başkalarını rahatsız etmeye, onların haklarının zedelenmesine yol açan hiçbir ibadetin Allah'ın rızasını kazandırması mümkün olmaz. Çünkü, elinden ve dilinden başkalarının rahatsız olduğu insanın Müslüman olamayacağı Hz. Peygamber'in açık beyanları arasındadır.

O halde, Allah'a saygı ve ibadetle insana saygı ve hizmeti birleştirmek esastır. Tasavvufta buna **üns billah ile üns bilhalkı birleştirmek esastır** sözüyle ışık tutulur.

İnsana saygının günlük hayatımızda olması gereken tipik belirişlerine Peygamber Efendimiz ısrarlı bir biçimde dikkat çekmiş ve mükemmel insanın en seçkin modeli olarak, fiilleriyle de bunu göstermiştir. Birkaç örnek vereceğiz:

Yakınlık derecemiz ne olursa olsun başkalarının evine izinsiz girmemek. Bu prensip, aile bireylerinin birbirlerinin odalarına girmeleri hususunda da geçerlidir. Bu prensip Nur suresi 28-29'uncu ayetlerde ifadeye konmuştur. Hz. Peygamber bu prensibi korumada çok titizdi. (Bu konuda ilginç örnekler için bk. İbn Kayyım; Zâd, 2/428-431) Hatta, evinden bir süre ayrılmış eşin bile gecenin bir saatinde, baskın yapar gibi ve eşini gözetler gibi ansızın, habersizce içeri dalmasını da yasaklamıştır. Çünkü böyle bir davranış her ne kadar bir eşin hakkıysa da, hayat arkadaşına güvensizlik duygularıyla baktığını düşündürebilir. Hz. Peygamber, eşin gittiği yerden, yolculuğundan dönmüş bulunduğunu evdeki eşine bir yolla duyurmasını esas almıştır. Bugün bile insanı hayretle ürpertecek bir saygı esprisi taşıyan bu davranış 15 asır öncesi gibi erken bir devirde insanlığa nasıl bir boyut sunuyordu!..

Başkalarının yanında fısıldaşarak konuşmamak da insana saygının Kur'an tarafından emredilen belirişlerinden biridir. Kur'an'ın bu hassas konuyu düzenleyen Mücâdile suresi 7-10'uncu ayetleri fısıldaşmanın (necva) şeytandan geldiğini belirtmektedir.

İslam düşünürleri son derece isabetli olarak, **fısıldaşmama** kuralının **insanlar içinde onların bilmedikleri dillerle konuşmamayı** da içerdiğini söylemişlerdir. Çünkü bu durumda da karşımızdakilerin zihinleri "acabalar"la dolar ve rahatsız olurlar. Bu ise insana saygısızlıktır.

Güzel ahlakın en güzel örneği Peygamberimiz, topluluk içinde göz işaretleriyle bir şeyler söylemeyi de yasaklamıştır. Çünkü, bu da beraberimizdeki diğer insanları rahatsız eder, onların kalplerinin kırılmasına yol açar. Hz. Peygamber, kendisine: "Bunu bize bir göz işaretiyle anlatıverseydin ya" diyen sahabilerine çok kızmış ve şöyle buyurmuştur: "Bir peygambere, söylemek istediğini göz işaretiyle söylemek asla yakışmaz."

Peygamberler Sultanı'nın şuraya kadar sunduğumuz ahlakî espriye bağlılığının daha ileri boyutta bir uzantısı da şudur: Onun siretini yazan, şemâilini anlatan bütün sahabiler bildiriyorlar ki, Allah Resulü sağa-sola veya arkaya yan dönüşlerle bakmazdı. Döneceği yöne, bakacağı insana bütün vücuduyla döner ve onunla mutlaka yüz yüze, göğüs göğüse gelirdi. Bu davranış insana saygının en yüksek boyutlarından biri olmanın yanında, diyaloğa gireceğimiz insana etkinin de şaheser bir sergilenişidir. Çünkü insanın başkaları üzerinde etkisini gerçekleştiren veya artıran manyetik akımın en ideal gönderiliş yolu, kişiyle yüz yüze ve bilhassa göz göze gelmektir.

Peygamber Efendimiz, "kim o" sorusuna "ben" diye cevap vermeyi de insana saygısızlık olarak görmektedir. Bir gün kapısı çalındığında "kim o" diye sormuş ve dışarıdan "ben" diye bir cevap almıştı. Bunun üzerine şöyle sitem ettiğini, o sırada yanlarında olan eşinden öğreniyoruz: "Ben, ben, ben! Hep böyle söylerler. Sadece ben, 'Ben' diye konuşmuyorum."

Evet, Allah'ın muazzez Peygamberi, vahyin emrettiği zamanlar dışında ben diye konuşmuyordu. Oysaki o, ben diyebilecek ruhların en yücesiydi. Allah'ın salât ve selamı onun ve Ehlibeyt'inin üzerine olsun.

İnsana saygının Kur'an'da yer almış prensiplerinden biri de meclise gelen insana yer açmaktır. Buna **ifsah** denir. Yer açmak, genişletmek, imkân sağlamak demektir. Bu kuralı getiren Mücadile suresi 11. ayet, meclise gelene yer açıp, genişlik sağlamanın, Allah'ın bunu yapanlara genişlik ve ferahlık sunmasına sebep olacağını söyleyerek, yukarıda belirttiğimiz, insana saygıyla Allah'a saygının özdeşleştirilmesi ilkesine Kur'ansal bir destek vermektedir.

Kur'an'ın üslup ve beyan güzelliklerinden biri de şudur: Sıradan bir görgü kuralını veya davranış şekli-

ni veren ayet bünyesinde bu kuralın ötelerine geçen evrensel bir ilkeyi ifadeye koymak... Andığımız ayette de bu yapılmıştır. Kuralı koyan ayetin içinde şu ifade ayrıca yer almıştır: "Siz genişlik ve ferahlık sağlayın ki, (veya sağlarsanız) Allah da size genişlik ve ferahlık sağlasın (veya sağlar)."

Şunu da ekleyelim: Hz. Peygamber'in meclisinde, insanlar birbirlerine saygının bir ifadesi olarak gelen kişiye yer açarlar; fakat gelen kişi için ayağa kalkmak, hele el bağlamak vs. kesinlikle yasaklanmıştır. Çünkü bu, insana bir başka saygısızlıktır. Yer açmamak gelen insana, ayağa kalkılmasını beklemekse meclisteki insanlara saygısızlık olur. Hz. Peygamber bunların ikisini de yasaklamıştır. Açıklamasını Son Peygamber adlı kitabımızda yaptığımız bir hadisinde şöyle buyuruyor: **"İnsanın insana kıyam etmesi söz konusu değildir. Benim için bile kıyam etmeyin; kıyam yalnız Allah'a yapılır."**

Gücü yerinde bir insanın, elindeki şeyleri başkasına taşıtması da Hz. Peygamber tarafından insana saygısızlık olarak değerlendirilmiş ve yasaklanmıştır. Çarşı-pazarda satın aldığı nevaleyi elinden alıp taşımak isteyenlere engel olmuş ve şöyle buyurmuştur: "Her insan kendi eşyasını taşımaya, başkalarından daha layıktır."

Allah Resulü, yolculuklar sırasında binek yetersizliği yüzünden binitlere nöbetleşe binme durumunda sırasını ona vermek isteyenlere de müsaade etmemiş, yürüme sırası kendine geldiğinde inip yürümüştür. Binmesi gerekenin şu veya bu kişi, köle veya komutan olması bu kuralı asla değiştirmemiştir. İnsan, sosyo-ekonomik durumuyla değil, insan olduğu için saygıya layıktır.

İnsanlara saygının önemli gereklerinden biri de, **karşımızdaki insanlara doğru ayaklarımızı uzatmamaktır.** Peygamberimizin hayatını ve ahlakını anlatan bütün eserler şunu, altını çizerek bildirmektedirler: Hz. Peygamber hiçbir zaman insanlara karşı ayaklarını uzatmamıştır.

Aynı titizlik **insanlar önünde yayılıp yan yatmak** konusunda da gösterilmiştir. Peygamberimiz bunu da yapmamıştır.

İnsanlara lakap takmak, onlara bu lakaplarla hitabetmek de günahtır. Kur'an, lakap takmayı, Hucurât suresi 11. ayetiyle yasaklamıştır. Hz. Peygamber, kişinin kendisi için de "**pis, berbat**" vs. gibi sözler kullanmasını yasaklamıştır. "**Battık, mahvolduk**" vs. gibi sözler de yasaklanmıştır. (bk. İbn Kayyım, Zâd, 2/468).

KİN TUTMAK

Din literatüründe **kin** karşılığı **hıkd** ve **ğill** kullanılmaktadır. Kur'an cennet ehlini, göğüslerinden **ğill** (kin) temizlenmiş olan insanlar diye tanıtır. (bk. A'raf, 43)

Kin ve bunun sonucu olan intikam hırsı nefsin sıfatlarından olup Kur'an ve hadisin silmeye çalıştıkları yıkıcı âfetlerdendir. Kini ortadan kaldıran, af kurumudur ki Kur'an onu seçmemizi ısrarla tavsiye etmektedir:

"Affı tercih et, iyi olanı emret..." (A'raf, 199)

Kin, yerleştiği gönlü, benliği yıkar ve nihayet insanın bedenini de tahrip eder. Çünkü kin insanı sürekli olarak gazap halinde tutar. Bunun içindir ki kinci insanların ibadetleri ne ölçüde fazla olursa olsun, İslam'dan nasip alamayacakları, başlangıçtan beri savunulmuştur. **Şems** şöyle diyor: "İnsan vardır ki hiçbir eksik yanı yoktur, ama kincidir. Bu hâl bütün hünerlerini örter, sonunda "sana lânet olsun" hitabına hak kazanır. İyi adamın gözü ayıbı görmez." **Ebû Hafs Nişabûrî** (270/883) de şöyle konuşuyor: "Allah ile yakınlaşıp O'nun sevgisine bağlanan gönüllerde kin kalır mı? Bu gönüller, nefsin lekelerinden arınmış, tabiatın karanlıklarından kurtulmuşlardır."

Netice olarak şunu söyleyebiliriz: **Kinle din bir arada bulunamaz.**

Hz. Peygamber, Allah'a inanmış kişilerin birbirleriyle üç günden fazla dargın durmalarını imanla bağdaşmayan bir illet olarak göstermiş, bu şekilde dargın ölüp gitmeleri halinde ikisinin de cennetten mahrum kalacağını söylemiştir. Dargınlardan biri selam verir de öteki bunu karşılıksız bırakırsa, melekler de ona selamı keser ve şeytan onu kuşatır. (bk. Heytemî, 2/33) Hz. Peygamber: "İman kardeşiyle bir yıl küskün duran, onun kanını dökmüş gibi günahkar olur" diyor. (bk. aynı yer ve Zehebî, 174)

Kin tutmanın zararını, birbirini sevmenin önemini Hz. Resul'un Müslim'deki şu hadisinden daha güzel hiçbir söz anlatamaz: **"Hayatım kudretinde olan Allah'a yemin ederim ki, iman etmedikçe cennete giremezsiniz. Ve birbirinizi sevmedikçe de iman etmiş olmazsınız."** (M. iman; ED. edep; Zehebî, 181)

BAŞKALARININ AYIBINI ARAŞTIRMAK

İslam ahlâkının ideal kurumu olan tasavvuf, Kur'an ve Hz. Peygamber adına şu ilkeyi savunur: Kemale ermek isteyen kişi kendi ayıplarını araştırmaktan başkalarının ayıplarını araştırmaya vakit bulamaz. Zamanını, şuna buna eksiklik aramakla geçiren bir insan, ruhunun iflas ettiğini ortaya koymuş olur. Peygamberimiz diyor ki: "Bir insanın kendinden başkalarının mahvolduğunu, sapıp battığını söylediğini görürseniz, onun kendisinin battığını anlayın."

Şunun bunun ayıbını araştırmak, ortaya çıkarmak için faaliyet göstermeye **tecessüs** denir. Ve Kur'an Hucurat suresi 12. ayetiyle tecessüsü yasaklamaktadır.

Başkalarına ayıp arama psikozu, dinin riyakârlığa yenik düşürüldüğü çıkarcı, tembel çevrelerde yaygındır. Bu çevreler, kendilerini yüceltmek için yararlanmaları gereken dini, başkalarını cehenneme göndermek, kötü adam ilan etmek için nefslerinin bir âleti durumuna getirirler. Esasında böylelerinin ne dini vardır, ne imanı. Sığınacak başka liman bulamadıkları için dini kullanarak zavallılıklarını kutsama yoluna giderler. Eğer bunlar gerçek dindar olsalar, Allah'ın isimlerinden birinin de **Settâr** (ayıpları örten) olduğunu bilir, Allah'ın bu isminin tecellisinden yararlanma yönüne giderlerdi.

Peygamberimizin, üzerinde olduğumuz konudaki beyanları gerçekten ürperticidir. Bir gün, öfkeyle minbere çıkıp şöyle konuşmuştur:

"Ey diliyle, Müslüman olduğunu söyleyen, fakat gerçekte iman kalplerine girmeyenler! Müslümanların gıybetini etmekten vazgeçin. Onların ayıplarını yakalamak için didinmeyi bırakın. Her kim, başkalarının ayıplarını, kusurlarını yakalamak için uğraşırsa Allah da onun ayıplarını ortaya koyar. Ve Allah'ın ayıplarını ortaya koyduğu kişi rezil-kepâze olur."

"Mümin kardeşinin ayıbını örtenin Allah da mahşer günü ayıbını örter. Başkasının ayıbını araştırıp ortaya çıkaranlara gelince, Allah onların ayıplarını ortaya çıkarır ve onları kendi evlerinin içinde rezil eder." (Heytemî, 2/100)

HASED-KISKANÇLIK

Hased, bir nimeti hakkıyla elde etmiş bir insandan o nimetin kopup gitmesini arzu etmektir. İleri derecede hased bazen nimetin, sahibinden uzaklaştırılması için gayret gösterme şeklinde de belirir. (bk. Râgıb, hased md.)

Hased çoğu kez gıpta (imrenme) ile karışır; oysaki gıpta insanın makbul yanlarından biridir.

Gıptanın hastalık çapta ve kinle karışık belirişidir ki hasedi ortaya çıkarır. Hz. Peygamber, gıpta ile hasedin bu farkına dikkat çekmek için olacak, şöyle buyurmuştur: "Mümin gıpta eder, münafık hasede gider." (Râgıb, hased md.)

Kur'an'da hased, kendisinden Allah'a sığınılan bir zararlı tavır olarak gösterilmiş ve bir **şer kaynağı** halinde tanıtılmıştır. (bk. Felak suresi)

Nisa 54. ayet, dolaylı bir ifadeyle, hasedin, Allah'ın lutfettiği nimetlere kıskançlık biçiminde ortaya çıktığına işaret etmiştir.

Hased, Allah'ın hazinesinden istemek yerine, kulun elindekinin zevaliyle tatmin arayan sefil ruhların tavrıdır. Bu hasta ruhlar, nimetler elde etmeye harcamaları gereken efor ve enerjiyi, başkalarını kendi yetersizliklerini paylaşmaya itmekle tatmin ararlar. Bunlar, insanlığın mutluluğuna, yaratıcı ruhun eserine musallat olmuş habis ruhlara benzerler.

İnsanlık tarihinin harp, darp, iftira, fitne, cinayet, yıpratma vs. gibi negativitelerinin hemen hepsinin ardında hased vardır. Peygamberlere karşı çıkışın temel sebeplerinden birinin de hased olduğunu Kur'an bize gösteriyor. (bk. Bakara, 109; Nisa, 54)

Hasedin, Son Peygamber'in hayatında oynadığı yıkıcı rol, O'nun ölümünden sonra da devam etmiş ve Resul'ün mensup olduğu **Haşimî** soyuna Emevilerce duyulan asırların hasedi, Allah Elçisi'nin torunlarını ortadan kaldırmakla tatmin aramıştır. Burada hasedin, irinli bir şuuraltı olarak yüzyıllar boyu saklandıktan sonra zehirini kusma fırsatı bulur bulmaz hortladığına tanık oluyoruz. Bundan da anlaşılır ki, hased ateşinin, vahyin eli de dahil, söndürücüsü yoktur. İnsanın (Âdem'in oğullarının) ilk cinayetinin hased yüzünden doğduğuna dikkat çeken Kur'an (bk. Mâide, 27-30) sondan bir önceki surenin son ayetini **hased edenin hasedinden sığınmayı** tavsiyeye ayırarak da bize ibretlerle dolu bir tablo çizmiştir. Hatta Kur'an'ın son suresi olan Nâs suresinin son ayetleri de bir anlamda hasedden Allah'a sığınmayı ifade eder. Çünkü bu iki ayette, gizliden gizliye yıkıcı vesveseler salıp yayan görünür ve görünmez iblislerin şerrinden Allah'a sığınma tavsiye ediliyor. Hasedin timsali ve babası olan İblis'ten, onun gizli oyunlarından Allah'a sığınmak, hasedden korunma endişesinin en dokunaklı ifade şeklidir.

Kur'an'ın son surelerinin son ayetlerinde insanlığın dikkatinin hased belasına çekilmiş olması, gerçekten ürpertici ve düşündürücüdür.

Hz. Peygamber, iman sahibinde hasedin varlığını en yıkıcı felaketin habercisi gibi görmüştür. Şöyle diyor: "Sizi hasedden sakınmaya çağırırım. Çünkü hased, ateşin odunu yediği gibi, kişinin amellerini yiyip bitirir." (ED. edeb; Zehebî, 181)

Şunu da belirtelim: Hz. Peygamber'in de inandığı **nazar** (göz değmesi)ın büyük tahribinin arkasında da hased vardır. Çünkü nazar negativitesi, hasedle bakan gözün eseridir. Hele bu göz, manyetik akımla yüklüyse, yıkımı çok büyük olur. Kur'an'ın **"gözün hainlik ve zulmü"** dediği bela, öyle anlaşılıyor ki, hasedle bakan gözün kötülüğüdür. (bk. Gâfir, 19)

Nimetlerin yokolmasını isteyen hasede tutulmuş alçak ruhun şerrinden, nimetlerin sahibi ve kaynağı olan Allah'a sığınırız...

KUMAR

Birkaç negativiteyi aynı anda barındıran günahlardan biridir. Emeksiz kazanç, zaman israfı, ibtila çapında tutkunluk vs. gibi bozukluklardan intihar, cinayet, ihanet, yeraltı rezilliklerine kadar bir yığın belanın âdeta maya teknesi olan kumar bugün insanlığın sadece bireysel çapta değil, toplumsal, hatta evrensel çapta sancı kaynaklarından biridir.

Kumarın temelinde **haksız kazanç, zaman israfı** ve **insan aldatma** gibi üç ana kötülük yatar.

Kur'an, kumarı "**şeytanın fiillerinden bir pislik**" olarak nitelendirir ve bağlılarını bu kötülükten uzak durmaya çağırır. (bk. Mâide, 90) Yasağı getiren ayet şuna da dikkat çeker: Şeytan; kumar ve benzeri pislikleri kullanarak insanlar arasına kin ve düşmanlık sokar. Bu pisliğin, bazı insanlara çıkar sağladığını söyleyen Kur'an, sonuçta insanlık için ortaya çıkacak kaybın elde edilen yarardan çok daha büyük olacağına dikkat çeker. (Bakara, 219)

Kumar bugün, özellikle ikiyüzlü, vurguncu yönetimlerin, kitleyi sömürmek ve avutmak için süsleyip püsleyerek sahneye sürdükleri bir aldatıp uyutma aracı halinde kullanılmaktadır. Bizim ülkemizin de dahil bulunduğu bir dizi ülkede kumar, devlet himayesinde, hatta devlete kazanç sağlayan bir sektör (milli piyango, toto-loto vs.) halinde iş görmektedir.

KOMŞU HAKLARINA SAYGISIZLIK

İslam'ın, üzerinde titrediği hususlardan biri de komşularla ilişkiler ve komşu haklarına saygıdır. Hz. Peygamber, bu konunun önemini belirtmek için şöyle buyurmuştur: **"Cebrâil bana komşu haklarıyla ilgili öylesine ısrarlı tavsiyelerde bulundu ki, komşuların birbirlerine mirasçı olacaklarını sanma noktasına geldim."**

Şunu hemen belirtelim ki, komşuluk konusunda din ve inanç hiçbir fark yaratmaz. Büyük günahlarla ilgili **ez-Zevâcir** adlı eserinden çokca bahsettiğimiz **el-Heytemî,** anılan eserinin bir yerine şu başlığı koymuştur: **Müslüman veya gayrimüslim komşuyu rahatsız etmek.** (bk. 1/198)

İslam bazı kavram ve konuları din ve inanç üstü görmüş ve onların korunmasını genel insanlık borcu olarak değerlendirmiştir. Çocuklara sevgi, tabiat güzelliklerini koruma, mabetlere saygı, komşu hakları bunların başında gelir. Hz. Peygamber, komşu haklarıyla ilgili prensipleri verirken şunları söylüyor: **"Allah'a ve âhiret gününe inanan, komşusunu rahatsız etmesin. Allah'a ve âhiret gününe inanan misafire ikramda bulunsun. Allah'a ve âhiret gününe inanan, komşusuna iyilik ve güzellikle yaklaşsın."** Ve: **"Allah'a yemin ederim ki, komşusu, şerrinden emin ol-**

mayan kişi Allah'a iman etmiş olamaz." Ve: **"Kendisi için sevip istediği şeyi, komşusu için de sevip istemeyen iman sahibi olamaz."** Ve: **"Komşusuyla kavga ve didişmeye giren, benimle harbe tutuşmuş sayılır."** Ve: **"Komşusuna eziyet eden bizim dostumuz olamaz."** Ve: **"Allah'ım! Kötü komşudan sana sığınırım."**

Allah Resulü bir gün, çok namaz kılıp oruç tutmakla övdükleri bir kadının başka bir özelliği olup olmadığını sormuş ve komşularını biraz rahatsız ederdi cevabını alınca şöyle buyurmuştu: "O kadın cehennemdedir." Aynı kişiler komşuluk ilişkilerinde çok iyi olan fakat namaz ve oruç gibi ibadetleri savsaklayan bir kadından bahsettiklerinde ise, "İşte bu kadın cennettedir" buyurmuştur. (Zehebî, 139)

Komşu haklarına saygının ne demek olduğu sorulduğunda Hz. Peygamber'in cevabı şu olmuştur: "Hastalandığında ziyaret edersin, öldüğünde cenazesini kaldırırsın, borç istediğinde borç verirsin, kabahat ve eksiğini gördüğünde örtersin." Ve diyor ki, "Allah'ın rahmet ettiği çok az insan müstesna, komşu haklarını gereğince korumak mümkün değildir."

Şu söz de Peygamberimizindir: **"Komşusunun aç olduğunu bildiği halde, kendisi tok karınla yatıp uyuyan, benim imanıma katılmış olamaz."** Hz. Resul, duvarını, damını vs. komşusunu rahatsız edecek şekilde yükseltenleri de hayırsız ilan etmiş ve yüzlerine bakmamıştır. (Bu hadisler için bk. Heytemî 1/198-201).

Hz. Peygamber'in bu ahlak ve ruh yüceliğini en iyi kavramış insan olan **Hz. Ali,** kendisinden bir şeyler isteyen bir komşusuna istediklerini verdikten sonra, ona teşekkür etmişti. Bunu görenler: "Onun sana teşekkür etmesi gerekmez mi?" dediklerinde, Hz. Ali şu muhteşem cevabı vermiştir: "Hayır. Ben onun komşusuyum. Onun ihtiyacını, başkalarından istemesine yol açmadan fark edip gidermeliydim. Bunu yapmamış olmama rağmen ihtiyacını bana açması ona teşekkürü bir borç haline getirmiştir." Hz. Ali bu davranışıyla Kur'an'ın şu ayetlerindeki ölümsüz sırrı çok iyi yakalamış olduğunu gösteriyor: Dehr suresi 8 ve 9'uncu ayetler şöyle diyor:

"O seçkin kullar, yoksula, yetime, esire seve seve yemek yedirirler. Sonra da onlara şöyle derler: "Size yalnız Allah'ın hoşnutluğu için yediriyoruz. Sizden ne bir karşılık, ne de bir teşekkür bekliyoruz."

Komşu haklarında insanların yanıldıkları noktaların başında din meselesi gelmektedir. Hz. Peygamber ve sahabiler, komşuluk ilişkilerinde din ayrımı yapmamışlardır. Peygamberimiz, Müslüman olmayan bir cenazenin geçişi sırasında ayağa kalkmış ve: "Neden kalkıyorsunuz, bu Müslüman bir cenaze değildir" dediklerinde şu cevabı vermiştir: "Müslüman değildir, ama insandır." Hz. Peygamber, böylece insana saygının özellikle komşuya saygının din ve inanç üstü bir insanlık realitesi olduğunu bize göstermiştir.

Bunun bir adım daha ötesi vardır: Kur'an-ı Kerim putperestlerin bile komşu olmalarına imkân sağlanmasını ve komşuluk ilişkisi yüzünden gerekli hale gelen yardımın bu insanlara yapılmasını emretmektedir. Bu emri veren ayet (Tevbe, 6) şunu da dikkatimize sunmaktadır: Putperestleri komşu edinerek onlara Allah'ın kelamını dinleme imkânı verin, onların gerçekle tanışmalarını sağlayın. Çünkü onlar bilgisizlikleri yüzünden putperest olmuşlardır.

Kur'an'ın bu perspektifinden bakıldığında, Müslüman olmayanlarla kurulacak komşuluk ilişkilerinde çok daha saygılı, çok daha cömert ve nazik olmanın İslam'ın emri olduğunu kabul etmemiz gerekir.

Kısacası; dini, inancı ne olursa olsun, komşunun haklarına saygısızlık en büyük günahlardan biridir.

Komşu haklarını ihlalin değişik görünümlerine tanık oluyoruz. Hz. Peygamber'in dikkat çektiği bazılarına işaret etmek istiyoruz.

Komşu evlerini dinlemek, kapı aralıklarından evleri gözetlemek: Hz. Peygamber'in nefret ettiği insan tipleri arasında bu günahı işleyenler de vardır. (Bu konuda bk. Heytemî, 2/128-129)

Evlere izinsiz girmek: Bu, Kur'an tarafından yasaklanacak kadar çirkin bir davranış bozukluğudur. Kişide birkaç hastalığın aynı anda varolduğunu gösterir.

Kur'an, bu davranış bozukluğunun insan hayatında büyük problemlere yolaçacağına dikkat çekmek için olacak ki, konuyu üç ayetle gündeme getirmiştir. Nur suresi 27-29. ayetlerde şöyle deniyor: **"Ey iman edenler! Kendi ev ve odalarından başka ev ve odalara, sahipleriyle sıcak bir yakınlık kurup izin almadıkça ve selam vermeden girmeyin. Böyle yapmanız sizin için daha hayırlıdır. Bu sayede düşünüp gerçeği kavramanız umulur. Eğer evlerde kimseyi bulamazsanız, size izin verilinceye değin içeri girmeyin. Eğer size 'geri dönün' derlerse dönün. Böyle yapmanız sizin için daha temiz, daha mutlu edicidir. Ve Allah sizin yapmakta olduğunuzu çok iyi bilir. İçinde oturulmayan, fakat size ait eşyayı barındıran evlere girmenizde bir sakınca yoktur. Allah sizin açıkladıklarınızı da bilir, saklı tuttuklarınızı da."**

Şunu da söyleyelim: Hz. Peygamber, şunun-bunun evine ulu-orta dalan, kapıyı, pencereyi gözleyen, kapıları dinleyen alçakların, ev sahipleri tarafından yaralanmaları, hatta gözlerinin oyulması halinde kısas uygulanmayacağını bildirmiştir. (bk. Heytemî, 2/128; Zehebî, 178)

TİCARETTE YOLSUZLUK VE HİLE

Ticaret, insan hayatının en önemli faaliyetlerinden biri, kazanmanın ise en önemli yoludur. Hz. Peygamber: "Rızkın onda dokuzu ticarettedir" buyurarak bu gerçeğe dikkat çekmiştir.

Ancak bunun kadar gerçek olan bir şey daha vardır: İnsanın insana zulmünün, ihtirasın, doymazlık ve haksızlığın en fazla sergilendiği alan da ticarettir. Bunun içindir ki İslam, ticaret hayatına ilişkin birçok prensip getirmiş ve bu kritik alana, insanın ahlak yapısını korumak için yoğun bir müdahalede bulunmuştur. Toplum haklarını zedeleyen günahların büyük çoğunluğu, doğrudan veya dolaylı, ticaret hayatı ve ticarî ahlakla ilişkili bulunmaktadır.

İslam bilginleri, ticarette yolsuzluk konusunda öncelikle şu Kur'ansal prensibin altını çizerler: **"Ey iman edenler! Mallarınızı, aralarınızda haksız ve sahte yollarla yemeyin. Birbirinizden hoşnutluğa dayanan ticaret yolu müstesnadır..."** (Nisa, 29; Bakara, 188)

Bizim, **ticarette yolsuzluk genel başlığı** altında topladığımız günahlara giriş mahiyetinde, Hz. Peygamber'in şu hadislerine dikkat çekilmiştir:

"Allah temizdir, yalnız temiz olanı kabul eder. Ve O, peygamberlerine emrettiğini kullarına da emrede-

rek şöyle buyurmuştur: 'Ey resuller! Temiz yiyecekler yiyin ki barışa yönelik temiz işler yapasınız."

"Kul, yollara düşüp uzun uzun seferler yapar; yüzü-gözü toz içinde kalır, ayakları şişer. Ve ellerini kaldırarak 'Ya Rab, ya Rab!' diye yakarır. Eğer bu kulun, yiyeceğinde, giyeceğinde, içeceğinde haram katığı varsa onun duası nasıl kabul edilir? Böyle bir kula nasıl olumlu cevap gelir Allah'tan?..."

"Helal yemek, farzlar üstü bir farzdır."

"Ey Sa'd! Rızkını temizle ki duaları kabul edilen bir insan olasın. Varlığımı kudretinde tutan Allah'a yemin ederim ki kul, kursağına bir lokmacık haram indirince ibadeti kırk gün kabul edilmez. Eti, haramla beslenmiş bir insana en yakışan ödül cehennem ateşidir." (Hadisler için bk. Heytemî, 1/180-181)

Ticarette harama kaçma konusuna bu hadislerle giren İslam bilginleri böylece, haram lokmanın bir numaralı sebebinin ticarette yolsuzluk ve hile olduğuna dikkat çekmişlerdir.

Şimdi biz ticarette yolsuzluk ve hilenin, bazı alt-başlıklar koyarak, durumunu daha yakından görelim:

Karaborsacılık:

İnsana ve Allah'a karşı işlenebilecek kötülüklerin en zehirlilerinden biri olan karaborsacılık, lanetli günahlardan biri olduğu için biz onu Allah Resulü'nün Lanetlediği Günahlar başlığı altında incelemiş bulunuyoruz.

Yalan Söyleyerek Satmak veya Almak:

Satımdan kazanılanı haram hale getiren bu günah bazen malı iyi göstermek için, bazen de fiyatı makul göstermek için işlenir. İki halde de büyük günahlardan biri olur.

Günümüzde bu günahın en kötü işleniş şekli hileli ve **hayalî ihracat**tır. Bunda ayrıca **kamu hakkını çiğneme** günahı da vardır.

Satım Sırasında Yemin Etmek:

Yemin yalana yapılmışsa zaten büyük günahtır. Burada kastedilense, doğru veya yanlış, malını satmak için yemin etmektir. Hz. Peygamber, Allah'ın tiksindiği kullar arasında malını satmak için habire yemin edenleri de göstermiştir. Böyle satışlardan elde edilen kazançların şekilde var, gerçekte yok olduklarını da bize bildiren Hz. Resul şöyle diyor: "Yemin ederek mal satan, madde yığınını artırırsa da, gerçek kazancını telef etmiş olur." (Heytemî, 1/191)

İğtişaşa Gitmek:

İğtişaş ticarette aldatma yollarından biri, belki de en çok başvurulanıdır. İyi ve kaliteli malla âdi ve kalitesiz malı karıştırarak iyi mal diye satmaya **iğtişaş** denir. Bu kelimenin kökü olan **ğaşş** aldatmak demektir.

Hz. Peygamber: **"İğtişaşa gidenler bizden değildir."** buyurarak, insan onuruna ve hakka ihanet olan iğtişaşın **tam bir insanlık suçu** olduğuna dikkat çekmiştir.

Çalıntı Malı Satınalmak:

İslam'ın temel kabullerinden biri de şudur: **Küfre rıza küfür; zulme rıza zulümdür.** Böyle olunca kötülüğün her çeşidine karşı çıkmak gerekir.

Çalınan malı **bilerek** satın alan bir haksızlığa rıza göstermiş olur. Hz. Peygamber: **"Bir çalıntı malı bilerek satınalan, hırsızlığın günahına katılmış olur."** diyor. (bk. Heytemî, 1/181)

Günümüzde bu günah, çalan→aracı olan→satınalan üçlüsü halinde bir kollektif suç halinde işlenmektedir. Bu suçta bu kişilerin ve daha bilemediğimiz iştirakçilerin tümü günah ve zulme katılmış olmaktadır.

Ölçü ve Tartıda Hile:

Kur'an ve Hz. Peygamber'in üzerinde çok durdukları günahlardan biridir. Hatta eksik ölçüp hileli tartanlar anlamına gelen **mutaffifîn,** Kur'an'da bir surenin adıdır.

Haram yemenin en çok kullanılan yollarından biri olan yanlış tartıp ölçme, **Zehebî**'nin de işaret ettiği gibi, **hırsızlık ve hıyanetin bir türüdür.** (bk. Zehebî; Kebâir, 162) Bu günah, insanı aldatmaya ve yalan beyanda bulunmaya da eşlik ettiğinden insanı batıran namussuzluklardan biridir. Bunun içindir ki Kur'an bu günahı işleyenlerin kötülüğünü anlatmaya **veyl** (yazık, azap ve nefret) olsun diyerek başlıyor ve şöyle devam ediyor:

"Yazıklar ve azaplar olsun eksik ve hileli ölçüp tartanlara. Vay onların haline! Onlar insanlardan bir şey aldıkları zaman tam ölçerler; kendileri bir şey sattıklarında eksik ölçer veya tartarlar. Onlar diriltileceklerini sanmıyor ha!? Büyük bir gün için olacaktır bu! O gün insanlar, âlemlerin rabbinin divanında dururlar." (Mutaffifîn, 1-6; ayrıca bk. İsra, 35; En'am, 152; Rahman, 7-9)

Tatfif illetinin günümüz ticaret hayatında boyutları çok değişmiştir. Eksik ölçüp yanlış tartma sadece terazî, metre, litre olayı değildir. Makro planlarda bu betondan, demirden, ağaçtan çalma şeklinde milyarlık hırsızlıklara konu olmaktadır.

Ve ülkemiz bu açıdan dünyanın en talihsiz ülkelerinden biridir. Hz. Peygamber, andığımız illete tutulan ülke ve kitlelerinden bereketin, rahmetin kaldırılacağını söylüyor. Ekonomik alanda belimizi doğrultamayışımızın bir büyük sebebi, işte burada yatmaktadır.

SERVET VE REFAHLA ŞIMARMAK

İnsanlık aleyhine işlenen günahlardan biridir. Kur'an bu günahı toplumları çöküşün eğişine getiren ve kitleleri birbirine düşman eden sapıklıklardan biri olarak gösterir.

Kur'an terminolojisinde, **teref** ve **itraf**, diye anılan bu illet, Allah'ı inkârın ve ruhsal çöküntünün de şaşmaz belirtilerinden biridir.

Kur'an-ı Kerim'in en önemli kavramlarından biri olan **teref,** mal ve servetle şımarıp azmak demektir. Teref ve onun başka bir dil kalıbında kullanılışı olan **itraf** yeraldığı bütün ayetlerde bu anlamda kullanılmakta ve toplumları yıkan **bir bela** olarak gösterilmektedir.

Mal ve servetin belli ellerde toplanmasını ve toplum aleyhine bir baskı ve sömürü unsuru halinde kullanılmasını yaradılış kanunlarını çiğnemek olarak gören Kur'an, bunun denge bozucu ve çöküşe götürücü bir illet olmasını şu gerekçeye bağlar: **Emekle kapitalin yer değiştirmesi.**

Kur'an; ekonominin, başarının ve zaferin temelinde emek ve gayreti görmektedir. Teref, bu kâinat prensibini tersine çevirmekte ve oluş ve erişin motor gücü olan emeği kapitale boğdurmaktadır. Bu yüzden Kur'an, servette yoksulun hakkı olduğunu açıkça ifade eder. (bk. Zâriyât, 19; En'am, 141; İsra, 26; Rûm, 38) Bu, servetin terefe gitmemek üzre frenlenmesi demektir. **İmam Şâfiî**'ye göre **bir malda fakirin hakkı o malın sahibinin haklarından önde gelir. Çünkü Kur'an, malın, sahibi tarafından kullanılır hale gelmesini fakirin hakkının verilmesine bağlamıştır.** (Sibaî, 201) Nahl 71. ayete göre, servet sahipleri mallarından, emrinde çalışanlara her iki taraf eşit oluncaya kadar vermelidirler. Bunun yapılmaması Allah'ın nimetlerine kafa tutmaktır.

Kur'an'ın, insanın hür iradesine dayalı vermeyi esas alan tavrına bakarak bazı Müslüman düşünürler Marksizmle İslam arasında paralelliği de aşan bir yakınlık görmüşlerdir. Libya'nın İhtilalci lideri **Kaddafi** bunlardan biridir. Şöyle diyor: "Marksizm; Müslümanlara Hrıstiyanlık ve Yahudilikten daha yakındır." (bk. Claire, 347) **Muhammed İkbal**'in sözü çok daha ürperticidir: "Kur'an nedir? Zenginlere ölüm haberi, malı olmayanlara koruyucu. Altın tutan elden hiçbir hayır bekleme." (Câvidnâme, beyt: 735)

Gerçek olan şu ki, tatmin edilmeyen ihtiyaçlar, insaf ve şımarıklık tarafından tahrik edilince nefrete dönüşür ve bu nefretin önünde hiçbir şey ayakta duramaz. **Nietzsche** bu gerçeğe işaret ederken şöyle demiştir: "Nerede bir vaha varsa orada put vardır." (Zerdüşt, 120) Vahadaki nimet put veya putlar tarafından tekele alınıp aç mideler nefretle kabarınca vahanın altı üstüne gelir. Tarihin her devrinde ve dünyanın her yerinde terör ve dehşetin altında bu nefret vardır.

Terör mahrum bırakılmış, sözü dinlenmeyen benliklerin dilidir. Yıkıcı, pis bir dildir ama nihayet bir dildir. **Mevlâna** asırlar önce bu gerçeğe işaret ederken, Konyalı servet babalarına şöyle sesleniyordu: "Kendi istekleriyle Kuddûsilere (yoksullara) vermiyorlar; debbûsiler (eli topuzlular) gelip zorla alırlar." Sözü kaydeden Eflakî şunu ekliyor: "Aynen buyurduğu gibi de oldu." (Eflakî, 1/431)

Açık olan şu ki, Kur'an, ihtiyaçlardan kurtulmuş insanın hayata ve kendisine musibet getireceğini söylemektedir. **Hz. Ali, Selman Farisî**'ye yazdığı bir mektupta bu Kur'ansal espriye dikkat çekerken şöyle diyor: "İnsanların kıyamet günü hesaba çekilmelerinde, dünyadaki rızıklanmaları esas alınacaktır." (İbn Abdrabbih, 4/206) Tasavvufun büyük isimlerinden biri olan **Ebu Saîd İbn Ebil Hayr** (ölm. 440/1048) çok daha ilginç konuşmaktadır: "İnsan için ihtiyaç kaçınılmazdır. İnsanın Allah'a gidişinde en kestirme yol ihtiyaçlı olmaktır. Eğer ihtiyaç sert ve çıplak bir kayanın üstüne atılsa oradan kaynak suları fışkırır." (bk. Esrâr, 283) Çağdaş düşünür **İkbal**, insanın ihtiyaçtan kurtuluşunu ruhun ölümü gibi görmektedir: "Konfor ve refah nedir bu eski dünyada? Bunlar bedenden canın uçup gitmesi demektir." (Câvidnâme, 210)

Kur'an'a göre, insan hayatını kaosa boğan ve toplumu dejenere eden en büyük zulümlerden biri de refahtan kaynaklanan azmadır. Bu yüzdendir ki, Kur'an, toplumların ve medeniyetlerin yükseliş devirlerinde terefin değil gayret ve emeğin egemen olduğunu, çöküş devirlerinde ise terefin hâkim duruma geçtiğini söylemektedir. Bu dönemlerde terefin mümessilleri (Kur'an'ın deyimi ile **mütrefler**) kendilerine düşen görevleri savsaklamanın yanında, toplumu yönetme durumuna geçmekle de çöküşü hızlandırırlar. Ve böyle bir toplumun batması, Kur'an'a göre bir evrensel zorunluluk haline gelir. İsra suresi 16. ayet, âdeta kural koyarcasına şöyle diyor: **"Biz bir toplumu mahvetmek istediğimizde, onun servet ve mallarla azıp şımarmış kodamanlarına birtakım emirler yöneltiriz veya onları o ülkenin yöneticisi yaparız da, onlar bizim emirlerimize karşı çıkarlar. Böylece o ülkenin batması gerekli hale gelir. Biz de o ülkeyi yerle bir ederiz."** Sebe' 34 ve devamı ayetler teref temsilcilerinin bütün uyarılara karşı çıktıklarını belirtmektedir.

Terefin getireceği yıkımda, ülkenin üst kadrolarıyla aşağı tabakaların yer değiştirmesi esastır. (bk. Hûd, 82-83) Başka bir deyimle, terefin tahribi en çok yöneten-önder kadroyu rahatsız eder. Kur'an bu kadroyu **âlîler** (üst düzeydekiler) veya **mele'** (kodaman-yönetici kadro) diye ifade eder ve bu kadroyla teref arası ilişkiye dikkat çeker. (Müminûn, 24, 33; Bakara, 246; A'raf, 60, 66, 75, 88, 90, 103, 109, 127; Hûd, 27, 38, 97 vs.)

Teref erbabının meleine karşı çıkan iman grubu, müstaz'aflar olarak anılıyor. Müstaz'aflar, kodaman meleinin kibir ve gurur hegemonyalarına karşı bir ilahî uyarı kadrosudur. Teref ehlinin tıkadığı iman ve sonsuzluk yolunu bunlar açarlar. (bk. A'raf, 73-76, 85-88, Sebe', 31-34)

Terefin ve mütreflerin zulme dayalı hegemonyaları, Kur'an'ın deyimiyle, **istiz'af** denen ezme, sömürme, baskı ve horlama sürecini başlatır. Böylece toplumda, servet ve refahla şımarmışlarla (mütreflerle) onların ezip sömürdüğü gruplar **(müstaz'afûn)** arasında didişme ve boğuşma başlar. Bu didişmede, Yaratıcı Kudret'in, ezilenler yanında yer aldığını ve onları oluşun motor gücü saydığını Kur'an açık bir biçimde dile getirmektedir. (bk. Kasas, 5)

Böylece **Kur'an-ı Kerim oluş diyalektiğinin temeline ezen ve horlayanla, ezilen ve horlananların mücadelesini koymaktadır.** Şunu belirtmeliyiz ki, bu diyalektikte ezmenin objesi, Kur'an tarafından gösterilmemiştir. Bu demektir ki, bu obje değişkendir. Bazen ekonomik değerler, bazen de başka unsurlar olabilir. Diyalektiğin değişmeyen yanı yani yapı taşı, ezen-ezilen çelişme ve didişmesidir.

DOYMAZLIK

Din literatüründe **şuhh** (hırs, cimrilik) **tûlül emel** (bitip tükenmek bilmeyen arzu ve hayaller beslemek), tama' (doymazlık) vs. gibi deyimlerle ifadeye konan bu illet, insanı tahrip eden iç musibetlerden biridir.

Kur'an, doymazlığı karşılamak için **şuhh** kelimesini mihver terim olarak kullanır.

Kur'an'da isim olarak 3, sıfat olarak da 2 yerde (çoğul halde) geçen bu kelimenin Arap dilindeki karşılığı cimrilik, hırs ve kıskançlıktır. **Râğıb,** bunu **hırsla birleşen cimrilik** diye tanımlamıştır ki, Kur'ansal bir kavram olarak ifade ettiği anlamı budur.

Kur'an insanın şuhhla dolu bir yaradılış taşıdığını göstermektedir. (Nisa, 128) Bunun içindir ki, sonsuzluğa eriş ve kurtuluş şuhhtan korunabilen benliklerin hakkı olarak gösterilmiştir. (bk. Haşr, 9; Teğabün, 167)

Tanrısal kelam, ikiyüzlülükle şuhhun birlikte belirişi arasında ilişki kurmaktadır. **Münafıklar** zor gördüklerinde ortadan yok olmaya, nimet ve çıkar gördüklerinde ortaya çıkıvermeye aşırı bir tutkunluk (şuhh) içindedirler. Bu onların doymazlık, cimrilik ve kıskançlık illetlerinin toplamından oluşan bir saplantıdır. (bk. Ahzab, 19) Müfessir **Âlûsî** şuhhu tanımlarken şöyle diyor: "Cimriliğin en ileri safhasıdır ki başkasının cömertliğine bile engel olmaya iter."

O halde şuhhun bir belirişi de cimriliktir. Bu derde tutulan benlik, asla doymaz. Onun açlığının kaynağı madde değil iç dünyadaki boşluktur. Bu yüzden, tüm dünyayı bu illete tutulana tapulasanız o yine açtır. Hz. Peygamber'in ifadesiyle "Allah onun yoksulluğunu iki kaşının arasına koymuştur." Onu ancak kara toprak doyurur.

Anlaşılan odur ki, **doymazlık zehirinin panzehiri cömertlik** ve nimetleri başkalarıyla paylaşmadır. Hz. Peygamber, ümmetini bir yandan şuhhtan sakınmaya çağırırken, bir yandan da cömertliğe özendirmiştir.

Doymazlık marazının egemen olduğu bir gönülde Allah'a götüren güzellikler barınamaz. Şu hadisler, bunu çok açık bir biçimde gösteriyor: **"İslam'ı, şuhhun mahvettiği gibi hiçbir şey mahvetmez."** Ve: **"Bir kalpte şuhh ile iman asla birleşmez."**

Şuhhun insanın iç dünyasıyla toplumu aynı anda kemiren bir bela olduğunu yine Hz. Resul bize göstermiştir. Diyor ki bir duasında: **"Rabbim, beni nefsimin şuhhundan koru."** Ve: "Şuhh, sizden öncekileri helak edip onları, birbirlerinin kanlarını dökmeye, dokunulmaması gereken haklarını çiğnemeye itmiştir." (Hadisler için bk. Elmalılı; Tefsir, 7/4846) Ve: "Üç şey öldürücüdür: Karşı konulamayan şuhh, ardınca gidilen boş arzular, kişinin kendi görüşünü taparcasına beğenmesi." (Tirmizî; Şemâil, 180)

Din literatürünün tetkikinden anlaşılan odur ki, **doymazlık malda, ilimde, ünde** ve **şehvet**te olur. Hz. Peygamber, doymayan nefsten Allah'a sığınarak, doymazlığın tüm alanlarda vücut bulabileceğine dikkat çekmiştir. Âli İmran suresi 14. ayet, doymazlığın madde alanına ilişkin birimlerini göstermesi bakımından çok önemlidir. Bu birimler şöyle sıralanmıştır: Kadın, çocuk, altın-gümüş, at, davar, ekin...

Tasavvuf düşüncesinin doymazlığın karşıtı olarak sunduğu kavram **zühd** (ölümlü değerleri son plana atmak) dür. (Zühd için bk. Öztürk; KSGT, Zühd bölümü)

Doymazlığın getireceği illetlerin en yıkıcısı **kalp katılığı** olarak gösterilmektedir. (bk. Hadîd suresi, 16) Doymaz nefs ayağını kalp katılığına yakalatınca öyle bir firavunluğa yenik düşer ki, kırk yıl sonra yiyeceği tatlının hesabını yapar da, bir saat sonra karnını doyuracak ekmeğe muhtaç olanların iniltilerini duymaz.

Ve böyle benliklerin doldurduğu bir dünyada ne din kalır, ne de iman...

Doymazlığın en kahredici şekli **bağy** yani başkaları aleyhine sınır ve dengeyi çiğnemektir.

TİKSİNDİRİCİ DAVRANIŞLAR SERGİLEMEK

Kur'an'ın ve Hz. Peygamber'in yasakladığı yani dinin günah saydığı davranışlar içinde **tiksindirici olmak** veya **tiksindirici tavırlar sergilemek** de vardır. Bu konunun aydınlanması, Kur'an'ın **güzel olmak, güzel hareketlerde bulunmak, güzele ve güzelliğe** insan hayatında yer vermek ilkesinin iyi anlaşılmasını gerekli kılar.

Peygamberimizin ahlâk güzelliklerinden biri de insanların tiksinmelerine, iğrenmelerine, rahatsız olmalarına yol açan jest, davranış ve sözlerden kaçınmaktır. Bazı örnekler verelim:

Başkaları yanında gerinip esnemek: Hz. Peygamber insanların yüzüne baka baka esnemeyi **şeytandan gelen** bir davranış olarak nitelendirmiştir. Böyle bir zorunlulukla karşılaşan kişinin hiç değilse, eliyle ağzını iyice kapatarak bu nahoş davranışı makul bir manzaraya büründürmesi emredilmiştir.

Nahoş kokular yaymak da yasaklanan davranışlardan biridir. Hz. Peygamber kötü kokuların insanı derinden rahatsız ettiğini ve bu rahatsızlığa sebep olmanın insana saygısızlık cinsinden bir günah olduğunu gösteren ilginç davranışlar sergilemiştir.

Allah Resulü, soğan-sarmısak gibi nahoş koku çıkaran yiyecekleri ağzına koymuyordu. Fakat bu yiyeceklerin sağlık için önemini vurgulayarak sahabilerine bunları yemelerini tavsiye ediyordu. Ne var ki O, bunları yemiş olanların, kokuları gidinceye kadar insanlar arasına katılmamalarını emretmiştir. Özellikle mabetlere, nahoş kokular yayar bir halde gelmek, onun şiddetle yasakladığı davranışlardandı.

Tiksindirici olmama konusunun önemli belirişlerinden biri de **diş temizliğidir.**

Dişleri temizlememek Peygamberimizin ısrarla kınadığı bir davranış yani din dilinde bir günahtır.

Dişleri temizlemeye **sivâk** veya **istivâk,** temizlikte kullanılan âlete de **misvâk** denir. Fıkıh kitaplarındaki mis-vâkın değerine ilişkin beyanlar diş temizliğine ilişkin beyanlardır. Misvâkın filan veya falan âlet şeklinde anlaşılması tamamen yanlıştır. Bizden istenen, dişleri temizlemektir, amaç budur. Bunun aracı zamana ve şartlara göre elbette ki değişir. Açıktır ki, kullanılması yasaklanan maddelerin bu temizlikte yer alması, mesela domuz kılından fırçaların kullanılması söz konusu olamaz.

Tiksindirici olmama konusunda **kılık-kıyafet, saç-sakal düzgünlük ve temizliği** de Peygamberimizin üzerinde durduğu hususlardandır. Huzuruna gelen saçı sakalı birbirine karışmış, kir pas içinde insanları uygun bir dille dışarı çıkardığını: "Git, saçını sakalını düzelt, ondan sonra gel" dediğini bilmekteyiz. O, saç ve sakalın, varlık ve yokluğundan çok, bunların temizlik ve düzgünlüğü üzerinde durmuştur.

Saç ve sakalların temizlenmesi, taranması, güzel kokularla ıtırlanması, onun özen gösterdiği hususlardandı. Harp sıralarında bile bu konuyu ihmal etmemiştir. İlave edelim ki, Allah Resulü'nün saçları (ömründe bir defa kesmiş olması hariç) hiçbir zaman kulaklarını örtecek seviyeden daha kısa olmamıştır. Bu uzunluk zaman zaman omuz kemiklerini örtecek seviyede idi. Hatta bu uzun saçlarını bir keresinde (Mekke fethi sırasında) 4 bölük halinde ördüğünü de kaynaklar bize haber vermektedir. Buna dayanarak diyebiliriz ki, Muhammedî sünnetin hâkim tavrı, sakalların kısa, saçların uzun tutulmasıdır. Elbette ki, bu bir vahye dayalı kulluk borcu değil, fıkıh kitaplarının da belirttiği gibi bir **sünnet** yani tarz ve tavırdır. Fakat bu tarz ve tavırda **temizlik** ve **nezafet**in sağlanması dinin emri, yani kulluk borcudur. Çünkü temizlik Kur'an'ın temel ilkelerinden biridir.

ZİNA VE HOMOSEKSÜELLİK

Toplum aleyhine günahlardan ikisi de **zina** ve **homoseksüelliktir**. Bunlar nesli bozdukları, insanı amansız hastalıkların kucağına ittikleri ve sayısız ruhsal çöküntüye ve ekonomik sömürüye sebep teşkil ettikleri için Kur'an bunları da büyük günahlar arasında görerek yasaklamıştır.

Meşru bir nikâh olmaksızın cinsler arasında kurulan cinsel ilişkiye zina denir. (Râgıb, Zina md.)

Kur'an-ı Kerim'de fiil ve isim halinde 6 yerde geçer. Kur'an'a göre zina insanlığı fert ve toplum olarak dejenere eden bir illettir.

Kur'an-ı Kerim zinayı kadın ve erkek açısından gündeme getirmektedir. Uzak durulması gereken bir illet olan zina (İsra, 32) tarafların her birine 100'er vuruş **(celde)** vurulmasını gerektirir. Bu konuyu düzenleyen ayette (Nur, 2) zina edenlerin evli veya bekâr olmalarından söz edilmez. Zina denince akla gelen **recm** (taşlama) cezası Kur'an'da düzenlenmemiştir. Başka bir ifadeyle **Kur'an bünyesinde recm cezası yoktur.**

Müfessir-bilgin **Süleyman Ateş** bu **recm** konusunu ve bu konunun İslam vahiyleri açısından durumunu çok güzel bir şekilde incelemiştir. Tefsir'inin bu konuya ilişkin kısmını küçük sadeleştirmelerle buraya almakta yarar görmekteyiz:

Nisa suresinin 15-16'ncı ayetlerinde zina suçuna, muvakkat oldğuna işaret edilen bir ceza belirlenmişti. Orada zina eden evli kadınların müebbeden hapsedilmesi, zina eden erkeklerin ise tazir edilmesi (biraz dövülüp terbiye edilmesi) buyurulmuş ve Allah bu konuda başka bir yol gösterinceye kadar bu cezanın uygulanması emredilmiş, yeni bir hükmün geleceğine işaret buyurulmuş idi. İşte daha sonra inmiş olan Nur suresinde bu yol, yani bu yeni hüküm gösterilmiştir.

İlgili ayette zina edenlerin evli veya bekâr olmaları arasında bir fark yapılmamıştır. Hepsine aynı cezanın uygulanması gerekir. Ancak evli olduğu halde zina edenlerin recmedileceğine (bellerine kadar toprağa gömülüp taşla vurula vurula öldürüleceğine) dair hadisler rivayet edilir. Kendi aralarında çelişkili ve Kur'an'ın kesin hükmüne de ters düşen bu hadislerin gerçekten Hz. Peygamber'in sözü olduğu konusunda şüphemiz vardır. Zira:

1. Bu hadislerden birine göre **Hz. Ömer** minberde şöyle demiş: "Allah, Muhammed'i hak ile gönderdi, ona Kitabı indirdi. Ona indirilenler arasında recm ayetleri de vardı. Biz onu okuduk, belledik, anladık. Allah'ın elçisi recmetti. Biz de ondan sonra recmettik. Şimdi zaman geçince birinin çıkıp" 'Allah'ın Kitabında recm yoktur' diyerek Allah'ın indirdiği farzlardan birini terk etmek suretiyle sapmasından korkuyorum. Allah'ın kitabında recm vardır. Evli erkek veya kadının, zina ettiği kanıtlanır yahut gebelik olur veya itiraf edilirse recmedilmeleri gerekir."

2. Bu rivayetlerden birine göre de **Zeyd ibn Sâbit:** 'Biz Kur'an'da: Yaşlı erkek ve kadın zina ettikleri zaman onları mutlaka recmediniz' ayetini okuduk" demiş. Orada bulunan Mervan: "Öyle ise o ayeti mushafa yazsana" demiş.

3. Diğer bir rivayete göre de Ahzab suresi yetmiş üç ayet değil, Bakara suresi kadar uzunmuş ve içinde: "Yaşlı erkek ve kadın zina ederlerse, Allah'tan bir ceza olarak mutlaka onları recmediniz. Allah azizdir, hâkimdir" ayeti varmış.

4. Ebubekir zamanında Kur'an yazılırken derleme komisyonu başkanı Zeyd İbn Sâbit, Ömer'in getirdiği recm ayetini, Ömer başka şahid bulamadığı için kabul etmemiş. Fakat **Ebu Huzeyme**'nin getirdiği Berâ'e suresinin son ayetini yalnız Ebu Huzeyme'nin ikrarını yeterli görerek kabul etmiş: "Allah'ın Elçisi, senin şahidliğini, iki kişinin şahidliğine denk tuttu" demişti.

Recm gibi çok önemli bir konuda ahad haberlerinden (tek kişiye dayanan haber) ibaret olan delillerden daha sağlam bir kaynak bulma çabasından doğmuş olan bu rivayetlerin mantıkî bir tutarlılığı yoktur. Evvela ayetin hükmü dururken kendisinin Kur'an'dan çıkartılmış olmasının hikmet ve anlamı nedir? Sonra üçüncü rivayet doğru kabul edilse Kur'an'ın çoğunun kaybolduğu anlamı çıkar. Çünkü bu rivayet, Bakara suresi kadar uzun olan Ahzab suresinden sadece yetmiş üç ayetin kaldığını, diğer ayetlerin kaybolduğunu gösterir.

Zeyd ibn Sâbit nasıl olur da Ebu Huzeyme'nin getirdiği ayetin mushafa yazılmasında yalnız **Ebu Huzeyme**'nin sözünü yeterli görür de Ömer'in getirdiği ayetin mushafa yazılması için Ömer'in sözünü yeterli görmez? Ömer, şahidliği reddedilecek cinsten bir insan değildir.

Bizim kesin kanaatimiz odur ki Araplarda kısas, el kesme cezaları gibi recm cezası da vardı. Nitekim bu ceza **Tevrat**'ta da vardır. (Tesniye 22. bab) Kur'an recm cezasını içine almayıp sadece **celd** (değnekle dövme) cezasını getirince, namus ve geleneklerine son derece bağlı olan Araplar arasında sonradan Hz. Peygamber'in recmi uyguladığına ve bunu uygulamayı buyurduğuna dair rivayetler ortaya atılmış, hatta bunun vaktiyle ayet iken şahid yetersizliği yüzünden Kur'an'a yazılmadığı rivayeti hadis kitaplarına girmiştir. Böylece bu ceza İslam hukukuna da girmiştir.

Yahut Hz. Ömer, toplumun sınırlarının genişlemesi, devletin bir site devletinden, geniş toprakları kuşatan, çeşitli milletleri yöneten, milyonlarca insanın yaşadığı bir imparatorluk haline gelmesi sonucunda toplumda zina suçunun arttığını görmüş; bu suçun yayılmasını önlemek için Kur'an'ın getirdiği yüz değnek cezasından daha ağır bir ceza getirmeyi, kendi ictihadıyle gerekli görmüştür. Nitekim birinci maddede kaydettiğimiz kendine nisbet edilen sözden de bu anlaşılmaktadır. Bu sözden açıkça anlaşılıyor ki onun recm cezasını uygulamasını Kur'an'a aykırı görenler olmuş o da bunun Hz. Peygamber'in sünnetine aykırı olmadığını söylemiştir. Bu, onun kendi ictihadı olabilir. Onun uygulaması sonucunda da bu ceza daha sonraki hukuk ekollerince benimsenerek İslam hukukuna mal edilmiştir. **Hz. Ömer'in kendi ictihadına dayanarak Kur'an ve sünnette olmayan bazı cezalar koyduğu veya bazı cezaları ağırlaştırdığı bilinmektedir.** Mesela Hz. Peygamber ve **Ebubekir,** şarap içene iki yahut bir rivayete göre kırk değnek vurmuş iken **Hz. Ömer** bunu seksen değneğe çıkarmıştır. (Darimî, hudûd, 9)

Kur'an-ı Kerim, dövme cezasını kabul etmiş, fakat recm cezasını kabul etmemiş, bu konuda evli ile bekar arasında da bir fark yapmamıştır. Çünkü suç, aynı suçtur. Aynı suçun cezası da aynı olur.

Şayet Hz. Peygamber'in evli zâni ve zâniyeyi recmettiği hakkındaki rivayet doğru ise bu ancak Hz. Peygamber'in Kur'an'ın emrinden önce Araplarca uygulanan ve Tevrat'ta da bulunan cezayı uyguladığını, fakat Kur'an'ın recm cezasını kabul etmeyip kaldırdığını, sadece celd (dövme) cezasını getirdiğini gösterir.

Muhammed İzzet Derveze'nin, recmi, Nur suresindeki ayetten önce Hz. Peygamber'in kendi ictihadına dayalı uygulaması olarak görmesi de bizim İslam'dan önce Araplarda recm cezasının uygulandığı görüşümüzü güçlendirir. Recmin, Araplara da Yahudilerden geçtiği anlaşılıyor. Yahudi şeriati, zina eden evli erkek ve kadını, livata yapan ve yapılanı, hayvanlarla cinsel ilişkide bulunanı, nişanlı kızla zina edeni, kendi rızasiyle erkeğe boyun eğmiş ise zina eden nişanlı kızı öldürmeyi emreder.

Muhammed İzzet Derveze'ye göre de Hz. Peygamber'in recm yaptığını bildiren hadisler, Nur suresindeki bu ayetin inişinden önceki duruma aittir. Yani Nisa suresinin hükmü olan müebbed hapis topluma ağır geldiği için Hz. Peygamber kendi ictihadıyla recm yapmıştır. Fakat sonradan bu konuda kesin hüküm bildiren celd (dövme) ayeti inmiştir. Ayet, bekâr ile evli arasında bir ayırım yapmamıştır. Bu ayet Hz. Peygamber'in uyguladığı recmi neshetmiştir. (et-Tefsir el-Hadîs, 10/110)

Eğer bu görüş doğru ise eskiden beri Arap toplumunda recmin uygulandığını gösterir. Çünkü Hz. Peygamber vahiy gelmeyen konularda Arapların, tevhide aykırı olmayan, uslandırıcı toplumsal kurallarını uygulardı. Hadis kaynakları Hz. Resûl'ün ilk recm cezasını, iki Yahudiye, Tevrat hükümlerini okutarak uyguladığını gösteriyor. (bk. B. hudûd; M. hudûd; Mâlîk; Muvatta, hudûd)

Ancak biz, Hz. Peygamber'in, kendi hayatlarında böyle bir cezayı uyguladığına asla ihtimal vermiyoruz. Çünkü bir insanı yarı beline kadar toprağa gömüp taşla vura vura öldürmek, âlemlere rahmet olarak gönderilmiş olan Hz. Peygamber'in herkesçe bilinen yüce şefkat ve merhamet duygularına aykırıdır. Eğer insanın işlediği suç, öldürülmesini gerektiriyorsa o insan öldürülür ama böyle yürekler acısı işkence ile değil. Çünkü ceza acı çektirmek için değil, uslandırmak içindir. Kısasta ceza, suça uygundur. Haksız yere adam öldüren kimse öldürülür. Ama zina suçu iki kişinin rızasiyle olmuşsa o iki kişinin nefislerine ait bir suçtur. Bunun cezası ölüm olsa da böyle dayanılmaz bir biçimde ızdırapla öldürme olamaz. Bu, Allah'ın rahmetine de, Hz. Pegyamber'in merhametine de aykırıdır.

Allah Kur'an'da çeşitli günahlar bildirmiş, fakat hiçbirinin hükmünü, zinanın hükmü kadar geniş açıklamamıştır. "Zinaya yaklaşmayın" demiş, zina edeni cehennemle uyarmış, zaninin cezalandırılmasını, başkasını zina ile suçlayıp sözlerini dört şahitle ispat edemeyenlerin dövülmesini ve şahitliklerinin kabul edilmemesini, zani'nin ancak zaniye ile veya müşrikle evlenebileceğini, zinanın ancak dört şahitle sabit olacağını buyurmuştur. Şimdi Allah'ın bu kadar önemle hükümlerini açıkladığı zinanın en önemli hükmünü bildirmemesi, ihtimal dışıdır. Çünkü bu, ihmal edilecek bir husus değildir.

"Zina eden kadın ve zina eden erkeğin her birine yüz değnek vurun" ayetinin hükmü geneldir. Bekar, evli herkesi kapsamına alır. Bu genel hükmün, haber-i vahidle tahsisi, bu hükmün yalnız bekârlara has kılınması caiz değildir.

Demek **zinanın cezası, evli bekâr herkes için yüz değnektir.** Yüce Allah; müminlere, suçlulara acımadan bu cezayı uygulamalarını emretmiştir. Bazı müfessirlere göre: "Allah'ın cezasını uygulama hususunda sizi onlara karşı acıma duygusu tutmasın" buyruğu, haddi uygulama hususundadır. Yani acımadan bu haddin uygulanmasını emretmektedir. Fakat bu emir, suçluları merhametsizce dövme anlamına gelmez. Vurmanın gayri müberrih olması (yani şiddetli olmaması) gerekir. Hz. Ömer'in oğlu, zina eden cariyesinin ayaklarına vurmuş, oğlu Abdullah kendisine: "Allah: 'Onlara acımayın' dediği halde nasıl böyle yapıyorsun" deyince: "Oğlum, Allah bana onu öldürmemi veya değneği başına vurmamı emretmedi" diye cevap vermiştir.

Zanilerin halk huzurunda dövülmelerinin hikmeti de insanlara ibret olmak ve bu işe eğilim duyanları korkutup bundan vazgeçirmek içindir. Çünkü dövülmek nefse ağır gelir. Halkın huzurunda dövülmek ise insanı son derece mahçup duruma düşüreceği için çok daha ağırdır." (Bu bilgiler için bk. Ateş; Tefsir, 6/144-150)

Ateş, zina ile ilgili Nur suresi ayetlerinin **homoseksüalite** ile ilgisi olmadığını belirterek bu konuda da şunları söylüyor:

"Bu ayetler zina hakkındadır. Kur'an-ı Kerim'de **livata** (eşcinsellik) şiddetle kınandığı halde livata yapanlar hakkında bir hüküm belirtilmemiştir. Nisa suresinin 16. ayetinin livata yapanlar hakkında olduğunu söyleyenler vardır. Şayet o ayet livata yapanlar hakkında ise bunların ta'ziri gerekir. Çünkü ayet: "Onlara eziyet ediniz. Tevbe edip uslanırlarsa onlardan vazgeçiniz" buyuruyor. Nitekim Ebu Hanife'ye göre livata edene zina haddi vurulmaz, ancak o kimse ta'zir edilir. Ta'zir biraz dövmektir." (bk. Ateş, 6/151)

Nur suresinin 5-7. ayetleri zinanın tespitinde esas olacak delilleri vermektedir. **Zinanın ispatı 4 görgü tanığı ile yapılabilir.** Zina iddiasında bulunup bunu 4 tanıkla ispatlayamayanlar iftira suçu işlemiş olurlar.

Nur suresi 3. ayet zina eden bir kadının bir putperest veya zina etmiş bir erkekten başkası ile nikahlanamayacağını söylemektedir. Aynı düzenleme, zina etmiş erkek için de geçerlidir. Hz. Peygamber bu ayete dayanarak İslam öncesi devirde, seviştiği putperest bir hayat kadını ile evlenmek isteyen sahabisine bu evliliği yasaklamıştır.

Mümtahine suresi 12. ayetten öğreniyoruz ki Hz. Peygamber'e iman etmek üzere gelen kadınlardan alınacak garantiler içine "zina etmemeyi" koyması da emredilmiştir.

Zina edenlerle evlenmemeye ilişkin beyan, ayette emir kipiyle değil, hikâye (bir haberi anlatım) şeklinde verilmiştir. Müfessir **Süleyman Ateş** bu noktayı da değerlendirerek zina edenle evlenmeme konusunu şu şekilde anlatıyor:

"Vaktiyle iffete aykırı davranıp, zina etmiş de olsa, tevbe edip kötü halinden dönen kadınlarla evlenmek caizdir. Müslüman kadınlar için de hüküm aynıdır. Hz. Ömer:

- İslam'da fuhuş yapan hiçbir erkeğin, namuslu kadınlarla evlenmesine müsaade etmem, deyince Übey ibn Ka'b:

- Ey mü'minlerin emiri, şirk fuhuştan büyük günahtır. Fakat tevbe edince tevbe kabul edilir, demiştir.

Bu rivâyet, günahından tevbe eden fâhişe kadınla evlenmenin caiz olduğunu gösterir. Başka bir rivayete göre bir adam Hz. Ömer'e gelir:

- Bir kızım var, Allah'ın sınırlarından birini çiğnedi -yani zina etti- sonra kendisini kesmek (intihar etmek) için eline bıçağı aldı, ben yetiştim, tedavi ettim, iyileşti, güzel tevbe etti. Şimdi kendisini isteyenler var. Daha önce yaptığını söyleyeyim mi? der. Hz. Ömer der ki:

- Onun halini söyleyerek Allah'ın gizlediğini açıklamak mı istiyorsun? Vallâhi eğer onun durumunu herhangi bir kimseye söylersen seni ibret için cezalandırırım, onu namuslu bir kadın gibi evlendir.

Bu rivâyetler, daha önce ne yapmış olursa olsun tevbe eden kadınlarla evlenmenin caiz olduğunu gösterir." (Ateş, 2/472)

"**İmam Ahmed:** "Namuslu bir erkeğin, fuhşuna devam eden bir fâhişe ile; namuslu bir kadının da günâhına devam eden bir fâcir (zina eden) ile evlenmesi haramdır. Ancak tevbe ederlerse onlarla evlenilebilir" demiştir.

Tevbe eden kimse, günâhından temizlenmiş olur. Vaktiyle zinâ etmiş olsa da, tevbe eden bir kadın veya erkekle evlenmekte bir sakınca yoktur.

Âyetin haber verdiği gerçek şudur: Fâhişe bir kadını, ancak fuhşa alışmış bir erkek kabul eder. Namuslu insanlar, fahişelerle evlenmek istemezler. "Kötü kadınlar kötü erkeklere; kötü erkekler kötü kadınlara; iyi kadınlar iyi erkeklere; iyi erkekler de iyi kadınlara meylederler" (Nur, 26) ayeti de bu psikolojik durumu bildiriyor.

Bize göre, ayetin amacı, zinânın kötülüğünü ve mü'min erkek ve kadınlara, zinâdan tevbe etmeyen, bu günahlarına devam eden kişilerle evlenmemelerini vurgulamaktır. Ama günahından tevbe eden, günah işlememiş gibi kabul edilir. Onlarla evlenmekte bir sakınca yoktur. Ayetin men-sûh olduğu görüşü doğru değildir. Esasen ayet emir değil, haberdir. Haberlerde nesih olmaz. Bu surenin 26'ncı ayeti de bu ayetin anlamını pekiştirmektedir.

Ayet, toplumdaki bir gerçeği belirtmekte, inanmış, temiz insanların ahlâksız insanlarla evlenmek istemeyeceklerini; ahlaksız insanların da temiz insanlara eğilim duymadıklarını, onların da kendi tinetinde olan kişilere eğilim duyduklarını, onlarla evleneceğini bildirmektedir. Ancak, günahından tevbe eden affedilir. Onlarla evlenmekte bir sakınca yoktur." (Ateş, 6/151-154)

İslam bilginlerinin bir çoğuna göre; **şirk** ve insan öldürmekten sonra en büyük günah zinadır. Bu kanıyı taşıyanlar, görüşlerini Furkan suresinin şu ayetine dayandırırlar: "O müminer öyle kişilerdir ki, Allah yanında bir başka ilaha yakarmazlar, haksız yere Allah'ın haram ettiği nefsi katletmezler, ve zina etmezler." (Furkan, 68)

Buradaki günahların sıralanışı, onların ağırlık derecesini gösteren bir hiyerarşi olarak kabul edilmiştir ki, bu durumda kötülük bakımından zina üçüncü sırada yeralır. (bk. İbn Kayyım; ed-Dâu ve'd-Deva, 264-265)

İbn Kayyım, zinayı genişçe incelediği eserinde bunu âdet haline getirenlerin asla affedilemeyeceği yolunda fikir beyan edenlerin hatalı olduğunu, Zümer suresinin 53. ayetinin Allah'ın affı dışında hiçbir günah bırakmadığını belirtir. (bk. ed-Dâu ve'd-Devâ, 288)

Zina bahsinde ele alınması gereken meselelerden biri de **homoseksüalite** veya livata illetidir.

Kur'an'ı Kerim'de bu illet tek kelimeyle geçmemekte, ancak **Lut kavminin** kötülüklerini anlatan ayetlerden bunun çok büyük bir günah olduğu çıkarılmaktadır. Kur'an'da açık bir ifadeyle cezasının tertiplenmemesi, bu illetin fıkıh açısından yerini tesbitte bir hayli tartışmaya sebep olmuştur.

Durumu genişçe inceleyen **İbnül Kayyım**'ın tesbitlerini özetlemekle yetineceğiz:

"Sahabiler ve İslam bilginleri **livata** (homoseksüalite) nın cezası konusunda şu tartışmaya girmişlerdir: Zinanın cezası mı ağırdır, livatanın cezası mı? Hz. Ebu Bekir, Hz. Ali, Halid b. Velid, Abdullah b. Zübeyr, İbn Abbas, Câbir b. Zeyd vs. gibi sahabiler ve onları izleyen tâbiîler (sahabiyi tanıyan kuşak) ve İshak b. Râhuye, Ahmed b. Hanbel, İmam Şafi, vs. livatanın zinadan daha ağır bir suç olduğu kanısındadırlar.

Ata b. Ebi Rebah, Hasan el-Basrî, Saîd b. el-Müseyyeb, İbrahim en-Nehaî, Katâde, Evzaî, Ebu Yusuf, Ebu Muhammed vs. gibi fakih bilginler onu zina ile bir tutarlar.

Ebu Hanife (İmamı Âzam) yi izleyen bir grup bilginse livatanın zina gibi cezayı gerektirmediği görüşündedirler. Onlara göre, bu kötülüğü işleyene sadece **ta'zir** (zina cezasından hafif, dövme türünden) bir ceza gerekir. Çünkü, diyor, bu bilginler; ne Allah, ne de Hz. Peygamber bunun için açık ve belirli bir **had** (ceza) takdir etmemişlerdir. Bu işi yapana din **zâni** (zina eden) adını vermemektedir. Bu iş, insan tabiatının nefret ettiği çirkinliklerden biridir. **Sevicilik** (iki kadının birbiriyle cinsel tatmine gitmesi) de bu türdendir."

İbn Kayyım, şöyle devam ediyor:

"Kur'an-ı Kerim, bu işin insanlık tarihinde ilk kez, **Lut kavmi** tarafından işlendiğini haber vermektedir. (bk. A'raf: 80, 81, Enbiya, 76-18; Hud, 76, 77; Ankebût, 31)

Lut kavminin başına gelen felaketler, birer ilahî ceza olduğuna göre, bu suçun cezası da bu felaketler gibi ağır olmalıdır. Bunun içindir ki, **Halid b. Velid** (sahabi) bazı Arap kabilelerinde birbiriyle nikahlanan erkekler tesbit edip halife Ebu Bekir'e bildirdiğinde, Ebu Bekir, **Hz. Ali ve Hz. Âişe** ile istişareden sonra, bu sapıkların yakılmasını emretmiş ve Halid b. Velid de bunları yakmıştır..." (bk. İbn Kayyım; ed-Dau ve'd-Devâ, 291-303)

İbn Kayyım, daha sonra, livata için ceza belirleyen dinsel bir nass yoktur diyen fakihlere cevap olmak üzere bazı delilller ileri sürerek, bu sapıklığın cezasız bırakılmaması gerektiğini uzun uzun savunuyor:

Fakihler, zinanın **en kötü kısmının, evli kişinin zinası** olduğunu belirtirler. **İbn Kayyım** bu noktaya değinirken şöyle diyor: "Bunun en kötüsü de kişinin kendi **komşusunun eşiyle** zina etmesidir. Bunu yapan, komşuluk hakkı gibi bir emânete de hainlik ettiği için en alçak insan durumundadır. Evli bir kişinin zinası, evli olmayan yüz kişinin zinasından daha beterdir." (İbn Kayyım, bir önceki eser, 204)

İSRAF

İsraf; sadece bir ülke toplumu aleyhine değil, bütün insanlık aleyhine işlenen günahlardan biridir. Çünkü israf, yeryüzündeki nimetler dengesini bozan, adaleti işlemez hale getiren büyük bir zulümdür.

İsrafın özünde **gereğinden fazla kullanma** ve **nimetleri heder etme** yatar. İşte zulüm ve dengeyi bozma budur. Bu zulmün yürüyebilmesi için birtakım insanların gereğinden az kullanmaları yani nimetlerden mahrum kalmaları gerekecektir ki, bu da bir başka zulümdür.

Demek oluyor ki israf, hem bu günahı işleyenleri, hem de diğer insanları perişan eden iki başlı bir kötülüktür ve yeryüzü nimetlerini, kötü kullanım yüzünden işe yaramaz hale getiren, bireyleri ve kitleleri birbirine düşman eden, hatta toplumları çökerten, harpleri, ihtilalleri körükleyen bir insanlık suçudur.

İsrafın kökü olan **seref,** Arap dilinde "insan fiillerinde sınırı aşma, aşırılık" anlamındadır. Kur'an, seref kökünden kelimeleri bu anlamda kullandığı gibi Türkçe'deki dengesiz harcama anlamında israf kelimesini de kullanmaktadır.

İsrafa sapana **müsrif** denir.

Kur'an, haddi aşma, aşırılığa gitmenin her türünü insanın birey ve toplum olarak mutluluğunu zedeleyen **negatif bir gelişme** olarak görür. Bu negatif gelişmenin içine ümitsizliğe düşmek yani Allah'ın rahmetinden ümidi kesmek de girmektedir. (bk. Zümer, 53)

İsrafla ilgili evrensel prensip Kur'an tarafından şöyle konmuştur: "Yiyin, için; fakat israf etmeyin. Allah israf edenleri sevmez." (A'raf, 31)

İsraf, bir yığın bozgunun, zulmün, sapmanın ve yozlaşmanın kaynağı olarak gösterilmiştir. İsrafı huy edinenlere boyun eğmek insanı çöküşe götürür ve toplumların dengesini bozar. (Şuara, 151)

Kur'an, israf yasağıyla anlayışındaki **orta yol veya denge** ilkesinin bir görünümünü sergilemektedir. Bu prensiplerin bir uzantısı olarak ferdin terkibinde yer alan madde ve ruha aynı anda haklar tanıyarak, evvela bu temel ve çekirdek yapıda, bozulma ve sapmaları önlemektedir. Kur'an ferde: "Sonsuzluğunu da unutma, dünyadan nasibini de..." (Kasas, 77) diyerek onun dengesini korumaktadır. **İnsanın yapısında yeralan hiçbir şey kötü ve iğrenç değildir. Kur'an'ın iğrenç bulduğu, yapımızdaki unsurların kötü kullanımıdır.**

İtidal prensibinin en önemli belirişlerinden biri Kur'an'da **"ekonomik ahlak"** diye ifade edebileceğimiz, "harcamada denge" esprisidir. Kur'an; dünya nimetlerinden yararlanmayı, bir "ilahî istek ve arzu" olarak tespit eder. Allah bütün güzellikleri ve nimetleri kulları için yaratmıştır. Bunları değerlendirmek, yemek-içmek Allah'a güvenin ve yine ona şükretmenin bir belirtisi olmaktadır. Bunu engelleyen, Allah'a isyan halindedir. Çünkü bütün kâinat insanın emrine verilmiş, bütün nimetler insan için var edilmiştir. İnsan bunlardan yararlanacak ve Allah'a şükredecektir. (bk.

A'raf, 31-32; Nahl, 8) Ancak bu kullanım ve yararlanmada aşırılığa giderek nimete tapıcılık illetine tutulmak kötüdür. Kur'an, nimetleri terk ile onlara tapmayı aynı görür ve bu illetten kaçmalarını mensuplarına öğütler.

İsraf, Kur'an ahlakının özündeki denge prensibini bozmaktadır. Çünkü birimizin gerektiğinden çok harcaması için, bir ötekimizin gerektiğinden az harcaması icap edecektir. Allah, yeryüzü sofrasına nimetleri dengeli bir biçimde göndermiştir. İsrafa gidenler, bu dengeyi, kendi lehlerine bozan isyancılardır. O halde, israf ekonomilerinin fikir kaynağı olan kapitalizm, **Kur'an nazarında tam bir zulüm düzeni olduğu gibi nimetlerin gerektiği kadar kullanımını engelleyen komünizm de bir zulüm düzenidir. Kur'an bu iki rejimin ortasında durur ve her ikisinin aşırılıklarını dışta bırakır. İsraf, nimetlerin belli ellerde toplanmasını gerektirdiğinden servetlerin de belli ellerde toplanmasına yol açacaktır. Kur'an servetlerin belli ellerde toplanmasına da karşıdır. "Mal ve servet, sizin yalnız zenginleriniz arasında dolaşan bir kudret ve üstünlük aracı olmasın..." (Haşr, 7) diyen Kur'an, bu konudaki yaradılış ilkesini koymuştur.**

ŞEHVETE ESİR OLMAK

Kelime anlamıyla şiddetli arzu, arzulanan şey için atılmak olan şehvet en mükemmel unsurlarla en yıkıcı belaları bünyesinde taşıyan bir keyfiyettir. O halde, şehveti bir çırpıda kötü olarak nitelendirip reddedemeyiz. "Allah, şehveti insanoğluna boşuna vermemiştir. Menfaate koşmak, emel ve heves gibi şeyler hep ondan kaynaklanır. İnsan ve hayvan türlerinin devamı da şehvet sayesindedir. Eğer şehvet olmasaydı, yeryüzü harabe, insanlararası muameleler hükümsüz ve nesil kesilmiş olurdu. Şehvet insanın iç ve dış ahengini, sosyal hayatın düzenini bozmadığı sürece Allah'ın kullarına lütuf ve ihsanıdır. Aksine, genel ahlâk ve kamu düzenini ihlal ettiği zaman aklın güdücülüğünden çıkarak çirkin bir hal alır ve sahibini din ve kanun nazarında suçlu ve mahcup hale getirir. O halde insan, şehvetten kaçınmak yolunda bütün kuvvet ve iradesini sarf etmeli, bu yolda görülecek zorlukların yine nefs ve şehvetin icadı olduklarını bilerek kulak asmamalıdır.

"Şehvetine mağlup olan adam açık denizlerde, dalgaların oyuncağı haline gelmiş bir sandala benzer. Fırtına onu bir kere bu hale getirince artık ne pusula işe yarar, ne de dümen... (A. Rifat; Tasvir-i Ahlak, 214)

O halde, bütün arzular kötü, bütün istekler çirkin değildir. Bunları bir ölçüye göre ayırmalı ve kötüsünü atıp makbul olanlarının peşinden gitmelidir.

Şehvetin faydalı ve zararlı çeşitlerini ayırmak için **sâdık** ve **yalancı** şehvet ölçüsünü kullananlar vardır. Bunlara göre **sâdık şehvet** beden için zorunlu olan şeylere duyduğumuz arzu, yalancı şehvet ise beden için lüzumsuz şeylere yönelen arzudur. Adlarına ne dersek diyelim, Kur'an şehvetin makbul ve çirkin olanlarına işaret etmektedir:

"Kadınlara, oğullara, yığın yığın biriktirilmiş altın ve gümüşe, salma güzel atlara, muhtelif hayvanlara, ekinlere yönelen ihtiras dolu şehvet insanlar için süslenip bezenmiştir. Bunlar dünya hayatının birer faydasıdır. Allah'a gelince, en son dönülüp varılacak yerin bütün güzelliği O'nun yanındadır... (Âli İmran, 14-15)

Burada sayılan şeylerin hepsi, **helâl** dairesindeki şeylerdir. O halde, onlara duyulan arzu, ihtirasla dolu ve haddi aşan tipten olunca kötü ve çirkindir. Şu ayetler ise şehvetin sadece kötüsüne işaret etmektedir:

"Allah sizin tevbelerinizi kabul etmek ister. Şehvetlerine uyanlar ise sizin büyük bir meyille yoldan sapmanızı isterler." (Nisa, 27)

".... Sonra arkalarından öyle kötü bir nesil geldi ki, namazı bıraktılar, şehvetlerine uydular. İşte bunlar azgınlıklarının cezasına uğrayacaklardır. (Meryem, 59)

Tasavvuf ehlinin reddettikleri şehvet işte bu şehvettir. Bu şehveti yenmek en büyük zaferdir ve sülûkün gayelerinden biridir.

Neden böylesine büyük musibet telakki edilmiştir şehvet?

Şehvet, evvela varlık ve olayları olduğu gibi görmemizi

engeller. Yani bakışı saptırır. **Mevlâna** şöyle diyor: "Gazap ve şehvet kişiyi şaşı yapar. Çünkü onlar ruhu istikametinden saptırırlar."

Hz. Peygamber'in duasındaki "Allah'ım, bize eşyayı olduğu gibi göster" niyazının mânâsını bu esprinin ışığı altında değerlendirmek gerekir. Varlığı, hakikatte olduğu gibi görmek isteyen sûfiler elbette ki bu görüşü engelleyen şehvetle amansız bir mücadeleye gireceklerdi ve bu mücadelede başarılı olanı öveceklerdi. **Mâlik b. Dinar** (126/743) diyor ki: "Dünya hayatına ait şehvetlere galip gelenin, şeytan, gölgesinden bile korkar." **Mücâhid b. Cebr** (101/719) de şöyle konuşuyor: "Şu iki nimetten hangisi daha kıymetli diye düşünür dururum: İslam'la şereflenmek, şehvetlerden kurtulmak." **Mücâhid,** böylece şehvete galip gelmeyi dinin biricik gayesi sayıyor.

Şehveti, sözünü ettiğimiz makul hududlar içinde tutmaya **iffet** denmiştir.

HARPTEN KAÇMAK

Ünlü kebâir (büyük günahlar) hadisinde gösterilen 7 büyük günahtan biridir.

Yaşadığı ve nimetlerinden yararlandığı toplumun sevinçli günlerinde beraber olduğu insanları, sıkıntı ve zorluk baş gösterdiğinde bırakıp sıvışmak insan onuruyla bağdaşmaz. İnsanı küçültüp alçaltmada bundan daha büyük bir namertlik düşünülemez. Kur'an, toplumun geleceğini ve haklarını can pahasına da olsa korumanın yüceliği ve kaçınılmazlığı üzerinde ısrarla durmaktadır.

Cihadın bir boyutu olan "gerektiğinde savaş" insanı yücelten faaliyetlerden biridir. Bu faaliyete katılanları Kur'an **"ölümsüzler, hep diri kalanlar"** olarak nitelendirmektedir. (bk. Bakara, 154; Âli İmran, 169)

Barışın nimetlerini sürekli kılmak ve yarınları emanet edeceğimiz çocuklarımıza güvenli ve güzel bir dünya bırakmak için, gerektiğinde savaşmalıyız. Bundan kaçan benlik, Kur'an tarafından iğrenç görülmekte, azap ve onursuzlukla tehdit edilmektedir. Böyleleri, Allah'ın gazabına uğrar ve cehennemi boylar. Birçok Kur'an ayeti bunu açıkça gösteriyor. (Örneğin bk. Enfal, 16; Tevbe, 38-50)

Savaşın yalnız bizim çıkarlarımızı koruyor olması şart değildir. Kur'an, ezilen, horlanan, itilen insanların haklarını korumak için savaşı da insanın şeref görevi olarak kaydeder. (Bu hususta bk. KTK. Kıtal md.)

Kısacası, ülkesini, kader birliği yaptığı insanları, inandığı değerleri savunan ezilmiş insanları korumak için savaşmak insanoğlunun şeref burçlarının en yücelerinden birine vücut verir.

Kur'an, sıkıştığı zaman sırtını dönüp kaçarak harp halindeki arkadaşlarını ortada bırakmaya Arapları örnek göstermekte, özellikle münafık Arapların bu konuda çok namert bir psikoloji sergilediklerine pekçok ayetle işaret etmektedir.

DÖRDÜNCÜ KİTAP

LANET KONUSU OLAN GÜNAHLAR

Birinci Bölüm

ALLAH'IN LANETİNE SEBEP OLAN GÜNAHLAR

VAHYİN BEYANLARINI AÇIKLAMAMAK

Bakara suresi, 159. ayet şöyle diyor: "Doğruluk, iyilik, güzellik, aydınlık ve gerçeklik konusunda indirdiklerimizi, tanrısal kitapta insanlara açık açık belirtmemizden sonra vahyimizi örtüp gizleyenlere gelince, Allah'ın lanet ettiği kişiler onlardır. Bütün lanet okuyanlar da onlara lanet eder."

Kur'an bu günahı ifade ederken **ketm** kökünden kelimeler kullanır. Ketm, bir şeyi örtüp gizlemek, başkaları görüp öğrenip yararlanmasın diye saklamak ve hükümden düşürmek anlamlarına gelmektedir. Buna göre tanrısal hakikatleri ketmetmek, onları halkın bilgisinden saklı veya uzak tutmak şeklinde olabileceği gibi, o hakikatleri olduğu gibi açıklamamak şeklinde de olabilir. Nitekim Kur'an bu ikinci şekle çok ilginç bir ifadeyle değinmektedir: **"Onlardan bir zümre vardır, geveleyerek dillerini kitaba doğru eğip bükerler ki, siz onların lakırdılarını kitaptan zannedesiniz. Oysa ki, o kitaptan değildir. 'Bu, Allah katındandır' derler. Oysa ki o, Allah katından değildir. Ve onlar bilip durdukları halde Allah'a yalan isnad ederek söz düzerler."** (Âli İmran, 78)

Kur'an'ı Kerim, insanlık tarihinde bu suçu işleyenlerin başında din temsilcilerinin, özellikle Ehlikitap din adamlarının geldiğini açık bir biçimde göstermektedir. Ve Kur'an bu günahı işleyenleri insanlığa tanıtırken şu ürpertici ifadeyi kullanıyor: **"Allah'tan gelmiş bir bilgi ve tanıklığı yanında tutup gizleyen kişiden daha zalim kim olabilir."** (Bakara, 140) Ve: **"Allah'tan gelmiş bilgi ve tanıklığı (şehadeti) saklayan, onun kalbine kötülük etmiştir."** (Bakara, 283) Bu son ayette kalp kelimesine eklenen **onun** ve **o** anlamındaki zamir, ayet bünyesinde geçen şehadeti örten kişiye işaret olabileceği gibi, yine aynı ayette geçen Allah'a işaret de olabilir. İkinci anlam esas alınırsa, vahyi saklamanın, tebliğ etmemenin Allah'ın kalbini rahatsız ettiğini söylemek gerekir. Ve filolojik açıdan zamiri Allah'a göndermemizde hiçbir engel de yoktur. Biz, zamirin bu mucize ikili anlamı da dikkate alınabilsin diye tercümemizde **onun kalbine** dedik; Kur'an'ın ifade enginliğini kayıtlamaktan kaçındık.

Vahyi tebliğ etmemek veya olduğu gibi tebliğ etmemek İslam dünyasının da problemlerinden biridir. Politik, ekonomik, ırksal, bölgesel, vs. hesaplar yüzünden çağlardan beri işlenen bu günah, sahibi ve koyucusu Allah olan İslam'ın temel kaynağı Kur'an-ı Kerim'le kitlenin irtibatını büyük ölçüde azaltmıştır. Ortaya İslam başlığı altında toplanan yığınlarca uydurma ve yalan çıkmıştır. Bu uydurma ve yalanların yaşamasına bağlı yüzlerce zümre ve anlayışın saltanatı vardır. Bu saltanatın yıkılmaması için, Kur'an'ın kitleler tarafından öğrenilmemesi ve dinin vahiy dışındaki kabullerden arındırılmaması, çıkarcıların tek sığınakları halinde yaşatılmaktadır.

Birçok yerde çeşitli kılık ve meslekte temsilcilerini gördüğümüz bu gaflet ve menfaat odaklarının yaptıkları, Allah'a âdeta ders vermektir. Derler ki: "Esası öyledir, ama sen söyleme." Derler ki: "Bugüne kadar kimse görüp bilemedi de, sen mi anladın!" Derler ki: "Sarığı, cübbesi, tesbihi, sakalıyla eski ulema bunların söylenmemesini yeğledi de, her şeyi açık açık söyleyecek aklıevvel sen mi çıktın!"

Ve derler ki: "Kur'an'ın, biz, sadece bir kısmını anlayabiliriz. Büyük çoğunluk **müteşâbih** ayetlerdir. Onları Allah'tan başkası bilmez. Bize düşen bu müteşâbih ayetleri camide, cenazede okumak ve anlamlarını irdelememektir. Bu ayetlerin anlamı üzerinde söz söyler, hele bunları büyük kitleye duyurursanız, sizi dinde reformcu ilan eder, cehennemlik damgasıyla damgalarız."

İlahî gerçekleri saklamaktan başka bir şey olmayan ve İslam'ı daha ilk çağından itibaren yozlaştırmaya başlamış **Emevi** hezeyanlarından oluşan bu **katmerli zulüm,** dine, hiçbir dinsizin yapamayacağı bir kötülüktür. **Bu zulmün önüne geçmek başka bir deyimle Kur'an'ı anlamaya giden yolu tıkayan her türlü putu devirmek, insanı Allah ve Resulü katında en şerefli burca oturtmak en yüce hizmettir.** Allah adamlığıdır. Allah'ın deyimlerini kullanırsak **Allah eri** (ricalullah), **Allah dostu** (veliyyullah), **Allah yardımcısı** (ensarullah) mertebelerine ulaşmanın Kur'ansal ve Muhammedî yolu budur.

Kur'an bize açık bir ifadeyle şöyle sesleniyor: **"Andolsun ki, biz bu Kur'an'ı anlaşılsın ve öğüt alınsın diye kolaylaştırmışızdır. Düşünüp, anlayıp, öğüt alacak yok mu?"** (Kamer, 17, 22, 32, 40) Tekrara asla yer vermeyen Kur'an, mealini sunduğumuz ayeti aynı sure içinde değişik bileşimlerde birkaç kez kullanarak insanları âdeta omuzlarından tutup sallıyor ve şunu demek istiyor: Beni anlamak için sarfetmeniz gereken gayreti göstermeyerek, sergilediğiniz tembelliği haklı kılmak ve yüceltmek için beni anlaşılmaz, dokunulmaz bir söz yığını ilan edip hayatın dışına itmeyin, sonra yakanıza yapışırım. Ben, anlaşılmak ve hayata huzur ve mutluluk katmak için geldim. Mezarlıklara, raflara, izbelere hapsedilmek için değil.

ALLAH'A EZİYET ETMEK

Ahzab suresinin 57. ayetinde geçen "Allah'a eziyet edenler" ifadesinden alınan bu başlık altında neler söylenebilir sorusu hep sorulmuştur. Çünkü insanın Allah'a eziyet etmesi ancak kendine özgü bir anlamda mümkün olabilir. Şu var ki, Kur'an anılan ayetinde Allah'a eziyet edenlerin dünya ve âhirette lanetlendiklerini açıkça belirtmektedir. Bu durumda bize düşen, eziyet etmek deyimini aynen koruyarak bunun gerçek anlamını bizim tam bir biçimde tespit edemeyeceğimizi söylemektir.

Şu ihtimallere yer verilebilir:

1) Allah'ın emirlerine ters düşerek onun hoşlanmadığı manzaralara vücut vermek.

2) Allah'ın sevdiği kulları (nebiler, veliler) rahatsız etmek.

3) Allah'ın temel niteliği olan merhamet, bağışlayıcılık, hoşgörü gibi niteliklerden tamamen uzak düşmüş olmak.

4) Allah'ın tekelinde olan din adına hüküm koymada kendinde yetki görmek; bir başka deyimle Allah adına yalan uydurmak.

ALLAH RESULÜNE EZİYET ETMEK

Ahzab suresi 57. ayete göre Hz. Peygamber'e eziyet edenler, dünyada ve âhirette lanetlenmişlerdir.

Hz. Peygamber'e eziyet, Allah'a eziyet bahsinde ifadeye koyduğumuz şekillerin yanında maddî anlamda da olabilir ve olmuştur. Bizzat kendisinin ifadesiyle, insanların en ağır ıstırap ve eziyetlere maruz kalanları peygamberlerdir. Peygamberler içinde insanların eziyetlerine en fazla muhatap olan ise son Peygamber'dir. Bazı örnekler verelim:

Tarihçi **İbn İshâk,** sahabi İbn Mesud'un ağzından kaydediyor: "Bir gün Resul, Kâbe'de namaz kılıyordu. İçlerinde **Ebû Cehil**'in de bulunduğu bir grup gelip onu seyrettiler. Ebû Cehil arkadaşlarına: "Filan yerde kesilen devenin döl yatağını kim alıp buraya getirecek?" diye sordu. İçlerinden biri "ben" dedi ve döl yatağı getirildi. Adama dediler ki: "Muhammed secdeye vardığı sırada bu leşi onun iki omuzu arasına koyacaksın." Ve adam söyleneni yaptı. Resulullah secdesini hiç bozmadı. Durumu görenlerden biri koşup **Hz. Fâtıma**'ya haber verdi. Fâtıma o sırada küçük bir kızdı. Koşup geldi. Bir yandan Allah Resûlü'nün sırtını temizliyor, bir yandan da onları seyreden putperestlere beddua ediyordu. Müşrikler ise Fâtıma'nın haline katıla katıla gülerek bakıyorlardı. Nihayet Resulullah namazını tamamladı ve kıbleye yönelerek ellerini kaldırdı ve şöyle yalvardı: "Allahım, **Ebû Cehil'i, Utbe b. Rebîâ'yı, Velid b. Utbe'yi, Umâre b. Velid'i, Ümeyye b. Halef'i, Ukbe b. Ebî Muayt'ı** sana havale ederim, sen haklarından gel!" İbn Mes'ud şöyle devam ediyor:

"Muhammed Mustafa'ya Kur'an'ı indiren Allah'a yemin ederim ki, Resulullah'ın o gün Kâbe önünde beddua ettiği bu kişilerin hepsini **Bedir** savaşında yerlere serilmiş ve kokmaya başlamış bir halde seyrettim."

Yine Ebû Cehil, kudurganlığının coştuğu bir gün Resul'e hakâret etmiş ve Fâtıma'dan gereken cevabı almıştı. Küçük Fâtıma'nın sözleri onu çok kızdırmış olacak ki yavrunun suratına bir tokat patlattı. Fâtımatü'z-Zehrâ'nın gözlerinden yaşlar boşaldı. Manzara, yürekler parçalayacak kadar acı olması yanında, en sefil putperesti iğrendirecek kadar da adi bir davranış sergilemekteydi ki, Ebû Süfyan gibi amansız bir İslam düşmanını bile isyan ettirdi. Ebû Süfyan, Fâtıma'yı kolundan tuttu ve Ebû Cehil'in karşısına dikilerek haykırdı: "Aynı tokadı o da sana vuracaktır, yoksa seni rahat bırakmam." Bu tokadın, Ebû Cehil'in suratında patlayıp patlamadığını bilmiyoruz, fakat haberi duyan Allah Resulü, azılı düşmanı olmasına rağmen, **Ebu Süfyan**'ın sergilediği bu inceliği övmekte tereddüt etmedi. Belki de bu hatıraya saygı için olacak ki Allah Resulü, Mekke fethinde şu emri verecektir: "Ebû Süfyan'ın evine giren, emniyettedir." Yıllar önceki bir küçük ilgiye yıllar sonra ne büyük ve ne güzel bir karşılık...

Ebû Cehil'in Allah Resulü'ne reva gördüğü tüyler ürpertici eziyetlerden biri de şu: Yine namaz kılmakta oldukları bir gün... Tam secdeye vardıkları sırada melun gelir ve cehennemlik ayağını Allah Elçisi'nin enseleri üstüne koyar ve bastırır. Yaratıcı Kudret, varlıkların kemalini temsil eden gaye varlık yüce Resul'e yapılan bu hakâret karşısında öfkelenmiştir. Şu ayetler iner:

"Ey Peygamberim, dikkatli ol. Çünkü insan, kendisini başkalarına muhtaç olmanın üstünde görerek, mutlaka azar. Ey insan, senin dönüşün yalnız ve yalnız Rabbinedir. Bir kulu, namaz kılarken engelleyip duran bir adam gördün mü sen? Gördün mü hiç? Ya o namaz kılan doğru yol üzere ise, ya dosdoğru olmayı emretmekte ise?... Gördün mü?... Ya, namaz kılanı engelleyen gerçeği yalanladı, gerçekten yüz çevirdi ise?... O adam, Allah'ın her şeyi görmekte olduğunu bilmez mi? Bu halinden vazgeçsin o. Eğer vazgeçmezse andolsun onu alnının saçından tutup cehenneme sürükleriz. Yalancı, günahkâr alnının saçından. O vakit yandaşlarını çağırıp dursun. Biz de cehennem zebanilerini çağırırız. Sakın ey Peygamberim, ona boyun eğme. Seced et, bana yaklaş." (Alak, 6-19)

Kur'an'ın: "en yakın akrabanı uyar." (Şuara, 24) ayeti indiğinde Hz. Peygamber, Mekke'deki Safa Tepesi'ne çıkıp, toplanan Kureyşlilere şöyle seslendi: "Size, şu dağın arkasından bir ordu üstünüze doğru geliyor desem bana inanır mısınız?" Topluluk hep bir ağızdan: "İnanırız, çünkü sen, yalan söylemezsin" dediler. Hz. Peygamber devam etti: "O halde ben, size önünüzde büyük bir hesap günü olduğunu söylüyorum. Ey Muttalip oğulları, ey Menaf oğulları, ey falan, ey filan... Allah bana en yakın akrabamı bile uyarıp sakındırmamı emretti. Ben, sizin gayretiniz olmadan ne dünyada menfaat, ne de âhirette nasip sağlayamam. Gelin, Allah'ın birliğini kabul edin." Hz. Peygamber'in azılı düşmanlarından biri olan amcası Ebû Leheb, topluluk içinden şöyle haykırdı: "Yuh sana ey Muhammed! Hep aynı şeyleri söyler durursun. Bizi buraya bunun için mi çağırdın?" Ebû Leheb'in bu davranışı üzerine Kur'an'ın Tebbet suresi indi.

İslam tarihçileri, eserlerinde **"Peygamberle alay edenler"** diye bir başlığa yer verirler. Bunlar, Hz. Peygamber'le uğraşmayı, O'na eziyet etmeyi ve O'nunla eğlenmeyi meslek haline getirmiş kudurgan putperestlerdi. Hz. Peygamber bunlardan gerçekten çok çekmiştir. Bu adamlarla ilgili birkaç tesbitte bulunalım:

Ebû Leheb bunların başında gelmektedir. Hz. Peygamber'in öz amcası olan bu adam esasen bozuk karakterli, yarı ayyaş, sefih biriydi. Bütün gününü Hz. Peygamber'e karşı sürdürdüğü mücadeleye ayırıyordu. Bu konuda oğulları ve karısı da O'na destek oluyorlardı. Karısı **Ümmü Cemil,** yine bir büyük putperest olan **Ebû Süfyan**'ın kız kardeşi idi ve Hz. Peygamber'e kötülük etmekten sadist bir zevk duyuyordu. Kur'an, Tebbet suresinde, Ebû Leheb ve karısını lanetleyerek bu gerçeğe dikkat çekmişti. Ebû Leheb, Müslümanların putperestler karşısında ilk büyük zaferleri olan **Bedir Savaşı** haberini Mekke'de duyduğunda, mustarib olduğu, kansere benzer illete (adese) artık dayanamadı ve öldü.

Esved b. Abdyeğûs da alaycılardan biri idi. Hz. Peygamber'in dayı çocuğu olan bu adam, hemen bütün zamanını Müslümanlara işkence etmek ve onları alaya almakla geçirirdi. Yoksul Müslümanları gördüğünde: "Kralların saltanatlarına son vereceklerini söyleyenler, işte bunlardır" der, kahkahalar atardı. Bu adamın ölümü de çok feci olmuştur: Bir gün evinden çıktı; yediği bir şeyden zehirlendi. Yüzü gözü simsiyah olmuştu. Eve döndüğünde çoluk çocuğu onu tanımadı ve eve almadılar. O, dışarıda bir süre süründükten sonra acılar içinde can verdi.

Hâris b. Kays bir başka alaycı idi. Bu adam da bir gün bir balık yedi ve öyle bir susuzluğa tutuldu ki, fıçılar dolusu su içmesine rağmen bir türlü doymadı ve su içe içe âdeta çatlayarak öldü.

Velid b. Muğire Mekke'ye dışardan gelenleri Hz. Peygamber aleyhine kışkırtma işini yürütüyordu. Bu adam, bir arkadaşının okunun sürtünmesi ile derisinde meydana gelen bir sıyrık yüzünden açılan bir yaraya yenik düşerek öldü.

Halef oğlu **Ümeyye ve Übeyy** kardeşler: Kur'an'ın acı sonlarından bahsettiği bu iki kardeşten biri (Ümeyye) **Bedir** harbinde, diğeri ise **Uhud**'da öldürüldü. İkinci, bizzat Hz. Peygamber tarafından mızrakla öldürülmüştür.

As. b. Vâil: Alaycıların en azılılarından biri olan bu adam, Hz. Peygamber'e ebter (soyu kesik) dediği için Kur'an'ın Kevser suresinde lanetlenmiştir. Bu putperest, Mekke yakınlarında dolaşırken, bineğinin huylanması üzerine yere düşmüş, ayağını yılan sokmuş ve ölmüştür.

Esved b. Muttalip ve oğulları: Bu peygamber düşmanları, bir baba, bir oğul ve iki torun halinde Bedir'de öldürüldüler. Esved, daha önce bir ağaç altında otururken gözlerine batan yaprak kırıntıları yüzünden kör olmuştu.

Malik b. Talatıla: Bu adam, başında çıkan bir yaranın irin toplaması sonucu feci şekilde ölmüştür.

Bunlara ilave edilecek daha birçok isim vardır. Ancak bu isimlerin bazıları sonraki zamanlarda Müslüman olmuş, bazıları ise (Ebû Süfyan gibi) İslam'a zararları durdurulsun diye parayla susturulmuş, bir başka deyimle **müellefetül kulûb** arasına alınmışlardır. Böyle olunca da, İslam geleneği onları diğer alaycılar içinde saymama hoşgörü ve yüceliğini göstermiştir.

YERYÜZÜNDE BOZGUNCULUK

Allah'ın lanetine sebep olan günahlardan biri de yeryüzünde bozgunculuk çıkarmaktır. Kur'an buna **yeryüzünü fesada vermek** veya **yeryüzünde fesat çıkarmak** demektedir.

Fesadın karşıtı Kur'an'da **sulh** olduğuna göre, yeryüzünü fesada vermeyi **barışı bozmak** veya **barışı bozacak fiiller sergilemek** şeklinde ifadeye koymamız gerekir. Kur'an yeryüzünü fesada vermekte bir numaralı zümre olarak gösterdiği (bk. İsra, 4; A'raf, 127) Yahudileri, **harp ateşini yakmakla** da suçladığına göre, fesada vermenin bir anlamı veya bir belirişi de harp kışkırtıcılığı yapmak şeklinde düşünülebilir. Böyle olunca da, şu veya bu biçimde harbi kışkırtmak, savaştan çıkar sağlamak, teknolojiyi ve bilimi savaş sanayini besleyecek bir yol haline getirmek, savaştan çıkar sağlamak vs. gibi insanlığın zararına tüm faaliyetler Allah'ın lanetine çarpılmaya sebep teşkil eder.

Yeryüzünü fesada vermenin Kur'ansal esprisini iyi kavramak için Kur'an'ın Allah'ın seçtiği din olarak tanıttığı **İslam**'ın kökleri olan ve Kur'an tarafından da kullanılan **silm** ve **selam** kelimelerini hatırlamak gerekir. Bunların ikisinde de temel anlam, barış, güven ve huzurdur.

Yeryüzünü fesada verenlerin lanetlendiğini bildiren ayet Ra'd suresinin 25. ayetidir.

YAKIN AKRABA (MAHREMLER) İLE İLİŞKİYİ KESMEK

İslam, insanın mutluluğunu, insanın insanı sevmesine, saymasına, kucaklamasına, sahip olduğu nimet ve imkânları hemcinsleriyle paylaşmasına bağlı göstermiştir. Bu değerlere sahip olmanın ilk ve güvenilir belirtisi ise mahrem akraba ile ilişkileri iyi tutmak olacaktır. Mahrem akrabasını dışlayanın diğer insanlarla ilişkileri sadece çıkar politikası üzerine oturur. Bu böyle olduğu içindir ki, Kur'an-ı Kerim ve Hz. Peygamber mahrem akrabayla ilişkileri kesmeyi egoizmin, çıkarcılığın ve insanlık değerlerine sırt dönmenin bir tür göstergesi gibi değerlendirmiş ve bu günahı işleyenleri lanetlemişlerdir. (bk. Ra'd, 25) Hz. Peygamber mahrem akrabasıyla ilişkileri kesenlerden Allah'ın da rahmetini keseceğini çeşitli vesilelerle dile getirmiştir.

Muhammed suresi 22-23. ayetler, yeryüzünde bozgunculuk çıkaranlarla, mahremleriyle ilişkilerini kesenlerin Allah tarafından lanetlendiklerini, duyuş ve görüş kudretlerinin dumura uğratıldığını bildirmektedir.

Hz. Peygamber'in bu konudaki hadislerinden ikisi şöyledir: "Mahremleriyle ilişkisini kesen cennete giremez." Ve: "Allah'a ve âhiret gününe inanan, mahremleriyle ilişkilerini kesmesin." (Buharî, edeb)

YALANCILIK

Kur'an'ın lanet sebebi saydığı büyük günahlardan biri de, yalancılıktır. (bk. Âli İmran, 61; Nur, 7)

Kur'an insanın başarıya, doğruya, güzele, aydınlığa ulaşmasını engelleyen sebeplerden birini de yalancılık olarak göstermektedir. Ne ilginçtir ki, bu prensibi koyan ayet engellerden birini de israf olarak vermektedir. Gâfir suresi 28. ayet şöyle diyor: "Şunda kuşkunuz olmasın: Allah israf ve yalancılığa saplanmış kişinin doğruyu, iyiyi ve güzeli bulmasına imkân vermez." Hz. Peygamber'in bu konudaki hadislerinden biri şöyledir: "Yalan, günah ve kötülüğe, bu da cehenneme götürür. Kişi yalan söyleye söyleye, Allah katında yalancı diye kaydedilebilir." (Buharî, edep) Hadisi kaydeden Buharî şu ayete dikkat çekmekte gecikmemiştir: "Ey iman sahipleri! Allah'tan korkun ve doğru sözlülerle beraber olun." (Tevbe, 119)

Hz. Peygamber yalancılığı, ikiyüzlülük ve münafıklığın 3 belirtisinden biri saymıştır. Şöyle diyor: "Münafıkın belirtisi 3'tür: Konuştuğunda yalan söyler, söz verdiğinde sözünde durmaz, bir şey emanet edildiğinde ona hıyanet eder." Buharî bu hadisi kitabının iman bahsinde rivayet etmekle yalanla imanın bir arada olmayacağına dikkat çekmiştir.

Peygamberimiz, zana yani sanıya dayanmayı da yalancılığın yıkıcı şekillerinden biri kabul etmektedir. Şöyle buyuruyor: "Size zana dayanarak hüküm vermekten sakınmayı öneririm. Çünkü zan, sözün yalan şekillerinden biridir." (Buharî, nikah; Müslim birr)

Yalancılığın en zehirli şekli, yalanı kabul ettirmek için yemine başvurmak, yani **yalana yemin** etmektir. Hz. Peygamber, yalana yemin edenlere Allah'ın özel bir öfke duyduğunu ve kıyamet günü onlara azaba ayrı bir önem vereceğini söylemektedir. (bk. T. Şemâil, 91-92)

DİNDE HADDİ AŞMAK, AŞIRILIK, DOYMAZLIK

Mâide 78. ayet İsrailoğullarının küfre batanlarının lanetlendiklerini bildirirken şu gerekçeyi gösteriyor: Allah'a isyan, aşırılığa saplanma. Burada aşırılığa saplanma diye çevirdiğimiz **i'tida,** haddi aşmak, sınır tanımamak, azmak, her şeyde aşırılığa kaçmak demektir.

Kur'an, aşırılıktan uzaklığı mutluluk ve huzurun esası olan dengenin omurgası gibi görür. Bu yüzden, Kur'an ve Hz. Peygamber ısrarlı bir şekilde **orta yol** yani aşırılıktan uzaklık tavsiye etmektedir. Ne ilginçtir ki, Peygamberimiz ibadetlerde bile aşırılığa gitmeyi birçok hadisiyle yasaklamıştır. Ve Kur'an kendi bağlılarını **orta yolu izleyen ümmet** olarak tanıtmaktadır. (bk. Bakara, 143)

Bunlardan daha ilginci Hz. Peygamber'in ibadette aşırılığa gidenleri, şirretlikle itham etmesidir. (Bu konuda geniş bilgi için bk. **Kendi Dilinden Son Peygamber** adlı kitabımız.)

Haddi aşmak, aşırılık bir hastalık ve dengesizliktir. Bu hastalığa tutulanlar hayatları boyunca bir uçtan öbür uca gider gelir, hem kendilerini, hem de toplumu huzursuz ederler.

Bir bakarsınız inkarcılıkta zirvelere tırmanır, Allah diyene hayat hakkı tanımaz; bir bakarsınız dincilikte kimseye söz bırakmaz, sağa sola bakmayı bile küfür sayar. Esasen modern psikolojinin verilerine göre, aşırılık hiçbir şeye inanamamanın zavallı bir ödünleme mekanizmasıdır. Yani bir ruh hastalığı...

Aşırılık, azgınlık diye verdiğimiz bu günahı karşılamak üzre, Hz. Peygamber **ğulüvv** deyimini kullanmıştır.

"Ğulüvv, diyor Râgıb, haddi aşmak, sınır tanımamaktır." Tehânevî onu, "mübalağacılığın bir türü" olarak tanıtıyor. Hz. Peygamber ğulüvvü, dinsel emir ve yasaklarda, konmuş sınırları zorlamak, ölçü, denge tanımadan ileri gitmek, hep "dahası" diye tutturmak diye adlandırabileceğimiz bir şekilde sunmuştur.

Ğulüvv, bir azgınlık, yetinmeme illetidir. Allah'ın ve peygamberin tesbitlerini bile yeterli bulmayarak sürekli aşırılığa gitmek, kolayı zor, zoru daha zor yapmaktır.

Ğulüvv bir doymazlık psikozudur. Din meselesinin tarih içinde en büyük belası ğulüvv olmuştur. Çünkü, dini ayakta tutan ve rahmet kurumu haline getiren denge-değerleri tahrip eden bela, dinsizlik değil, dini içinden çürüten ğulüvv olmuştur.

Kur'an'a göre ğulüvv, eski dinleri, özellikle Musevilik ve Hıristiyanlığı tahrip eden negativitedir. Ve Kur'an ğulüvvu bir "haktan sapma ve subjektiv dürtülere uyma" olarak tanıtıyor. (bk. Mâide, 77) Bunu gösteren ayet ğulüvve sapanların hem kendilerini hem de başkalarını yoldan çıkardıklarına da dikkat çekiyor.

Hz. Peygamber ğulüvvün ne zehirli bir bela olduğunu gösterirken şöyle konuşuyor: "**Dinde ğulüvve gitmemeniz için sizi uyarırım. Şu bir gerçek ki, sizden öncekilerin**

batışı dinde ğulüvve yüzünden olmuştur." (B. i'tısam, 5; M. hac; İM., menâsik, 63)

Ve: "Ümmetim içinden iki sınıf insan benim şefaatimden uzak kalacaktır: Zalim yöneticiler, dinde gulüvve gidenler." (Tirmizî; Şemâil, 69)

Müfessir **Elmalılı,** Mâide suresi 77. ayeti yorumlarken din konusunda taklitçiliğin, din hayatında eskileri taklidin de ğulüvv cümlesinden olduğunu kaydeder.

Dinde sınırı aşmaya değinen ayeti açıklarken, **Süleyman Ateş** şunları yazıyor:

"Yüce Allah, Hıristiyanlara dinde aşırılıktan sakınmalarını, daha önce sapmış, birçoğunu da saptırmış olan Yahûdîlere uymamalarını emrediyor. Allah, dinde aşırı gitmekten menetmiştir. Çünkü dinde aşırılık, dini amacından saptırır. Allah'ın koymadığı hükümlerin konmasına, yasaklamadığı şeylerin yasaklanmasına yol açar. Bu da insanları engeller. Dinin amacı insanın elini kolunu bağlayıp onu vehimlerin tutsağı yapmak değil, hurâfelerden kurtarıp Allah'a tertemiz kul yapmaktır. Din aşırılıkla, dışı süslemekle olmaz. Din, ruhu bezeme yöntemidir. Allah'ın Elçisi: "Dinde aşırılıktan sakının. Çünkü sizden öncekiler, dinde aşırı gittiklerinden ötürü helâk oldular." buyurmuştur.

Bu aşırılıklar, eski dinlerin mensuplarında olduğu gibi Müslümanlar arasında da görülmektedir. Birçok kimse, Kur'an ve sağlam hadîse dayanmadan, kendiliğinden yasaklar koymakta, Allah'ın helâlini, mübâhını haram saymaktadırlar. Örtünme olmak şartıyla örfe bağlı giyim kuşamı, ille şöyle olacak, böyle olacak diye birtakım garip şekillere büründürmektedirler. Kimi toplumlarda kadınlar baştan aşağı çarşaf ve peçe içine sokulup toplumdan soyutlanmakta; kimi yerde kadın, cemiyette gülünç sayılan kıyafetlere sokulmakta; kimi yerde erkekler sünnet deyip şalvar, takke giymekte; namazda yeşil üzerine kuyruklu sarık sarmaktadırlar. Giyim kuşam şekli örfe bağlı bırakılmıştır. İslam, insanları belli bir biçimde elbise giymeğe zorlamamıştır. İslâmî tesettüre uymakla birlikte zamanın örfüne uygun kıyâfetler giymek yerinde olur. Peygamberimiz şalvar giymemiştir ki şalvar sünnet olsun. Yeşil üzerine kuyruklu sarık da Peygamberimizin sürekli bir kıyâfeti değildir. Sıcak ülkelerde herkes gibi o da güneşten korunmak için başını beyaz bir kumaşla örtmüş, bazan sarık sarmıştır ama bu sarık, kırmızı veya yeşil fes üzerinde bir sarık değildir; O, sadece tülbendini başına dolamıştır. Sarığın kuyruğunu sarkıtmak veya şu biçimde giymek aslâ dinî bir kıyâfet değildir. Hz. Peygamber kendisini diğer insanlardan ayıran özel bir kıyâfet giymemiştir. O da herkes gibi giyerdi, ancak en güzel ve temiz biçimde giyerdi.

Acâib kıyafetlere bürünmekle din olmaz ve böyle yapmakla Allah katında derece mertebe, kazanılmaz. Dinin ruhu, içi süslemektir." (Ateş, 3/40-41)

KÜFRÜN YOLUNU İMANIN YOLUNDAN AYDINLIK GÖRMEK

Nisa suresinin 51. ve 52. ayetlerinde, kâfirlere bakarak "Bunların yol ve tavırları Kur'an ve Muhammed'e inananların yol ve tavırlarından daha erdirici ve aydınlıktır" diyenlerin Allah tarafından lanetlendiği bildirilmektedir.

Kur'an burada mucize beyanlarından birini daha sergilemiştir. O da şudur: Somuta bakarak, soyut hakkında hüküm vermek her zaman doğru değildir. Böyle olunca Müslümanlara bakarak İslam hakkında hüküm vermek her zaman doğru olmayacaktır. Ve bu noktaya çağlar boyu birçok İslam düşünürü ısrarlı bir biçimde parmak basmıştır. Çağımızın büyük İslam düşünürlerinden olan **Muhammed Abduh** (ölm. 1905), **Muhammed İkbal** (ölm. 1938), **Mehmet Akif Ersoy** (ölm. 1936) bu espriye dikkat çekerlerken şunu diyecek kadar titiz davranabilmişlerdir: İslam'ın, ölümsüz değerler manzumesi olduğunu başkalarına anlatmak için onlara her şeyden önce bizim İslam'ı temsil etmediğimizi söylememiz gerekir...

Şu bir gerçek ki, Müslümanlarla İslam'ın her devirde az veya çok farklı olduğunu ve İslam'ın orijinal yapısındaki değerlerin tarih içinde hayata geçirilmediğini herkes kabul etmektedir. **Kur'an'ın insanıyla,** ortalıktaki İslam'ın insanını eşitleyemeyiz. Özellikle günümüzde çağların yozlaştırmalarıyla aşınmış ve temel kaynağına uzak düşürülmüş, bundan daha kötüsü hırsların ve çıkarların paravanası haline getirilmiş bir "sözde İslam"ın temsilcilerini esas alarak, İslam'ı itham etmek çok aldatıcı ve insanlık dışı bir tavırdır. Kur'an çağlar öncesinden insanlığı böyle bir hataya düşmemesi için uyarmıştır.

İkinci bir nokta da şudur: Şu veya bu uygarlığın, özellikle günümüz Batı uygarlığının kabul ve standartlarını hayatın değişmez kanunları gibi ele alıp İslam'ın değerlerini onlara göre iyi veya kötü şeklinde sınıflamak da doğru değildir. **Batı'nın teknolojik üstünlüğü, Batı uygarlığının kabullerini ölümsüz prensipler gibi benimsemeyi gerektirmez.** O kabullerin İslam'ın kabullerinden üstün olduğuna hükmetmeyi hiç gerektirmez. Bu tür hükümler vermede acecilik, insanlığa çok şey kaybettirir. Teknolojinin büyüsüyle bütün açıklarını, yaralarını, hatta irinlerini ve cinayetlerini ustaca kapatabilen bir uygarlığın yüzyıl sonra büyülü maskesinin altından neyin çıkacağını bilmiyoruz. Bu bakımdan bize düşen çok dikkatli olmak ve Batı uygarlığının evrensel prensiplere bağlı eriş ve buluşlarıyla, teknolojik büyü tarafından şirin gösterilen zaaf ve bozukluklarını birbirinden ayırmaktır. Esasen, **Batı uygarlığının evrensel dayanaklarını irdelediğinizde, bunların Kur'an'ın temel prensipleri olduğunu görürsünüz.** Nitekim Batı'nın üstünlüğüne kaynaklık eden bilimlerin kurucuları Müslümanlardır ve bu bir teori değil, tarihsel gerçektir. O halde, Batı'nın **bütün kabullerini** ve standartlarını tartışma dışı tutmaktan kaçınmak gerekir.

Kısacası, imanın yolu küfrün yolundan daha erdirici ve daha aydınlıktır. Ancak, hedefe varmak için yolu yürüyenin sağlam olması lazımdır. Ve **Müslüman dünyada yolu yürüyenler sağlam değildir.**

İFFETLİ KADINLARA İFTİRA

Kur'an'ın lanet konusu saydığı günahlardan biri de iffetli kadınlara kötülük isnad etmektir. Nur suresinin 4. ayeti hiçbir şeyden haberi olmayan kadınlara kötülük isnad edip de, bunu 4 görgü tanığıyla ispatlayamayanlara Allah'ın lanet ettiğini bildirmekte ve böylelerinin tanıklıklarını ebediyen kabul etmemeyi kurallaştırmaktadır. Aynı ayet bu iftiracılara 80 değnek vurulmasını da kamu otoritesinden istemektedir.

Şunu önemle belirtelim ki, zina suçlamasının ispatında tanıkların zina fiilini tam işlendiği anda ve birlikte görmüş olmaları şarttır. Ve unutmamak gerekir ki, yine Nur suresinin bir ayeti, başkalarının evlerine izinsiz girmeyi, başkalarını gözetlemeyi yasaklamıştır. Başkalarını gözetlemek, izin almadan başkasının evine girmek, gizliden gizliye başkalarını dinlemek, başkalarının ayıplarını ortaya çıkarmak için sinsi faaliyetlerde bulunmak, Kur'an ve Hz. Peygamber tarafından büyük günahlar arasında gösterilmiştir.

İffetli kadınlara iftira günahına İslam tarihinde ilk girişenler, Peygamberimizin eşi Hz. Âişe'ye iftira eden münafıklar olmuştur. (Bu konuda bk. bizim, Asrısaadetin Büyük Kadınları adlı eserimiz)

ZULÜM

Kur'an-ı Kerim zalimlerin Allah'ın lanetine uğradıklarını açık bir biçimde bildirmektedir: "Gözünüzü açın, Allah'ın laneti zalimlerin üzerinedir." (Hûd, 18. ayrıca bk. A'raf, 44; Gafir, 52) Bu demektir ki, zulüm, Allah'ın lanetini celbeden büyük günahlardan biridir. İslam bilginlerinin genel kabullerine göre **bir yönetim ve ülke küfür üzerine yaşayabilir, fakat zulüm üzerine yaşamaz.** Bu demektir ki, bir ülke Müslüman olduğunu söyleyen zalimlerce yönetiliyorsa kalkınıp mutlu olamaz. Oysa ki, bir ülke adalete saygılı gayrimüslimlerce yönetiliyorsa kalkınıp mutlu olabilir. Buradan çıkacak sonuç şudur: İdeal bir kalkınma ve gerçek bir mutluluk zulme bulaşmamış Müslüman yöneticilerce sağlanabilir.

Kur'an şurada vermeye çalıştığımız espriyi kendi üslup güzelliği içerisinde sunarken şöyle diyor: "O kişiler ki, iman etmiş ve imanlarını zulümle lekelememişlerdir, işte onlar için güven ve huzur vardır. Ve onlar doğruyu güzeli ve iyiyi yakalayanların ta kendileridirler." (En'am, 82)

Zulmü büyük günahlardan biri olarak kaydeden **Zehebî,** el-Kebâir adlı eserinin bu konuya ayırdığı bölümünde özellikle insanların mal ve haklarını yolsuzlukla ele geçirmeye dikkat çekiyor. Zehebî burada şu ilginç hadisi de kaydediyor:

"Haramla beslenen bir benlik cennete giremez." Bu hadisin **Hâkim**'in Müstedrek'indeki şekli ise şöyledir: "Bedeni, yalan ve haramdan kaynaklanan gelirle beslenen kişiye en uygun karşılık cehennem ateşidir." (Hâkim, 4/127)

Zulüm kavramına Kur'an açısından baktığımızda şunları görüyoruz:

Türevleri ile birlikte 300'e yakın yerde geçen zulüm kelimesine, kökdaşı olan ve karanlık mânasına gelen **zulmet** kelimesini de eklersek, bu rakam yaklaşık 350 olur.

Işıksızlık anlamındaki zulmetle aynı kökten gelen zulüm kelimesi Kur'an bünyesinde küfür, şirk, kötülük, baskı, işkence, haksızlık anlamlarında kullanılmıştır. Filoloji bilginleri ve müfessirlerin büyük çoğunluğu zulmün Kur'an terminolojisindeki anlamını şöyle vermektedirler: **"Bir şeyi, ait olduğu yerin dışında bir yere koymak."** (Râgıb, zulüm md.) Bundan da anlaşılır ki zulüm, yaradılış düzeninde bozukluk ve dejenerasyona sebep olmaktır. Ve bu anlamda **en büyük zalim insandır.** Çünkü yaradılış düzenini ve tabiattaki denge ve ahengi bozan tek varlık insandır. Nitekim Kur'an, insanın kötülüklerinden şikâyetçi olan melekleri konuştururken onun iki tipik kötülüğüne parmak bastırır: Bozgunculuk, kan dökücülük. (Bakara, 30) Ahzab suresi 72. ayette ise insanın iki tipik noksanlığı olarak bilgisizlik ve zalimliğe yer verilir.

Kur'an açık bir şekilde göstermektedir ki, dünyadaki **bütün zulümler insan elinin ürünüdür.** Allah en küçük anlamda bile zulmetmez. (bk. Nisa, 40; Yunus, 44; Kehf, 49) Yaratıcı düzen bozulmadan korunduğu sürece zulüm asla söz konusu olamaz. (Örnek olarak bk. İbrahim, 34; Âli İmran, 182; Enfal, 51; Hac, 10; Kaf, 29)

Zulmü meydana getiren "şeyleri ait oldukları yerlerin dışına koymak" bazen mekân, bazen de zamanla ilgili olabilir.

O halde zulüm, eksiklikten doğabileceği gibi fazlalıktan da doğabilir. Mesela, **faiz** ve **israf** birer zulüm olarak bazı insanlarda eksiltme, bazılarında artırma vücuda getirmektedir. Bir kısım insanların gereğinden fazlaya sahip olmaları yahut gereğinden fazlayı harcamaları, diğer bazılarının gereğinden azını elde etmeleri sonucunu verecektir ki, Kur'an'a göre bu tam bir zulümdür.

Zulmün **karşıtı Kur'an dilinde adalettir** ki, o da "her şeyi yerli yerinde yapmak, yerli yerine koymak" anlamındadır.

Kur'an-ı Kerim şirki (tek olan Yaratıcı Kudret'i birden fazla göstermeyi) en büyük zulüm olarak tanıtmaktadır. "Şu bir gerçek ki, **şirk, çok büyük bir zulümdür.**" (Lukman, 13)

En büyük zulümlerden bazıları da şunlardır: Mabetlere saldırı ve tasallut, tanrısal gerçekleri saklamak veya saptırmak, yalan yere Allah'tan ilham aldığını söylemek, din adına yalan uydurmak vs.

Zulümle ilgili ayetlerin incelenmesi **3 tür** zulümden bahsedebileceğimizi göstermektedir:

1) İnsanın kendisi ile Allah arasında zulüm: Bunun en büyüğü şirk ve riyakârlıktır. Nitekim riyakârlık Hz. Peygamber tarafından "gizli şirk" olarak nitelendirilmiştir. Allah'ın vahyi ile hükmetmeyenler de Allah'a karşı zulüm sergilemişlerdir. (Bakara, 229; Mâide, 45)

2) İnsanın kendisiyle yaşadığı toplum arasında zulüm: Bu zulüm genellikle **kamu haklarına tecavüz** etmek şeklinde belirir. Devlet otoritesinin ferde yaptığı zulüm de bu kategori içinde görülebilir. Biz, tam kapitalist-liberal bir rejimle, tam otoriter-devletçi bir rejimin, birincide fertten kitleye, ikincide otoriteden ferde olmak üzere, zulüm rejimleri olduklarını düşünmekteyiz. Bu zulüm, otoriter rejimlerde ferdin apaçık ezilmesi şeklinde, **kapitalist dünyalar**da hürriyet perdesi altında gizli olur.

3) İnsanın kendi kendine zulmü: İnsan bedeninden ruhuna veya ruhundan bedenine zulmedebilir. İslam, beden ve ruhun haklarına ayrı ayrı riayeti gerekli kılarken işte bu tip zulmü önlemek istemiştir. **Ruhbâniyet,** (dünyaya tamamen sırt çevirmek) ruh namına bedene; fânî ve bedenî zevklerin esiri olmak ise, beden namına, ruha zulümdür. Kur'an, birçok ayetinde insanın kendine zulmünden açık bir biçimde sözeder. (bk. Hûd, 101; Nahl, 118; Âli İmran, 117 vs.)

Kur'an-ı Kerim şu soruyu da cevaplamaktadır: Allah zalimlere neden fırsat veriyor. Cevap şudur: Allah bundan habersiz değildir. Ancak insanın tekâmülü için böyle bir fırsatın tanınması gerekiyor. Zalimin bu fırsatı elde etmesinin iki sebebi vardır:

Mazlumun tam mazlum olmaması, **tekâmülde zulüm ve adalet zıdlarının lüzumlu oluşu.** Zulmün tamamen kalkması hayat ve insan gerçekleriyle çelişir. Çünkü dünya, zıdların varlığıyla oluşan bir hayata mekânlık etmektedir. Zıdların çarpışması esasına oturmayan âlem ölüm ötesi âlemdir ki, orada zaten zulüm söz konusu olamaz.

Zulüm, hangi türden olursa olsun, göklerden öfke ve mutsuzluk inmesine yol açar. (Bakara, 59) Zulmedenlere eğilim bile yaratıcı düzenin ateşine çarpılmaya sebep oluşturur. (Hûd, 113)

Kur'an, tarihin tüm devirlerinde çöken tüm medeniyet ve ülkelerin zulüm yüzünden mahvolduğunu birçok ayetinde dile getirmektedir. (bk. Kehf, 59; Neml, 52, 85; En'am, 131; Hûd, 102, 117; Enbiya, 11; Hac, 45, 48; Kasas, 59; Ankebût, 14, 31)

Ülke ve uygarlıkların yıkımına sebep olan zulüm, daima servet ve nimet şımarıklığı (teref) ile yan yana olmuştur. (bk. Hûd, 116) Kur'an burada **"servet ve refahın getirdiği şımarıklığa uymak"** deyimini kullanıyor. Zalimler bu uyup-izlemenin kurbanıdırlar.

Zalimleri bir şeye daha uyma yıkmaktadır: Heves ve arzularla birleşen bilgisizlik. Bunun sonu, zalimlerin sapıp karanlığa gömülmeleridir. Bu durumda onlara hiç kimse yardımcı olamaz. (bk. Rûm, 29)

Zulmün beraber olduğu bir illet de azgınlık ve tasallut yani **tuğyan**dır. (bk. Necm, 52)

Kur'an'ın kanlı çarpışmaya müsade gerekçesi de zulümdür. Kanlı çarpışmanın meşruluğu, zulme uğramış olmakla gerçekleşir. Bu meşruluk doğunca da Allah, zalimlere karşı savaşanların başarısını garantiliyor. (bk. Hac, 39-40)

Zulme karşı savaşmak sadece zulmün muhatabı olanların görevi değildir. Kur'an, zulme uğrayanların yanında savaşmayı bütün onur sahiplerinden, bir insanlık borcu olarak istemektedir. (bk. Nisa, 75) İnsanlara zulmedenlere her türlü karşı çıkış serbesttir. (bk. Şûra, 42)

Zulme karşı savaş vererek yurtlarından olanların yeryüzünde güzel bir biçimde barınağa kavuşturulacakları da bir ilahî vaad olarak sunuluyor. (bk. Nahl, 41) Bundan önemlisi, Kur'an, zulüm beldesinden göçmeyip orada **müstaz'af** olarak ömrünü tamamlıyanların kendi kendilerine zulmettiklerini ve bu yüzden hesaba çekileceklerini de bildirir. (bk. Nisa, 97) Bu demektir ki, Kur'an'a göre:

Zulme rıza göstermek, zalime karşı çıkmamak da bir zulümdür. Nitekim Kur'an, bağlılarına zalimlerle oturup kalkmamayı bile emretmektedir. (bk. En'am, 68) Kur'an'ın bu konudaki tavrının kısa ifadesi şudur: **"İnsanın,**

zulüm ve zalimden başka düşmanı yoktur, olmamalıdır.

"Zalimlerden başkasına kin ve düşmanlık olmamalıdır." (Bakara, 193)

Din ayrılığı, düşmanlık sebebi değildir. Başka dinlerdeki zalim olmayanlar, sizin dininizdeki zalimlerden yeğdir. **Kur'an, imanın huzur ve aydınlığa çıkarmasını, imanın zulümle kirletilmemesi şartına bağlamıştır.** (Enâm, 82) Bu demektir ki, **bir ülkenin hayatı ve yönetimi küfür üzere yürüyebilir ama, zulüm üzre yürüyemez. Ehlikitap**'ın sadece zalim olanlarına şiddet gösterilir. Onların zalim olmayanları ile mücadele **en güzel biçimde, en güzel yollarla** yapılacaktır: "Ehlikitap'la sadece en iyi ve en güzel tavırla mücadele et. Onlar içinden zulme bulaşanlar müstesna." (Ankebût, 46) O halde, Kur'an'ın, küfürle mücadelede şiddet ve katılık (şiddet ve gılzat) isteyen ayetlerini bu insanların zalimleri için geçerli saymak Allah'ın emridir.

Zulme sapan kim olursa olsun, ona yardımcı, şefaatçı, destekçi olunamaz. Allah onları asla sevmez ve onlara asla yardım elini uzatmaz. Onların akıbeti, çok kötü olacaktır. (bk. Bakara, 270; Âli İmran, 57, 151, 192; Mâide, 72; Şûra, 8; Hac, 71; Gâfir, 18)

Zalimin dostu ancak zalim olur. (bk. Câsiye, 19)

Zalimlerin hiçbir özürleri de kabul edilmiyecektir. (Gâfir, 52)

Allah, zalimleri sevmemekle kalmamış, onları lanetlemiştir. (bk. A'raf, 44; Hûd, 18; Gâfir, 52)

Zalimler asla felah bulmaz, asla kurtulamazlar. Zulmün sonu, mutlak batış ve çöküştür. (bk. En'am, 135; Yusuf, 23; Kasas, 37; İbrahim, 13)

Kısacası, Kur'an'ın zalime hıncı öylesine büyüktür ki,

kendisini "**zulmedenleri korkutmak, tehdid etmek için gelmiş**" olarak gösterebilmiştir. (bk. Ahkaaf, 12)

Zulmun ve zalimin affı yoktur prensibini Kur'an, insanın kendi nefsine zulmü noktasında kırmıştır. Allah bu tür zulmü bağışlayabilir. (bk. Nisa, 110) Hatta bu zulümler, kendiliğinden işleyen bir fıtrat düzeniyle biz farkında olmadan affedilmektedir. Eğer böyle olmasaydı, bir sıfatı da "**zalim**" olan insanın zulümleri yeryüzünde bir tek canlının kalmamasına yolaçardı. (bk. Ra'd, 6; Nahl, 61) Belki de bu sırra işaret için olacak ki, insan sürekli tövbe etmeye çağrılmakta ve tövbe etmeyenler **zalim** olarak nitelendirilmektedir. (Hucurât, 11)

Zulmün en berbat şekillerine de dikkat çekilmiştir. **Şirk** bunlardan biridir.

Allah'ın anıldığı secde yerlerine tasallut (bk. Bakara, 114), Allah katından lutfedilen bir tanıklığı saklamak (Bakara, 140), kendisine bir şey vahyedilmediği halde "bana vahiy geldi" demek, Allah'a iftira edip din adına yalan uydurmak (En'am, 93; Âli İmran, 94), ilimsiz mürşitlik taslayıp halkı saptırmak (En'am, 144), Allah'ın ayetlerini yalanlamak (A'raf, 37; Yunus, 17), Allah'ın ayetleri hatırlatıldığında sırtını dönmek (Kehf, 57; Secde, 22), yetim hakkına musallat olmak (Nisa, 10), barışa çağrıldığı halde Allah'a iftira edip çağrıya sırt dönmek (Saff, 7) zulümlerin belli başlılarındandır.

ZALİM YÖNETİME KARŞI ÇIKMAMAK

Kur'an ve Hz. Peygamber'in lanetlediği günahlardan biridir.

Bu günahın mahiyetini ve tahribini anlamak için eserimizde **Yönetilenlere Kötü Davranmak** adıyla verdiğimiz günahı okumak yeterli olacaktır. Burada şu kısa bilgiyi ekleyeceğiz: Hz. Peygamber, gerçeği çiğneyenlere, zalim yöneticilere karşı çıkmayanların, tıpkı Beniisrail kavminde olduğu gibi, lanetleneceğini söylemiştir. (ED. emr ve nehy; Tirmizî; Şemâil, 69) Bir yerde de şu sözlerle dikkatlerimizi çekiyor: **"Ey insanlar! İyiliği emredip kötülükten sakındırın. Bunu yapmazsanız gün gelir dualarınız kabul edilmez, günahlarınız bağışlanmaz, tövbeleriniz geri çevirilir."** Ve Allah Elçisi bu işte baş görevli olanların ve görevi ilk önce savsaklayanların din temsilcileri olacağını da haber vererek şöyle devam ediyor: **"Şunu bilin ki Yahudi ve Hıristiyan din adamları iyiyi emretme, kötüden sakındırma görevlerini terkedince Allah onları, nebilerinin dillerinden lanetledi ve hepsine toptan belalar gönderdi."** (Tirmizî; Şemâil, 70)

Hz. Peygamber burada bir mucize dokunuşla bize gösteriyor ki, her devir ve dinde zalim yöneticilerin baş yardakçıları, onları uyarma görevini yapmayan din temsilcileri arasından çıkacaktır. Tarihe şöyle bir bakmak, Hz. Resul'ün bu sözündeki ölümsüz hikmetin isabet ve önemini bize gösterecektir.

Zalim yönetime karşı çıkmamanın en zehirli şekli, menfaatler için zalim yönetimi desteklemek, bu yönetimi kotaracaklara oy vermek (eski deyimle bîat etmek) tir. Hz. Peygamber, mahşer günü Allah'ın asla sevmiyeceği kişiler arasına, çıkarları için birine oy verenleri de koymuştur. Yani bunlar, Allah'ın özel bir nefretine maruz kalacaklardır. (bk. Heytemî, 2/88)

İkinci Bölüm

HZ. PEYGAMBER'İN LANETİNE SEBEP OLAN GÜNAHLAR

İNSAN CANINA KIYMAK

Peygamberimizin "büyük günahların en büyüklerinden" (ekberul kebâir) biri olarak gösterdiği insan öldürmek, Kur'an tarafından kişiyi ebediyen cehennemde bırakan ve lanetlenmesine sebep olan korkunç bir günah olarak tanıtılmaktadır. Nisa suresi 93. ayet şöyle diyor: "**Kim bir mümini kasten öldürürse onun cezası, içinde ebediyen kalmak üzre, cehennemdir.** Böyle birine Allah gazap ve lanet etmiş ve onun için korkunç bir azap hazırlamıştır."

Furkan suresi 68-70. ayetlerde, adam öldürme, Allah'a ortak koşmanın hemen ardından zikredilmekte ve bu suçu işleyenin ebediyen cehennemde kalacağı tekrarlanmaktadır. Şunu da ekleyelim ki, Nisa suresindeki ayet, müminin öldürülmesinden bahsederken, öldürmeye değinen diğer ayetler herhangi bir insanın öldürülmesini ele almaktadır.

İnsan, kâinatın küçük bir modeli ve Allah'ın nefhasını taşıyan en yüce yaratılmış olduğundan, Kur'an-ı Kerim onun öldürülmesini bütün dünyanın yıkılması olarak değerlendirmektedir. Yine Kur'an-ı Kerim bir kişinin canına kıyanın bütün insanlığın canına kıymış olacağını söyler. Mâide 32. ayet şöyle diyor: "**Kim bir insanı, bir başkasını öldürme karşılığı olmadan, yahut yeryüzünde fesat çıkarmak için**

öldürürse, o bütün insanları öldürmüş gibidir." Kur'an'ın, sonsuz bir merhamet ve hoşgörü getirmesine rağmen, kasten cana kıymayı **kısasla** cezalandırmasının özünde hayata saygı yatmaktadır. Kur'an hayata kastetmiş bir insandan tanımlanamaz bir tiksinti duymakta ve ona acımayı hayata ve insana hakaret telâkki etmektedir.

Kur'an'daki **meşru savunmanın** esasını da hayatın ve hayata saygının korunması oluşturur. Bu anlamda olmak üzere Kur'an, bireyin ve toplumun savunulması uğruna savaşa sadece izin vermekle kalmaz, onu, insan onurunun bir belirişi ve insanın şerefli görevlerinden biri olarak kendisine inananlardan bekler.

Hz. Peygamber'in insan hayatı konusundaki titizliği sadece İslam'a inananlar için değil, bütün insanlar içindir. Bir yerde şöyle diyor: "İslam yönetiminin sınırları içinde yaşayan, yani Allah'ın ve Resulü'nün zimmetinde olan bir gayrimüslimi öldüren, cennet kokusunu asla duymayacaktır. Böyle birini öldürenin yakasına yapışmak benim Allah'a verilmiş sözümdür." Bir yerde de şöyle diyor: "İnsanların Allah huzurunda yargılanacakları ilk günah kan akıtmaktır." Ve: **"Kişi, kan akıtmadığı sürece din konusunda rahat nefes almaya devam edebilir."** (Hadisler için bk. Zehebî; Kebâir, 40-44)

Hz. Peygamber bize gösteriyor ki öldürme, aynı niyetle çarpışan iki kişiden birinin öldürülmesi şeklinde ise günahın sorumluluğu da ortaktır. Şöyle diyor: "İki Müslüman karşılıklı silahlı çatışmaya girdiklerinde, ölen de, öldüren de cehennemdedir." Bunun üzerine sahabiler: "Ey Allah'ın Elçisi, öldürenin cehenneme gitmesini anladık, öldürülenin suçu nedir?" dediler. Hz. Peygamber bu soruyu şöyle cevaplandırıyor: "Öldürülen de karşısındakini öldürmek niyetindeydi." Ve buyuruyor ki: "Benden sonra birbirlerinin boynunu vuran kâfirler haline gelmeyin." (bk. Zehebî; Kebâir, 41)

DİNE İLAVELER YAPMAK

Hz. Peygamber'in lanetlediği 6 sınıf insandan biri de dine ilaveler yapan, hüküm ekleyen kişilerdir.

Dine ilave veya bid'atçılık, daha çok, **vesile edinme** adı altında ortaya sürülmüştür.

Bu ikisini nasıl ayıracağız?

Bunun için **vesile** kavramıyla bid'at kavramını mukayeseli bir biçimde ele almak gerekir. Biz bu konuyu, **Kur'an'ın Temel Kavramları** adlı eserimizde şu yolda açıkladık:

Kur'an-ı Kerim'de 2 yerde geçen (Mâide, 35; İsra, 57) vesile, bir şeye yaklaşmak için ona yakınlığından yararlanılan şey anlamında olup, Kur'an terminolojisinde **Allah'a yaklaşmada kendisinden yararlanılan kişi, metot, eşya ve imkân** anlamındadır.

Vesile, mutlak olarak kullanıldığına göre, birtakım gayelere ulaşmak için, Kur'an'ın koyduğu yasaklara çarpmayan her imkândan yararlanmak vesile cümlesindendir. Burada ölçü, önümüze gelen imkân veya metodun Kur'an veya Hz. Peygamber tarafından adının konmuş olması değil, onlar tarafından saptanmış genel ölçülerin zedelenmemesidir.

Vesile edinmeye **tevessül** denir. Kur'an, "Allah'a varmak için vesile edinin" diye sınırsız bir tevessül alanını insanlığın önüne açmıştır. Tevessül rölatif ve değişken bir kavramdır. Hayatın yeni şartlarına ve zorunluluklarına göre yeni yeni vesilelere sarılmak yaradılış kanunlarından biridir. Kur'an bu konunun işlemesini, akıl ve hayat realiteleri ile çelişen doğmalar koyarak engelleme yönüne asla gitmemiştir. İyiye ve güzele, hayra ve hizmete ulaşmada yardımcı olacak her türlü imkân değerlendirilir. Elverir ki bu bizi, kesin yasaklara çarpma noktasına getirmesin.

Vesilenin izafiliği, onu **bid'at**ten ayırır. Bid'at reddedilmiştir, oysaki vesile bizzat Kur'an'ın önerdiği bir keyfiyettir. Bid'at, dine sonradan sokulan ve Allah'a ibadette daha ileri gitmek gayesi güden **gelenekleşmiş** tutum ve davranıştır ki, **dine ilave** olduğundan Allah'ın tekelindeki bir yetkiyi kullanma gibi kötü bir yoldur. Büyük İslam bilgini **Şâtıbî** (ölm. 790/1388) eseri el I'tısam'da bid'atın bu yönünü genişçe incelemiş ve konuyu Kur'an ve sünnet ışığında ulaşması gereken sonuçlara bağlamıştır. (bk. 1/37-75, 286-290)

Bid'atın en tehlikeli yanı, Şâtıbî'nin de belirttiği gibi, "dine benzemesi" ve Allah'a kulluğu artırma, daha fazla takva vs. teranesiyle ortaya çıkmasıdır. Ne var ki bid'at, din adına ölçü ve yükümlülük koyma yetkisini elinde tutan Allah'ın bu yetkisine, gerekçesi ne olursa olsun, bir tecavüz ve insan yaradılışındaki denge esprisine bir darbe olduğu için dini tahrip eder. O halde **bid'atin güzeli olmaz.** Güzel olan **vesile** cümlesindendir. Vesileliğini yitiren şey bid'at olur.

Şâtıbî, diğer dâhi meslektaşları gibi, bid'atle getirilen **"dinde artırma, kulluğa ilave"** felaketinin kötülüğünü Kur'an'ın Nahl suresi 9. ayetinden hareketle tesbit ediyor. Bu ayet: "Yolun doğrusu ve dengelisi Allah tarafından gösterilir; bu dengeli yoldan sağa-sola sapan da vardır." diyor. Bütün müfessirler buradaki **yolun dengesi, yolun denge noktası, orta yol** anlamlarına gelen **kasdü's-sebîl** deyimini, artırma ve eksiltmeye gitmeyenlerin yolu ve tavrı diye mânalandırmışlardır.

Dinde eksiltmeyle, dine ilavenin, İslam ölçüleri açısından farkı yoktur. İkisi de Allah'ın hak ve yetkisine tecavüz sayılır. Mesela öğlen namazının dört rekatlık kulluk borcu olan farzını iki rekata indirmekle, altı rekata çıkarmak arasında, İslam'a ters düşme bakımından hiçbir fark yoktur. Aynı şekilde, Hz. Peygamber'in cami dışında kıldığı sünnetleri cami içinde kılmakla, onları hiç kılmamak arasında, Muhammedî sünnete aykırılık bakımından fark yoktur. İki halde de sünnet terkedilmektedir. Biri eksiltme yoluyla, biri artırma yoluyla. Ve burada artırma, camide kılınması gereken farza ilave şeklinde olmaktadır. Oysaki bir insanın, ruhunu yüceltmek için cami dışında daha fazla namaz kılması makbuldür, sünnettir. Bu durumda kul, Allah'a yakınlık için tatavvu ibadeti vesile yapmaktadır. Aynı ibadetin farza eklenerek resmî ve zorunlu ibadet mahallinde icrası ise, **farz olmayan namazlar mescid dışında kılınır** şeklindeki sünnet ölçüsünü zedelediğinden vesile olmaktan çıkar, bid'at olur. Hz. Peygamber: **"Benim sünnetimi bid'ate tahvil edenlere Allah lanet etsin"** buyurmuştur. Ayrıca O, **"dinde artırmaya gidenlerin bütün nebilerce lanetlendiğini"** duyurmuştur. (Bu hadisler ve izahları için bk. Şâtıbî; I'tısam, 1/75) Ne ilginçtir ki, Cenabı Resul, az önceki hadisinde kulluk yükümlülüklerinde, ibadetlerde **artırma** yönüne (artırma deyimi bizzat Peygamberimizindir) gidenleri **"ibadette şirretlik"** (tabir aynen alınmıştır) yapmakla suçlamaktadır.

RİBACILIK

Hz. Peygamber'in kebâirden biri olarak gösterdiği ve lanetlediği günahların başta gelenlerinden biri ribacılıktır. (bk. Müslim, müsâkât; İbn Kayyım, ed-Dâ', 116)

Kur'an'a göre ribacılık, şeytan çarpmasına uğramak, Allah ve Resulü'ne harp açmaktır. (Bakara, 275, 279)

Hz. Peygamber, riba alanı da, vereni de, bu işte tanık ve kâtip olarak rol alanları da lanetlemiştir. Çünkü ribacılık bir zulümdür ve zulme her ne şekilde olursa olsun dahil olan veya destek veren de zalimdir. Ve zalimler, melundur...

Nedir riba ve nedir ribacılık?

Kur'an-ı Kerim'de 7 yerde geçen riba, kelime anlamıyla, **kapitale yapılan ilavedir.** Kur'an terminolojisinde riba, **Râgıb**'ın hayranlık verici tespiti ile, **makul olmayan artıştır.** Din dilinde bu, karşılıksız artış diye ifade edilir. Kur'an'ın, elde edilecek bütün değerlerin emek ve gayret karşılığı olmasını esas aldığını unutmazsak, riba ile elde edilen artışın, **emek ve gayret karşılığı olmayan artış** şeklinde tanımlanması gerekir. Ve bu tespit bizi, Kur'an adına şunu söylemek zorunda bırakır: Geleneksel yaklaşımların faiz diye tercüme ettikleri riba, esasında, **sadece bir boyutu faiz**

olan çok daha genel ve farklı bir kavramdır. Başka bir deyimle, riba kelimesinin herhangi bir dile tek sözcükle çevrilmesi mümkün değildir. **En doğrusu ribayı emek ve gayret karşılığı olmayan, her türlü artış diye anlamaktır.** Kur'an: "Allah ribayı silip yok eder, bağışları ise artırır" (Bakara, 276) diyerek ribanın, insanoğlunun egoizmini ve doymazlığını tatmin için giriştiği her türlü haksız kazanç anlamında geniş bir çerçevesi olduğuna dikkat çekmiştir.

Bu kısa açıklama bile, ribayı herhangi bir ekonomik sistemdeki faiz karşılığı kullanmak ve Kur'ansal kavramı o çerçevede dondurmak konusunda dikkatli davranmak gerektiğini anlamak için yeterlidir. Her hal ve şartta "faiz"in Kur'an'daki riba ile eşitlenmesi aldatıcı olabileceği gibi, adına "faiz" denmeyen muhtelif vurgunların, haksız kazançların Kur'an'ın riba çerçevesi dışında olduğunu söylemek de yanıltıcıdır. Nitekim, günümüz dünyasında adına **faizsiz banka** denen bir dizi kuruluşun ribacılıkla suçladıkları diğer bir dizi kuruluşun kazanç, yol ve metotlarını aynen izlemelerine rağmen, elde ettikleri gelirleri ribaya bulaşmamış kazanç ilan ettiklerini görebilmekteyiz. Oysa ki, bu kuruluşların yaptıkları, mahiyeti aynı bir kazancın adını değiştirerek, bir **hile-i şer'iye** ile işin içinden çıkmaktan başka bir şey değildir.

O halde **hangi tür faiz** Kur'an'daki ribanın karşılığı olabilir? Şu bir gerçek ki, bu sorunun cevabı Müslüman araştırıcılar tarafından henüz kesin olarak verilebilmiş değildir. Esasen riba yasağını getiren ayet Kur'an'ın son inen ayetlerinden biridir ve Hz. Peygamber, bu ayetin getirdiği yasağı, **Hz. Ömer**'in de belirttiği gibi, doyurucu örneklerle net bir biçimde ortaya koymadan bu âlemden ayrılmıştır. Bize düşen, emek ve gayret karşılığı olmayan tüm kazançların riba kavramı içine girdiği yolundaki temel Kur'ansal perspektifi iyi korumaktır.

İkinci olarak şu hususu da göz önünde tutmak gerekir: Riba kavramı içine girecek bir faizin **reel değerler** üzerindeki artışlarda söz konusu olacağı, **nominal değerler**deki fazlalaştırmaların riba yasağının dinsel ve mantıksal gerekçesi ile uyuşmayacağı bilinmelidir. Hz. Peygamber, ödünç verilen şeylerin ayniyle iadeleri sırasında yapılacak ilavelerin riba olduğunu belirtmiştir. Örneğin, bir ölçek arpanın yerine, bir buçuk ölçek, bir altının yerine 2 altın almak ribadır. **Banknotlar** ise, reel değerleri olmadığından, mesela 100 lira karşılığında 110 lira almanın riba kavramı içine girip girmeyeceği tartışılacaktır. Çünkü banknot, sadece üzerine konan nominal değerle bir anlam ifade etmektedir. **Nominal değerdeki artışı riba yasağının içine kayıtsız şartsız sokmak, riba sömürüsünden kurtarılmak istenen insanları farkında olmadan bir başka haksız kazancın malzemesi durumuna getirmek olabilir.**

O halde, bütünüyle nominal değerler üzerinden işleyen **banka faizleri**nin ve banka faizciliğinin, Kur'an'daki riba kavramı içine girdiğini söylemek her zaman isabetli olmayacaktır.

Kısacası riba, henüz sıcak tartışmaların çerçevesi üstüne çıkıp kesin tanımlar kazanmış bir kavram olmuş değildir.

Riba ile ilgili ayetlerde **dikkati çeken noktalardan biri de, bu illete en çok Yahudilerin tutulduğu ve ribanın bu kavmin zulüm araçlarından biri olduğu yolundaki tespittir.** (Bk. Nisa, 161)

KARABORSACILIK (İHTİKÂR)

İnsanın sevinçli ve müreffeh zamanlarda hakkını çiğnemek günah ise, onun sıkıntılı ve mutsuz zamanlarında haklarını ihlal etmek katmerli bir günah olur.

Karaborsacılık, işte bu katmerli günahların bir numaralısıdır. Karaborsacı, halkın sıkıntılarından servet yapmaya çalışan bir alçak, insanlık suçu işlerken sefaletin artmasına alkış tutan bir canavardır. Bu kahpe canavar, tezgâhını o şekilde kurmuştur ki, halk sefilleştiği, aç-susuz kaldığı oranda o zenginleşecektir. O halde onun işi-gücü, sefaleti yaygınlaştırmak, perişanlığı sürekli kılmaktır.

Böyle bir şerefsiz benliğin Allah'ın, hayatın ve insanlığın en kuduz düşmanı olduğunda kuşku yoktur. Nitekim Hz. Peygamber, bu namert canavarı lanetli ilan ederek, andığımız gerçeğin değişmezliğini göstermiştir.

Karaborsacılık her devirde toplumu tahrip edici günahlardan biri olmuştur. Günümüzün liberal sistemlerinde ise bu günah, akıl almaz zulümlere, kollektif insanlık suçlarına vücut vermektedir.

Ülkemizin, sürekli iktidar değiştiren ve vurgunu bir tür hüner haline getiren siyasal-ekonomik yapısı, karaborsacılığı kısa sürede zengin olmanın âdeta kestirme yolu yapmıştır. Kara paraların hemen hepsinde az veya çok karaborsa parmağı vardır. Karaborsa tezgâhının korkunç zulümleri çeşitlidir. Mevsiminde bol çıkan meyva ve sebzelerin fiatlarını yüksek tutarak daha fazla para kazanmak için bollaşan meyva ve sebzeleri imha etmek bunlardan biridir.

Milyonlarca aç ve fakirin yüzünü güldürecek en basit imkanları bile ortadan kaldıran bu canavar ruhları Allah'ın kahrına havale etmekten başka bir çare, ülkemizde henüz ortaya konmuş değildir.

Son verirken, Hz. Peygamber'in karaborsacalığa ilişkin ürpertici sözlerinden ikisine yer vermek istiyoruz:

"Gıda maddelerinde karaborsacılık yapanlar Allah'tan ve Allah Resul'ünden uzaklaşmış olurlar. Allah da böylelerinden uzaklaşmıştır." Ve: **"Karaborsacılar lanetlenmiştir."** (Heytemî, 1/182)

KATI KALPLİLİK

Katı kalpliliğin Kur'an terminolojisindeki karşılığı **kasvet** ve **gılzat**'tır. Ne ilginçtir ki, Kur'an-ı Kerim, Hz. Peygamber'in insanlar üzerindeki etkisini, onları bir araya toplayıp kucaklaştırmadaki başarısını onun, kasvet ve gılzattan uzak oluşuna bağlamaktadır. Bu noktaya değinen ayet, kalp katılığının ne olduğunu ve bundan uzak kalmanın kıymetini ve mahiyetini anlatırken, kalp yumuşaklığını da Allah'ın rahmeti olarak nitelendirmektedir. Şöyle deniyor: "Allah'tan bir rahmet sayesindedir ki, sen o insanlara kalp yumuşaklığıyla yaklaştın. Eğer kaba, katı yürekli olsaydın hiç kuşkusuz onlar senin etrafından dağılıp gitmişlerdi. Artık onları bağışla ve onlar için Allah'tan af dile. İş ve yönetim konusunda da onlarla müşavere et." (Âli İmran, 159)

Peygamberlerine isyan ederek tevhidden sonra şirke düşen İsrailoğullarının bu halini Kur'an, kalp katılığı olarak nitelendiriyor ki çok ilginçtir:

"Bunun arkasından yine kalpleriniz katılaştı. Şimdi o taş gibi, yahut daha da katıdır. Çünkü taşın öylesi vardır ki yarılır da ondan su fışkırır, öylesi vardır ki ondan ırmaklar kaynar, öylesi de vardır ki Allah korkusuyla yukarıdan aşağıya düşer..." (Bakara 74)

İnsana hizmet etmek ve onu sevmek gayretinde olanlar öncelikle kalp katılığından kurtulmak zorundadırlar. Nitekim, insana hizmetin en mükemmel simaları olan nebiler kalp katılığına uzak bulunmakla bilinirler.

Kalp katılığını insanı lanetlik hale getiren bir günah olarak gösteren hadisi de kaydedelim: "İyiyi ve güzeli ümmetimin merhametlilerinden isteyip bekleyin. Onlar kendi köşelerinde yalnızlığa çekilmiş olarak yaşarlar. İyiyi ve güzeli kalpleri kararıp taşlaşmış olanlardan isteyip beklemeyin. Çünkü onların üzerine sürekli lanet inmektedir." (Heytemî, 1/93)

RÜŞVETÇİLİK

Hz. Resul'ün lanetlediği günahlardan biridir.

Toplumun, çöküşün arefesinde olduğunu gösterir.

Rüşvetle iş yaptırma ve köşe dönmenin yaygınlaşması, bu işe bulaşmayanların "ahmak, geri zekalı" vs. diye adlandırılmasına yolaçar. Hz. Peygamber, haksızlığa bulaşmayanların **ahmak** gibi görüldükleri bir toplumun kıyametinin yakın olduğunu söylemektedir.

Kur'an rüşveti, hak edilmeyen bir değeri, sahte yollarla elde etme şekillerinden biri olarak gösterir. (bk. Bakara, 188)

Hz. Peygamber'in açık beyanlarından şu iki noktayı öğreniyoruz:

1. Rüşvetçilikte alanla veren ve aracı olan aynı günahı işlemiş olur. Bunların hepsi cehennemlik ve lanetliktir. Çünkü genel prensip şudur: Küfre rıza göstermek küfür, zulme rıza göstermek zulümdür. Ayrıca şu prensip de vardır: Bir işe delâlet eden o işi işlemiş gibidir.

2. Rüşveti kamufle etmek için iş yaptırmayı **hediye** adı altında ödüllendirmek de rüşvettir. (bk. Heytemî, 2/149-151)

HIRSIZLIK

Hırsızlık, Kur'an'ın büyük günahlar arasında gösterdiği ve maddî yaptırım olarak **el kesme** cezasıyla önlemeye çalıştığı günahlardan biridir. (Mâide, 38)

Hz. Peygamber hırsızı lanetlemiştir. (bk. Müslim, hudûd)

Burada üç noktaya değinmek zorunludur: Birinci nokta, el kesme cezasının niteliği ve çerçevesi ile ilgilidir. Bu el kesme, bir sakındırma ve utandırma alâmeti olarak elin herhangi bir yerinin kanatılıp işaretlenmesi midir, elin bir parmağının veya parmağın bir kısmı gibi bir parçasının kesilmesi midir, yoksa elin kesilip atılması mıdır? Kur'an'ın bu konuya değinen ayeti bu anlamların herbirinin çıkarılmasına müsaittir. Ve fıkıhçılar bu anlamlardan hangisinin esas olduğu konusunda tartışmaya girmişlerdir.

Bizim konumuz bu tartışmaları yenilemek ve bunlardan birinin geçerliliğini savunmak değildir. Şu kadarını söyleyeceğiz:

Geleneksel kabul ve uygulamaların dışında Kur'an'ın beyanını esas alarak bakarsak şu sonuca varılabilir: El kesmenin icrasında kanatıp işaretleyerek bırakmakla, eli kesip atmak arasında bir tercihi, yaşanan zaman ve mekâna göre kamu otoritesi belirleyecektir. Bu iki şıktan birini **tek yol** olarak alıp her devre uygulamaya kalkmanın Kur'an'ın ruhuna uygun olup olmadığı ayrı bir tartışma konusudur. Uygulamanın Asrısaadet'te bazı el kesme örnekleri sunması yine, o devre göre yapılmış bir yorumdur. Yorum ancak kendi zamanını bağlar.

İkinci nokta **hırsızlık** kavramının rölatif bir kavram olduğu ve aynen el kesme kavramı gibi zaman ve şartlara göre yeniden belirlenmesinin gerekliliğidir. Şu kesindir ki Kur'an'ın getirdiği ve cezalandırdığı **sirkat** (hırsızlık) kavramını şu veya bu devirde yaşamış, şu veya bu fıkıhçının tanımıyla dondurmak ve bu tanımı Kur'an'a fatura etmek doğru değildir. İnsan hayatının çeşitli aşamalarında, çeşitli sosyo-ekonomik şartların ortaya çıkardığı değişik perspektiflere göre hırsızlık ve **hırsız** kavramını yeniden belirlemek gerekir. Şu varki, bu belirlemede Kur'an'ın şaşmaz hayatsal prensiplerinin **çalma** olayına ilişkin yansımaları mutlaka dikkate alınacaktır. Bu prensiplerin başında ise kişinin, kendi öz emeğinin ürünü olmayan mal, değer ve imkâna sahip olmaması gelir. Buna göre, hırsızlık kavramının her devirde temel unsurlarından biri insanın, hakkı olmayan şeye el koyması, sahip çıkması, yani **zilyet**liğidir.

Böyle bakıldığında, Kur'an açısından hırsız, hukuku ihlal yoluyla çalan kişi olduğu kadar, sistemi ve düzeni hukuka uydurarak, yahut hukuku istediği sisteme uydurarak çalan kişi de olacaktır. O halde, Kur'an'ın cezalandırdığı hırsız sadece vitrinden, cepten, tarladan çalan değil, aynı zamanda ve belki de öncelikle, çalışan ve üreten insanın hakkı olanı vermeyerek emek ve gayretten çalan kişi veya kişilerdir.

Kur'an'ı iyi tetkik edenler şunu rahatlıkla görürler: Kur'an'ın suçladığı ve Hz. Peygamber'in lanetlediği hırsızlar, hukukun ve işleyen düzenlerin, hırsızlıklarını akla dahi getirmediği emek ve alınteri sömürücüleridir. Bu tespitimizin Asrısaadet'te sergilenmiş kabul ve uygulamalarına tanık olmaktayız. Örnek olarak **Hz. Ömer**'in bir uygulamasını verebiliriz: **Halife Ömer** hırsızlık suçuyla yakalanan ve huzuruna getirilen iki aç adamı dinlemiş ve aç kaldıkları için çaldıklarını anlayınca, bunları çalıştıran işvereni huzuruna getirterek hırsızlıktan doğan zararı ona ödetmiş, bununla da yetinmeyerek, işverenden bir miktar daha para alıp hırsızlık yapan işçilere vermiş ve ikisini de serbest bırakmıştır. Aynı halife kıtlık zamanında "zaruret, sıkıntı ve zorluk var" diyerek, hırsızlıklara ceza uygulamamıştır. Müfessir Elmalılı, böyle zamanlarda küçük hırsızları değil, onları aç bırakan düzenin büyük hırsızlıklarını takip etmenin gereğine dikkat çeker. (bk. Tefsir, 3/1673)

Bütün bunlar bize gösteriyor ki, günümüz insanı için anlam ifade edecek ve Kur'an'a fatura edilebilecek bir hırsızlık tanımını, Kur'an'ın emek, gayret, haksız kazanç vs. gibi diğer temel kavramlarını dikkate alarak yeniden belirlemek gerekir.

Değineceğimiz üçüncü nokta da, hırsızlık meselesinde cezayı getiren Mâide suresi 38. ayetin, ardından gelen 39. ayetle birlikte düşünülmesinin kaçınılmazlığıdır. Çünkü 39. ayet Arap dilinde **fa-i takıbiye** denen bir bağlayıcı edatla 38. ayetin bir devamı haline getirilmiştir ki, bunun Arap dili ve tefsir kuralları açısından anlamı bu iki ayetin birlikte düşünülmesinin zaruretidir. Ne yazık ki, Kur'an'ın temel tavrı olan rahmet ve kolaylaştırmanın aksi yönde bir anlam çıkarmak için bu iki ayeti bütün kuralları çiğneyerek birbirinden ayıran fıkıhçılar olmuştur.

Söylemek istediğimizi daha iyi anlamak için o ayetlerin mealini görelim: "Erkek hırsızla kadın hırsızın, yaptıklarına bir karşılık ve Allah'tan bir ceza olarak ellerini kesin. Allah çok azizdir, hüküm ve hikmet sahibidir. Şu varki, kim çalma kötülüğünün ardından tevbe eder, halini düzeltirse hiç kuşkusuz Allah onu affeder. Allah çok affedici, çok merhametlidir."

Allah'ın merhametine âdeta ambargo koymaya ve Allah'ın hükmüne hüküm katmaya yeltenen bazı kişiler hırsızlık meselesindeki hükme birlikte kaynaklık eden bu iki ayeti birbirinden ayırarak "çalanın eli kesilmelidir, tevbe etmesi cezayı ortadan kaldırmaz" diyebilmişlerdir. Oysaki, böyle düşünmek Kur'an'a açıkça ters düşmektir. Bizimle aynı kanıyı paylaşan büyük müfessir **Fahreddin er-Razî** (ölm. 606/1209)'nin görüşünü, aynen onun gibi düşünen Türk müfessiri **Süleyman Ateş** şöyle aktarıyor.

"Hırsız, henüz eli kesilmeden yaptığına pişman olur, tevbe eder, tevbesinde samimi olduğu anlaşılırsa ikinci ayetten çıkan anlama göre onun eli kesilmez. Bundan dolayı hırsızın, bir süre tutuklanıp gözetim altında bulundurulması, davranışlarının izlenmesi gerekir. Uslandığı anlaşılırsa elinin kesilmesine gerek kalmaz.

Yakalanmadan önce tevbe edip tevbesi kabul edilerek eli kesilmeyen muhârib (terörist)in suçu, âdi hırsızın suçundan ağırdır. Tevbe ondan bu ağır cezâyı kaldırdığına göre, âdi hırsızdan niçin kaldırmasın? Kaldı ki yüce Allah, **"Kim haksızlığından dolayı tevbe eder, uslanırsa, Allah onun tevbesini kabul eder. Çünkü Allah, çok bağışlayan, çok esirgeyendir."** ayetiyle tevbe edeni bağışlayacağını bildirmiştir. Cezayı veren Allah affederse artık ona kim ceza uygulayabilir? Nitekim bazı tâbiîlere göre eli kesilmeden tevbe etmek, haddi düşürür. Çünkü ayetin sonunda **Allah'ın:** "Gafûr, Rahîm: **çok bağışlayan, çok acıyan"** sıfatlarının anılması, o kimseden cezanın düşürüleceğine delâlet eder.

Ayette anılan cezâ haddir. Ayetin zâhiri de haddin düşmesini gerektirir.

Demek ki el kesme, uslanmayana verilecek cezadır. Aklını başına alıp uslanan kimsenin artık eli kesilmez. Kişinin uslanıp uslanmadığı da davranışlarının kontrol edilmesiyle anlaşılır. Tevbe eden hırsız, bir süre gözetim altında tutulur, tevbesinde sadakati görülenin eli kesilmez. O halde bu el kesme meselesi yüzünden İslam'ın kınanması, İslam'ın yanlış anlaşılmasından doğmaktadır. İslam, asla uslanmayacak kimseler için toplumda zaten uygulanmakta olan bu ağır cezanın uygulanmasını gerekli görmüştür. Tâ ki toplumda bu kötü işler birbiri ardınca sürüp gitmesin. Ama bir kez şeytana uyup sonra tevbe eden, uslananlara bu ceza uygulanmaz. Çünkü İslam'ın gayesi insanların elini kesmek değil, fakat toplumun salâh ve düzenini sağlamaktır. Eğer bu salâh el kesmeden de sağlanıyorsa mutlaka suçlunun elinin kesilmesi gerekmez. Tabii, suçuna pişman da olsa hırsız tamamen cezasız da bırakılmaz, hapsedilir, dövülür, hakaret edilir, gözetim altında bulundurulur, çaldığı mal da ödetilir." (Ateş, 2/524-525)

Müfessir Elmalılı da bizim gibi düşünmekle birlikte, tevbe eden hırsızın bir süre gözaltında tutulmasını, azarlanıp dövülmesini, böylece kötü huyundan vazgeçtiğinin belirgin hale gelmesini gerekli görmektedir.

Kısacası, el kesme kavramını hangi anlamda alırsak alalım, bunun uygulanması öyle uluorta olmaz. Elmalılı bu noktaya dikkat çektikten sonra şu güzel cümleyi ekliyor: "Haksız yere bir mal çalan elin cezası kesilmek olursa, haksız yere bir el kesen ellerin cezası ne olmak lazım geldiğini inceden inceye düşünmeliyiz." (bk. Tefsir, 3/1676)

ALKOL VE UYUŞTURUCU KULLANMAK

Kur'an-ı Kerim **hamr** kullanma yasağı getirmektedir. Bu, kuru, sulu, vs. her tür ve kıvamda uyuşturucu demektir.

Kur'an'ın büyük günahlardan biri olarak tespit ettiği hamr kullanma, Hz. Peygamber tarafından lanetlenmiştir. Bu demektir ki, bu günahın insan hayatındaki tahribi büyüktür.

Hz. Peygamber, hamr kullananları lanetlediği gibi, hamrı hazırlayanları, satanları, aracı olanları, bu satımdan elde edilen geliri yiyenleri de lanetlemiştir. (bk. Ebu Davud, eşribe)

Burada cevaplandırılması gereken önemli sorunlardan biri, alkol ve alkollü maddelerin, özellikle kolonyanın içme dışında kullanılmasının günah olup olmadığıdır.

İslam'ın getirdiği yasak alkolün **sekir** maksadıyla yani uyuşturucu olarak, sarhoş olmak için kullanımına ilişkindir. Alkolün bunun dışında, özellikle temizlik ve tedavi için kullanımına gelince, İslam'ın bu kullanımla hiçbir alışverişi yoktur.

YERYÜZÜNÜN GÜZELLİKLERİNİ, DOĞAL DENGEYİ BOZMAK

Bu başlık hadislerde geçen **menar** ve **tuhûm** kelimeleri esas alınarak belirlenmiştir. Bu iki kelime de nişan, ışık yeri, işaret, bir şeyin karakterini korumada ve belirtmede kullanılan esas noktalar, belirtiler anlamındadır.

Hz. Peygamber yeryüzünün **menar**ını ve **tuhûm**unu bozan, dejenere eden, değiştiren, lekeleyenlere Allah'ın lanet ettiğini bildirmektedir. (bk. İbn Hanbel, 1/309, 317; Müslim, udhiye, 43, 45; Nesaî, dahâya, 34; İbn Kayyım, ed-Da', 116; Zehebî', Kebâir, 148)

Hadislerde kullanılan tabirler ilginçtir. Yukarıda adreslerini verdiğimiz hadislerde işlenen suç **tağyir** (bozma, dejenere etme, dengesini değiştirme, orijinal şeklinden çıkarma) sözüyle ifadeye konmuştur. **Zehebî**'nin **Kebâir**'inde, **Hâkim**'in **Müstedrek**'inden naklen verdiği hadiste ise bu günahı işleyene **müntakıs** denmektedir. Bu kelimenin masdarı olan **intıkas,** eksiltmek, hakkını vermemek, kusur bulmak, cimri davranmak anlamlarındadır. Bu da gösterir ki, doğayı tahrip, bazan eksiltme, bazan doğal güzellikleri besleyip geliştirmede ihmal, bazan da doğadaki dengeyi ve oluşu beğenmeyerek ona müdahale şeklinde olmaktadır.

Bu hadislerin anlam boyutları ekoloji anlayaşının önem kazandığı günümüzde ortaya çıkabilmiştir. Hadislerin lanet konusu olacak kadar büyük bir günah saydığı sapıklık, tabiatın dengelerini, güzelliklerini, duruluğunu bozan her türlü faaliyettir.

Bu, çevre kirlenmesi dediğimiz rahatsızlığı içermekle kalmaz, tabiata musallat olma bakımından daha başka kötülükleri de içerir.

Kur'an-ı Kerim tabiatı, varlık ve oluşu Allah'ın bir tecellisi, bir görünümü ve kendisini bir açıp-saçması olarak tanıtır. İnsan bu oluş sürecinin hem bir parçası, hem de şuurlu bir koruyucusu olmak durumundadır. Ayrıca insan, tekâmülünü beklenen şekilde gerçekleştirmek ve mutlu olmak için varlık ve oluşun yaratıcı boyutu olan Allah ile yaratılmış boyutu olan evren ve tabiat arasında şuurlu bir köprüdür. İnsan bu pozisyonunun zorunlu sonucu olarak hem Allah ile, hem de doğa ile tatlı, sevgiye dayalı bir kucaklaşmayı yaşatmak durumundadır. Kur'an burada varlığın, özellikle tabiatın insana emanet edildiğini ve insanın bu emanete hıyanet etmemesi gerektiğini ısrarla belirtir.

Tabiat, Allah'ın insana emanetidir. İnsana bu emanet üzerinde egoist, ihtiraslı, cebbar, yıkıcı bir tahriple sömürme hakkı tanınmamıştır. Kur'an'ın ifadesiyle, **"yeryüzü tartışmasız bir biçimde Allah'ındır"** ve insan bu emanete haince davranmamak hususunda ısrarlı bir biçimde uyarılmaktadır.

Ekoloji konusunun Kur'ansal dayanaklarından biri de, ilk defa tarafımızdan bu anlamda değerlendirilen şu ayettir: **"Allah şöyle bir karye** (toprak parçası, kent, yurt)**yi örnek vermektedir. Bu yurt güven mutluluk ve huzur içinde bulunuyordu; oraya her yönden, her mekandan ihtiyacı olan rızık bol bol geliyordu. Nihayet o yurdun sa-**

kinleri Allah'ın nimetlerine nankörlük edip, o nimetleri lekelediler ve bunun üzerine Allah o yurda, sanayi olarak ürettiklerinin bir karşılığı halinde, açlık ve korku elbisesini tattırdı." (Nahl, 112)

Bu ayet, tabiatı tahrip ve kirletmenin sebeplerini, mahiyetini ve bu kirletmenin sanayileşme ile ilgisini mucize bir biçimde göstermektedir. Ayetin bu açıdan daha iyi anlaşılması için **Kur'an'ın Temel Kavramları** adlı çalışmamızın **Sınaat** maddesini okumak gerekir.

Tabiat şuursuz, rastlantı sonucu bir araya gelmiş bir eşya yığını, bir kütle değildir. O, insanın yararlanmasına sunulmuş, hizmet boyutları Yaratıcı tarafından belirlenmiş, anlamlı ve gayeli bir kompozisyondur. Bu kompozisyon hayvanı, bitkisi ve diğer varlıklarıyla mucize bir denge sergiler.

Tabiatın sergilediği bu hayranlık verici dengeyi bozan ve oluşta kaos ve dejenerasyon vücuda getiren, insanın doymazlığı, zulmü ve bilgisizliğidir.

Kur'an, insanın hem kendi kendini, hem de tabiatı tahrip ve dejenerasyonuna **fesad** (bozma, tahrip) demektedir.

Söz konusu ettiğimiz hadislerde lanetlenense, fesadın tabiata yönelik olanıdır. Ne ilginçtir ki, Kur'an fesadın insana yönelik olanını da lanetlemektedir. (bk. bu eser, Yeryüzünde Bozgunculuk md.)

Hz. Peygamber'in ekoloji meselesinde ölümsüz beyanlarından birkaçına daha dikkat çekmek isteriz. Birincisi şudur: Birgün Uhud Dağı'na bakarak şöyle buyurmuştur: **"Biz bu Uhud Dağı'nı severiz, o da bizi sever."** Burada ifadeye konan bir nostalji değildir. O yönü ifade eden beyanlar birçok insan tarafından, birçok kez kullanılagelmiştir. Peygamberimizin sözündeki erişilmez tespit, sevgi gibi bir keyfiyetin insana yönelik bir aktivite olarak tabiata yüklenmesidir. Bunun açık anlamı, tabiatla insan arasında sevgiye dayalı bir diyaloğun esas olduğu ve bunun Allah'ın mutluluğa götürücü bir emri olarak kabul edilmesinin gerekliliğidir. Esasen, Kur'an bütün varlığın Allah'ı tesbih faaliyeti içinde olduğunu birçok yerde açıkça beyan ettiğinden, Allah'a en yakın varlık olan insanın bu tesbih faaliyeti yüzünden, varlığı aziz tutması gerekmektedir.

İkinci nokta, ekoloji disiplininin henüz yeni yeni fark etmeye başladığı bir gerçeği dile getiren şu hadisin sergilediği mucizedir: **"Tabiatın bir kısmı diğerini temizler, arıtır."** (İM. taharet, 79)

İslam'ın temel düşünce ve sevgi kurumu olan tasavvufa göre kâinat, insanın ruhsal doğumunu gerçekleştiren anadır. Bu ananın, doğacak yavruyu besleyip büyüten rahmi yeryüzü, bu rahmin cidarları da atmosfer ve tabakalarıdır. (Ruhsal doğum konusunda bk. bizim, Tasavvufun Ruhu ve Tarikatlar adlı eserimizin 2. kitabının 1. bölümü.) İnsan, tabiatı ve atmosferi tahrip etmekle öz barınağı olan ana rahmini tahrip etmiş olur. Fakat tabiat ana, Allah'ın sonsuz rahmetinin bir uzantısı olarak, nankör ve zalim evladı insanın açtığı yaraları, tahripleri sürekli tedavi eder, kapatır. Yalnız unutmamak lazım ki, bu lütuf ve merhametin de fazla zorlanmaması icap eder. Aksi halde tabiat ana isyancı evlatlarına acı dersler vermek durumunda kalabilir. Sanıyoruz ki, bugünkü insanlık, şefkatli annenin sabrını taşıracak bir noktaya gelmiş bulunuyor.

Bir diğer nokta da şudur: İslam, savunma harpleri de dahil tabiatın, özellikle yeşilliğin tahribine asla müsaade etmez, böyle bir tahribe yeltenenleri, zalimlik ve bedbahtlıkla suçlar. Bu konuda öylesine titiz davranılmıştır ki, çöl şartlarının susuzluğu içinde bile, yeşillikleri, mesela temizlik niyetiyle kullanmak yasaklanmıştır. Bunun yanında Hz. Peygamber, bir insanın dikip yetiştirdiği yeşillikten yararlanan bütün canlıların tesbih ve niyazlarının, o yeşilliğe vücut veren kişinin sevap defterine yazıldığını belirtir. Yine Hz. Peygamber bir yerde şöyle buyurmaktadır: **"Elinizde bir yeşil fidan olsa ve kıyametin biraz sonra kopacağını bilseniz, onu yine de yaşayıp boy atacağı bir yere dikin."**

Bütün bu tespitlerin 1500 yıl öncesi gibi erken bir devirde söylendiğini hatırlamak ve salât ve selamın sahibi Son Peygamber'in insanlığa nasıl bir miras bıraktığını derin derin düşünmek gerekir.

HAYVANLARA KÖTÜ DAVRANMAK

İslam ahlakının sevgi ve merhamet boyutunda dikkat çeken davranışlardan biri de, hayvanlara güzel muameledir. Bu espri tasavvuf ahlakında şu cümleyle ifadeye konmuştur: **Can taşıyan mahluku incitme.**

Hayvanlara kötü davranmama İslam literatürü içinde, bağımsız bir eserin konusu olacak kadar geniş yer tutmaktadır. Biz burada birkaç noktaya, köşebaşlarını vermek şeklinde değinmekle yetineceğiz.

Öncelikle şunu söyleyelim ki, Hz. Peygamber bütün hayatı boyunca, bir hayvan hakları koruyucusu ve hayvanlara merhamet örneği olarak da sayısız söz ve fiil bırakmıştır.

Peygamberimizin, hayvanlara kötülük konusunda lanetlediği davranışlar şunlardır:

1) Hayvanları, atış talimi yapmakta hedef olarak kullanmak. Burada Hz. Peygamber **can taşıyan mahluk** deyimini kullanmaktadır. O halde bu günahın işlenmesinde evcil, vahşi, zararlı, zararsız vs. gibi ayırımlar yapılamaz. (Müslim, sayd) Hz. Peygamber hayvanları atış hedefi yapanları açık bir şekilde lanetlemiştir.

2) Hayvanları cinsel tatmin için kullanmak. Burada da hiçbir ayırım söz konusu değildir. (bk. Ebu Davûd, hudûd)

3) Hayvanların yüzlerine vurmak veya dağlama suretiyle işaretler yapmak. (Müslim, libas; İbn Kayyım, ed-Da', 117)

Bu lanetlik günahlar dışında birçok kötü davranış, hayvanlar aleyhine işlenen günahlar cümlesindendir.

Hayvanları aç bırakmak bunlardan biridir. Hiçbir hayvan kendisinden bekleneni veremiyor veya hoşa gitmeyen bir hareket yaptı diye açlıkla cezalandırılamaz, normaldeki yemi, suyu kısıtlanamaz. Yük taşımak gibi hizmetleri yaşlılık vs. dolayısıyla aksatan hayvanların yiyeceklerini eksiltmek de bu günaha dahildir. Böyle davranışları sergileyenlerin şikayet edilip yargıç önüne çıkarılmaları bile mümkündür. İslam tasavvuf büyükleri böyle bir günaha girmiş olmamak için hayvanların beslenmesinde çok titiz davranmışlardır. Yüzlerce örnek içinden birini verelim: Ünlü sufi **Ali el-Havvâs** (ölm. 939/1532) sık sık köpeklerin yalaklarını kontrol eder, sürekli yanında taşıdığı yiyeceklerden bu yalakları doldururdu. (bk. Öztürk; Tarih Boyunca Tasavvufî Düşünce, 370)

Bu davranışın ruhsal-mistik temelini Hz. Peygamber'in hayvanlara hizmet ve iyiliği Allah'ın rızasını kazandıran en önemli davranışlar arasında göstermesi oluşturur. Bir hadisinde, bildiriyor ki, hemen bütün hayatını kötü yolda geçirmiş bir kadın sıcak bir günde susamış bir köpeğe, pabucuyla kuyudan su çekip içirdiği için, Allah tarafından bağışlanmış ve cennete konmuştur. (Müslim; selam, 154)

Peygamberimiz, hayvanlara eziyet ve kötü muamelenin-se, insanı cehenneme götüreceğini bildirmiştir. Bir hadisinde, kedisine işkence eden bir kadının cehennemde bu kedi tarafından yüzünün sürekli tırmalandığını bildiriyor.

Bu incelikleri çok iyi bilen İslam büyükleri hayvanlara acı vermekten, onları dövmekten ısrarla kaçınmışlardır. Çağdaş bir sufi olan **Kenan Rifaî,** arabasının atını acımasızca döven bir adama sokak ortasında şöyle haykırabilmiştir: "Vurma oğlum, vurma! Sen ona vurdukça ben acısını kendi vücudumda duyuyorum." Varlıkla birlik sırrını gerçekleştirmiş bir ruh, böyle davranmanın Yaratıcı'nın hoşnutluğuna giden en kestirme yol olduğunu bilir. Bu seviyeye gelmiş benliklerin yük hayvanlarına alışılmış ölçülerin iki-üç kat altında yük yüklediklerini görüp sorduğumuzda, şu cevabı almışızdır: "Hz. Peygamber: 'Hayvanlara taşıyacaklarından fazla yük yüklemeyin' buyurmuştur. Bu hayvanın dili yok ki ne kadar taşıyabileceğini bana söylesin. O yüzden yüklenebileceğin en azını yüklemek zorundayım."

Bu merhamet ve gönül enginliği Hz. Peygamber'in hayvanlar konusundaki titizliğinin bir uzantısıdır. O, bugün konuşamayan hayvanların, büyük hesap gününde dile gelerek bizden davacı olacaklarını, bu yüzden çok dikkatli davranmamız gerektiğini söylemiştir. Onun terbiyesinde yetişen sahabilerden **Ebudderda** ölen devesinin başında ağlayarak şöyle seslenebilmiştir: "Ey Demûn! Rabbim katında benden davacı olma. Bilirsin ki, ben sana gücünün üstünde yük yüklememeye hep özen gösterdim." (İbn Mübârek; Kitab ez-Zühd, 414)

Her canlı grubunun bir üst canlı grubu tarafından besin maddesi olarak kullanılması hayatın kanunlarındandır. Bu kanunun bir uzantısı olarak insan da, birçok hayvandan besin maddesi olarak yararlanmaktadır. Bu demektir ki, insan da birçok hayvanın canına kıymaktadır.

Ne yazıktır ki insan, beslenme için öldürme konusunda hiçbir hayvanın tenezzül etmeyeceği kadar acımasız, zalim ve doymazdır. İnsan, bütün canlılara kısım kısım dağıtılmış olan vahşiliklerin tümünü kendisinde toplamakla kalmamış, tabiat sahnesinde sergilenmeyen daha başka vahşilikler de icat etmiştir.

Şu da bir gerçektir ki, en vahşi hayvanlar bile acıktığı zaman öldürür ve karnını doyuracak kadar yer. İnsan ise depolamak için öldürür ve doymak bilmediği için sürekli depolar.

Doğrusu şu ki insanın, eğer Allah tarafından kendisine gösterilen meleklerin üstündeki burca yükselmezse, hayvan olmak gibi bir şansı da yoktur; hayvanlardan aşağı bir mertebeye düşer. Kur'an, insanın bu düşüşünü ifadeye koyarken şöyle diyor: "Onlar, hayvanlar gibidirler. Daha doğrusu hayvanlardan da sapık ve karanlıktırlar." (A'raf, 179)

İslam, hayatın zaruretlerinden olan gıdalanmak için öldürmenin insana yaraşır biçimde olmasını istemiştir. Avlanma, acıma ölçülerine en uygun biçimde düzenlenmiştir. Avlanmayla ilgili bir bölüm taşımayan hiçbir hadis ve fıkıh kitabı yoktur.

Tasavvuf ahlakı, helal olmalarına rağmen, **avcılık** ve **kasaplığı** makbul olmayan meslekler arasına koyar. Çünkü bunlarda cana kıyma vardır.

Dinsel esprisi, zenginin imkânlarından fakirin et yemesini sağlamak olan kurban kesmenin de bir tür Allah adına barbarlık haline gelmesini önleyici tedbirler Peygamberimizin ısrarlı uyarılarıyla alınmıştır.

Şunu üzülerek söyleyelim ki, İslam dünyasının hayvanlara karşı bugünkü tavrı, varlıkların rahmeti Peygamberimizin sergilediği tavrın çok dışındadır.

ANNE-BABAYA SAYGISIZLIK

Kur'an'ın, üzerinde ısrarla durduğu konuların başta gelenlerinden biri de ebeveyne yani anne-babaya saygıdır. Hz. Peygamber ise ebeveyne saygısızlığı birçok kez lanetlemiştir.

Kur'an'ı kerim ve hadislerin ebeveyne hürmet anlayışı sosyal ve hukuksal realiteleri çok aşan bir derinlik ve mânaya sahiptir. Öyle ki Cenab-ı Hak birkaç-yerde, kendisine itaatten hemen sonra ebeveyne hürmeti emretmektedir: "Allah'a ibadet edin; O'na hiçbir şeyi eş tutmayın. Anaya-babaya... iyilik edin..." (Nisa, 36)

Ebeveyne hürmet kayıtsız şartsızdır; karşılık esasına dayanmaz. Bununla beraber, Kur'an'ın beyanları ebeveynin evlat üzerindeki haklarının büyüklüğünü anlatırken çok duygulandırıcı tablolar çizmektedir: "Biz insana ana ve babasını tavsiye ettik. Onun anası onu, çaresizlik üstüne çaresizlikle taşımıştır. Sütten ayrılması da iki yıl sürmüştür. Bana ve ana-babana şükret. Dönüşün yalnız banadır." (Lukman, 14)

Bu ayette Yaratıcı, insan üzerindeki ilahî haklarla ebeveyn hakkını bir tutmuştur. Bu nokta da, üzerinde ürpererek durulacak bir noktadır. Ahkaaf suresi 15. ayet de şöyle: "Biz insana, ana ve babasına iyilik etmesini tavsiye ettik. Anası onu zahmetle taşıdı; onu zahmetle doğurdu. Onun bu taşınması ile sütten kesilmesi otuz aydır..."

Ebeveyne hürmet aşk mertebesine varmalıdır. Kur'an'ı Kerim bu konuda hukukî-sosyal yükümlülüklerin yerine getirilmiş olmasını kâfi görmüyor. Zahirî-maddî hizmet yetmez; ebeveyne hürmet ve hizmet, ibadet şevkiyle yapılmalıdır. Komşu-dost ayıplamasın diye anne-babaya yaşayabilecekleri kadar bakmak, fitre ve zekâtlarını onlar için yaptığı masraflarla kapatmak, sözünü ettiğimiz yüce görevi yapmış olmak değildir. Onlara hizmeti bütün varlığımız, benliğimiz duymalı; bu hizmet bizi fedakârlık içine atmalıdır: "Rabbin: 'Kendinden başkasına kulluk etmeyin; ana ve babaya iyi muamele edin' diye hükmetti. Eğer onlardan biri veya her ikisi senin nezdinde ihtiyarlığa ererlerse onlara 'öf!' bile deme. Onları azarlama. Onlara çok güzel ve tatlı sözler söyle. Onlara acıyarak tevazu kanadını yerlere kadar indir. Ve: 'Ya Rab, onlar beni çocukken nasıl terbiye ettilerse, sen de onları öylece koru' de! Rabbiniz sizin içlerinizdekini en iyi bilendir..." (İsra, 23-25)

Dikkat edilirse bu ayette Cenab-ı Hak, ebeveynin bizim nezdimizdeki ihtiyarlığını, bizim onların elindeki bebe halimize benzetmiştir. **Ahmet Hüsameddin,** Mezâhir adlı eserinde (bk. sayfa, 42) şöyle diyor: "Rububiyetin sinn-i sabâvet (çocukluk) halindeki terbiyesi ne ise şeyhûhet (ihtiyarlık) halindeki aynıdır." Bu demektir ki, o ihtiyarlara saygımız, küçük yavrumuza sevgi ve şefkatimiz kadar içten ve karşılıksız olmalıdır.

TÜRBELERİ MABEDLEŞTİRMEK

Hz. Peygamber'in lanetlediği günahlardan biri de **türbelere sığınmak, türbeleri süsleyip püslemek, mezarları mabed haline getirmek,** kısacası **türbeperestlik**tir.

Peygamberimizin, ümmeti adına en çok kaygılandığı hastalıklardan biri budur. Çünkü o bu hastalığın örtülü bir putperestliğin, şuuraltını zorlayarak çeşitli kılıklarda hortlaması olduğunu çok iyi biliyordu.

Türbeperestlik Kur'an'ın ruhu ve Hz. Peygamber'in temel davası olan tevhidi parçalayarak insanı eşyanın en ilkel biçimde kölesi haline getirmektedir.

Türbeperestlik insanlığın **kollektif şuuraltı** rahatsızlıklarından, evrensel saplantılarından biridir. Bu illetten kurtulmak çok sağlam bir tevhid şuur ve terbiyesinin varlığıyla mümkündür.

Türbeperestliğin yalnız din çevrelerinde filizlenen bir hastalık olduğunu düşünmek son derece yanlıştır. Söylediğimiz gibi, bu bir kollektif illettir ki, günümüz dünyasında da doğudan-batıya, güneyden-kuzeye bütün ülke ve rejimlerde görülmektedir. Hatta dinsel ve ruhsal değerleri tümden inkâr eden Marksist rejimlerde türbeperestliğin en sefilini görmek mümkün olmaktadır.

Gerçek yapısından uzaklaştırılmış, saptırma ve hürafelerle doldurulmuş bir din anlayışının, ruhlarını yüceltemediği, gerçek tevhide göre oluşturamadığı kitlelerin sığındıkları saplantılardan biri daima türbeperestlik olmuştur.

Türbeperestliğin iki görünümü vardır: Pozitif görünüm, negatif görünüm...

Pozitif görünümde türbeperestlik eksikleri, tembellikleri gidermek, açıkları kapatmak için sığınılan bir avutucudur. Türbeye adını verenin taşıdığı veya taşıdığına inanılan değerlerin sahibi olduğunu sanmanın zavallı bir yoludur.

Negatif görünümde ise türbe, öfke, hınç ve kinleri dindirmek için küfür ve saldırıların yöneltildiği bir günah taşıdır. Bütün eksiklerden, olumsuzluklardan, başarısızlıklardan türbeye adını verenle, onun temsil ettiği değerler sorumlu tutulur.

Türbeperestliğin bir görünümünün varlığı ötekini zorunlu olarak yaratır. Türbeleri, mabet edinmeyle ilgili geniş bilgi **Kur'anın Temel Kavramları** adlı kitabımızın mescid maddesinde verilmiştir. Burada şu hadisleri kaydetmekle yetineceğiz.

"Türbeye yönelerek namaz kılmayın; türbeler üzerinde de namaz kılmayın." Ve: **"Allah Yahudilere lanet etsin. Peygamberlerinin türbelerini mabet haline getirdiler."** Ve: **"Türbeleri ziyaretgâh haline getiren, onları kandillerle süsleyerek mabetleştirenlere Allah lanet etmiştir."** (Heytemî, 1/116)

BİBLİYOGRAFYA VE BİBLİYOGRAFİK KISALTMALAR

K.= Kur'an'ı Kerim

Kur'an-ı Kerim

Abduh, Muhammed; Tefsir el-Menâr, Mısır, 1373-1380

Aclûnî, İsmâil b. Muhammed; Keşfu'l-Hafa, Beyrut, 1351

Ahmed Hüsameddin; Mezâhirul Vücûd, tarihsiz-yersiz.

Ahmet Rifat; Tasvir-i Ahlak, İst. 1349

Âlûsî, Şihâbuddin Mahmut; Rûhu'l-Meânî (Tefsir), Bolak, 1301

Arvasî, Abdülhakim, Râbıta-i Şerife, İst. 1974.

Ateş, Süleyman: Yüce Kur'anın Çağdaş Tefsiri, İst. 1988-1991

Awn, Peter J; Satan's Tragedy and Redemption: Iblis in Sufi Psychology, Leiden, 1983

Aydın, Mehmet; Din Felsefesi, İzmir, 1987

B.= Buharî

Bakıllânî, Ebu Bekr Muhammed; et-Temhîd, Beyrut, 1957

Bilmen, Ömer Nasuhi; Büyük İslam İlmihali, İst. 1969

Buharî, Ebu Abdullah Muhammed b. İsmail, es-Sahîh

Bursevî, İsmail Hakkı; Kenz-i Mahfî, İst. 1293
Cilî, Abdülkerim; el-İnsan el-Kâmil, Mısır, 1328
Cürcânî, es-Seyyid eş-Şerif; Ta'rifât (alfabetik)
Çağıl, Orhan Münir; Hukuka ve Hukuk İlmine Giriş, İst. 1971
D.= Dârimî
Dârimî, Ebu Muhammed Abdullah b. Abdurrahman; es-Sünen
Dehlevî, Şah Veliyullah; Huccetullah el-Bâliğa; Kahire, tarihsiz
Ebu Dâvud, Süleyman b. el-Eş'as; es-Sünen
Ebu Nuaym el-Isfahanî, Hilyetü'l-Evliya, Mısır, tarihsiz
Ebu Saîd İbn Ebil Hayr; Esrâru't-Tevhîd (Farsça'dan çeviri), Mısır, 1966
Ebussuud, Muhammed b. Muhammed; İrşad el-Akl es-Selîm (Tefsir), Mısır, 1928
ED.= Ebu Dâvud
Elmalılı, Hamdi Yazır; Hak Dini Kur'an Dili (Tefsir), İst. 1979
Erdoğan, Mehmet; İslam Hukukunda Ahkâmın Değişmesi, İst. 1990
Fârûkî, İsmail; The Role of Islam in Global Interreligious Dependence (Towards a Global Congress of the World's Religions içinde) New York, 1980
Fromm, Erich; Art of Loving, London, 1961.
Gazâli, Ebu Hâmid Muhammed; İhyau Ulum ed-Dîn, Mısır, 1967.
Hacı Bektaş Velî; Makalat, Ankara, tarihsiz
Hamidullah, Muhammed; İslam Peygamberi, İst. 1980.
Hatib el-Bağdadi, Ebu Bekir Ahmed b. Ali; Tarihu Bağdad, tarihsiz
Herevî, Abdullah el-Ensârî, Menâzilüs-Sâirîn, Kahire, 1962.

İbn Arabî, Muhyiddin; Fusûs el-Hikem, İst. 1952.

———; el-Fütûhât el-Mekkiye, Beyrut, tarihsiz

İbn Hacer el-Heytemî, Ahmed b. Muhammed; Kitab ez-Zevâcir, Mısır, 1310

İbn Hallikân, Ahmed b. Muhammed; Vefayât el-Â'yan, Beyrut, 1968.

İbn Hanbel, Ahmed; el-Müsned

İbn Hişam, Ebu Muhammed Abdülmelik; es-Sîre, Mısır, 1375

İbn İshak, Muhammed; el-Megâzî, Konya, 1986

İM.= İbn Mâce

İbn Kayyım el-Cevziyye, Muhammed b. Ebu Bekr; ed-Dâu ve'd-Devâ, Beyrut-Medine, 1989

———; Zâdu'l-Meâd, Kuveyt-Beyrut, 1987

———; İ'lâmu'l-Muvakkıîn, Mısır, 1955

İbn Mâce, Muhammed b. Yezid; es-Sünen

İbn Manzur, Muhammed b. Mükerrem; Lisânu'l-Arab (Alfabetik)

İbn Sa'd, Muhammed; et-Tabakât, Beyrut, 1960-1965

İS.= İbn Sa'd

İzutsu, Toshihiko; Kur'an'da Allah ve İnsan, Ankara, tarihsiz

———; Unicité de l'Existence et Création Perpetuelle en Mystique Islamic (Fransızca çeviri), Paris, 1980

İkbal, Muhammed; The Reconstruction of Religious Thought in Islam, Lahor, 1968

Kadı Iyaz; eş-Şifa, Beyrut, tarihsiz

Kaari, Ali; Mevzûât, Ist. 1308

Kandemir, Yaşar; Mevzu Hadisler, Ankara, 1980

Karaman, Hayreddin; İslamın Işığında Günün Meseleleri, İst. 1988.

KSGT= Öztürk, Yaşar Nuri; Kur'an ve Sünnete Göre Tasavvuf

KTK= Öztürk, Yaşar Nuri; Kur'an'ın Temel Kavramları

Kuşeyrî, Abdülkerim; er-Risâle, Kahire, 1972.

Kutup, Seyyid; Fî Zılâlil-Kur'an, Beyrut, 1982.

Likaanî, Abdüsselam; Cevheretü't-Tevhid (alfabetik)

M.= Müslim

Müslim, İbn Haccâc; es-Sahih

N.= Nesaî

Nesaî, Ebu Abdurrahman b. Şuayb; es-Sünen

Öztürk, Yaşar Nuri; Kur'an ve Sünnete Göre Tasavvuf, İst. (4. baskı), 1990

———; Kur'an'ın Temel Kavramları, İst. 1991

———; 500 Soruda İslam, İst. (2. baskı), 1990

———; Din ve fıtrat, İst. 1990

———; Son Peygamber, İst. (2. baskı), 1990

———; Hallâc-ı Mansur ve Eseri, İst. 1976

———; Tasavvufun Ruhu ve Tarikatlar, İst. (2. Baskı), 1990

———; Bosnevî Muhammed Tevfik, İst. 1981

———; Tasavvufi Düşünce, 1974

Palacios, Asin; Islam and Divine Comedy (İngilizce çeviri), London, 1926

Rabbânî, Ahmet Faruk; Mektubât, İst. 1977

Râgıb el-Isfahânî; el-Mufredât li Garîbi'l-Kur'an (alfabetik)

Râzî, Fahreddin; Mefâtihu'l-Gayb, ist. 1307

Sâğânî, Hasan b. Muhammed; Mevzûat, Dimaşk-Beyrut, 1985

Schimmel, Annemarie; The Mystical Dimensions of Islam, Chapell Hill, 1975

Sibâî, Mustafa; İştirâkiyyetu'l-Islam, Dimaşk, 1962

Sultan Veled; Maarif (çeviri), İst. 1991

Sübkî, Abdülvahhâb; et-Tabakât, Mısır, 1964

Sühreverdî, Şihabuddin Ebu Hafs Ömer; Avârifu'l-Maarif, Mısır, 1968

Şâtıbî, İbrahim b. Musa; el-Muvafakat, Beyrut, 1975

T.= Tirmizî

Taberî, Muhammed b. el-Cerîr; Câmiûl-Beyân (Tefsir), Mısır, 1968

Tehânevî, Muhammed A'la; Keşşâfu Istılâhât el-Fünûn, (alfabetik)

Tirmizî, Muhammed b. Sevr; es-Sahîh

——— ; eş-Şemâil, Beyrut, 1988

Toynbee, Arnold; Man's Concern with Death (Kolektif), San Francisco, 1969

Zehebî, Ebu Abdullah Şemsüddin Muhammed b. Ahmed; Kitâbu'l-Kebâir, Dimaşk-Beyrut, 1987

——— ; Tekziretu'l-Huffâz, Beyrut, 1956

KARMA İNDEKS

YAŞAR NURİ ÖZTÜRK'ÜN BASILMIŞ ESERLERİ

1) 400 Soruda İslam (5. Baskı)
2) Din ve Fıtrat (3. Baskı)
3) Kur'anı Anlamaya Doğru (4. Baskı)
4) Tarihi Boyunca Bektaşilik (3. Baskı)
5) Asrısaadetin Büyük Kadınları
6) Tasavvufun Ruhu ve Tarikatlar (4. Baskı)
7) Kur'an ve Sünnete Göre Tasavvuf (5. Baskı)
8) Hz. Muhammed (4. Baskı)
9) Kur'anınTemel Kavramları (5. Baskı)
10) İslamda Büyük Günahlar (3. Baskı)
11) Bosnalı Muhammed Halveti (2. Baskı)
12) Kur'andaki İslam (13. Baskı)
13) Mevlana ve İnsan (2. Baskı)
14) Çıplak Uyarı (3. Baskı)
15) Asrısaadet Şehitleri
16) Konferanslarım (2. Baskı)
17) Tevhit Mücadelesi
18) Kur'an-ı Kerim Meali (Türkçe Çeviri)
19) Kur'an-ı Kerim ve Meali (Metinli)
20) Kur'an Meali (İniş sıralı)
21) Kuşadalı İbrahim Halveti (2. Baskı)
22) Allah'ın Öğrettiği Dualar
23) Hallâc-ı Mansûr Ve Eseri (2. Baskı)
24) Hazreti Fâtıma (3. Baskı)
25) The Eya of the Heart (İngilizce, 2. Baskı)
26) İslam'ı Anlamaya Doğru
27) Fâtiha Suresi Tefsiri

İsteme Adresi:
PK. 35 81060
Erenköy-İSTANBUL